21世纪全国高等职业教育公共体育课规划教材
中国职业技术教育学会教学工作委员会“体育与健康教学研究会”推荐

# 体育与健康

主　审　刘景刚

主　编　吴景全

大连理工大学出版社

图书在版编目(CIP)数据

体育与健康 / 吴景全主编. -- 大连 ：大连理工大学出版社，2021.9

ISBN 978-7-5685-3164-1

Ⅰ. ①体… Ⅱ. ①吴… Ⅲ. ①体育－高等职业教育－教材②健康教育－高等职业教育－教材 Ⅳ. ①G807.4 ②G717.9

中国版本图书馆 CIP 数据核字(2021)第 177069 号

大连理工大学出版社出版

地址：大连市软件园路 80 号　邮政编码：116023

发行：0411-84708842　邮购：0411-84708943　传真：0411-84701466

E-mail：dutp@dutp.cn　URL：http://dutp.dlut.edu.cn

大连图腾彩色印刷有限公司印刷　　大连理工大学出版社发行

幅面尺寸：185mm×260mm　印张：15.75　字数：373 千字

2021 年 9 月第 1 版　　2021 年 9 月第 1 次印刷

责任编辑：邵　婉　王　洋　　责任校对：杨　洋

封面设计：奇景创意

ISBN 978-7-5685-3164-1　　定　价：41.50 元

# 《体育与健康》编审委员会


主　审：刘景刚　中国职业技术教育学会教学工作委员会“体育与健康教学研究会”常务副主任

大连工业大学艺术与信息工程学院　教　授

主　编：吴景全　黑龙江农业工程职业学院

副主编：陈　猛　黑龙江农业工程职业学院

周　媛　黑龙江农业工程职业学院

武丽媛　哈尔滨职业技术学院

编　委：李庆忠　黑龙江农业工程职业学院

赵大鹏　黑龙江农业工程职业学院

金　刚　黑龙江农业工程职业学院

孟令辉　黑龙江农业工程职业学院

# 前言

“体育学科教育学”在各级学校中具有重要的地位和作用，它是教师进行教学活动的基本依据，也是传承体育文化和满足学生心理需求的途径和载体。“体育学科教育学”是一种教育方式，它以身体活动为手段来帮助学生获得运动技术、健康体质、健身知识、运动态度，以利于学生身心的全面发展，主要包括身体、思想、社交、情感、精神、体能、体力等方面。

职业教育是深化教育改革的重要突破口，它肩负着培养技术技能型职业人才，担负着就业、创业、创新的重要责任。目前，对于在我国职业院校任教的体育教师来说，提供高质量的体育教学和身体活动是一个挑战。因此，开设体育课程是把体育锻炼的方法、知识、理念融入学生生活的最佳方式之一。提高体育教学在学校的地位，帮助青少年实现日常的、高质量的体育目标是我国各高等职业院校的首要任务。所以，我们深感精心选择体育课程的教学内容，为适应未来社会工作环境和不同职业岗位的需求，进一步提高体育课程的教学质量和培养质量，是当前深化职业院校体育改革的必然趋势，进而使学生投入足够的热情、时间进行体育锻炼，了解健康的好处，养成健康的生活方式。为进一步完善高等职业院校的体育课程教材，顺应我国高等职业院校迅速发展和人才培养的需要，依据中共中央 2020 年 4 月 27 日全面深化改革委员会第十三次会议审核通过的《关于深化体教融合促进青少年健康发展的意见》，明确了体教融合对青少年健康成长的重要意义，指明了青少年体育的发展方向。在参阅大量国内外文献资料和近期学者研究成果的基础上，深入贯彻《中共中央 国务院关于加强青少年体育增强青少年体质的意见》的精神，编写了本教材。

职业院校的体育课程作为教育活动的媒介或手段存在于教育系统中。教育学科原理是体育课程文化品质与标准的依据，知识、经验、竞技是体育课程文化的本原，也是体育课程文化的来源。教材强调还原体育的本质，要求体育必须将教育、精神、技能和审美融为一体，进而达到全面育人的目的。

本教材综合运用社会学、人类学、哲学、教育学、生命学、身体学等学科的理念，以多元的视角来探讨和研究职业院校的体育意义、特点、价值；运用调查研究和演绎归纳的方法寻求我国职业院校体育教育的自身特色与魅力，提出了体育是最直接贴近“人”和“生命”本身的学科。

本教材按照运动参与、增强体质、体育技能、身体健康、心理健康、社会适应、职业素质7个学校领域目标，紧紧围绕培养人才这个核心，将体育融合于文化、审美、休闲、健身、职业等诸多学科，突出了时代性、实用性、人文性、主体性的特点和以人为本的教育理念。

本教材在选择教学内容时，注重“教育性与发展性”“理论性与实践性”“科学性与可行性”“健康性与文化性”“民族性与世界性”“竞技性与职业性”“同一性与选择性”等原则，把田径、体操、球类、游泳、冰雪运动、民族传统体育、户外运动、休闲体育运动等作为重点内容，并结合现代社会时尚、学生兴趣以及教育性和地域性选择了形体、健美操、啦啦操、防身术(女子防身术)、简化二十四式太极拳、羽毛球、跳绳、毽球、拓展运动等内容。

本教材还突出了对学生运动能力和职业能力的培养。体育课程教学的一个重要任务就是发展学生的运动技能，不是要把学生培养成运动员，而是要提高他们身体活动的技能，使他们具备更强的掌握各种技术(包括生活技术、劳动技术、军事技术、生存技术)的能力。体育的核心价值在于：发挥体育对人的心、智、体的全面教育价值。通过体育课程教育，坚持“立德树人”、全面发展。遵循职业教育规律和学生身心发展规律，把培养和践行社会主义核心价值观和体育与健康学科核心素养融入体育教学过程，关注学生职业生涯和可持续发展需要。用美的观念和美的形态感染和陶冶学生的情操，培养学生“悦耳悦目”“悦心悦意”“悦志悦神”的审美能力。以美引念，提高学生的道德品质；以美启真，开发学生的智力；以美怡情，促进学生的身心健康，使学生全方位发展，从而为他们更好地走向社会，为培养社会主义建设的高素质劳动者和技能型人才奠定基础；使他们能有强健的体魄、健全的人格去适应社会；让他们学会科学锻炼的方法，学会聆听身体的自我警告信号，学会如何避免生病以及病后如何加速康复，学会如何保持健康，学会如何增强体质；使他们能面对不同的职业，采用不同的身体锻炼方法去解除工作带来的疲劳，以良好的心态去面对和减缓工作所带来的压力，以充沛的精力和体力去应对工作的强度；使他们步入中老年后，仍能坚持锻炼身体，享受健康带来的快乐人生。

本教材由吴景全担任主编，陈猛、周媛、武丽媛担任副主编，编写人员的具体分工如下：第一章、第二章、第三章、第四章、第十二章由吴景全完成并负责全书统稿；第五章、第十章由陈猛、李忠庆完成；第七章、第九章由周媛、赵大鹏完成；第六章、第八章由武丽媛、金刚完成；第十一章由孟令辉完成。

由于编者的水平有限，加之高等职业院校的体育教育正处于改革之中，故本教材中的不妥之处在所难免，恳请广大读者批评指正。

编 者

2021 年 7 月

# 目 录

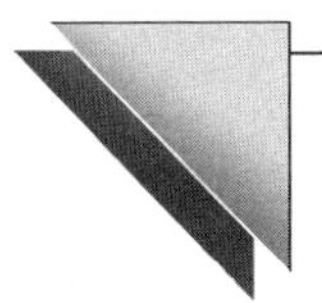

## 理论篇



## 实践篇

# 理论篇

# 第一章

# 体育教育目的、目标与社会作用

## 学习目标

本章能使学生做到：

★讨论体育教育目的与目标

★认识体育教育的社会作用

★了解体育与教育之间的关系

★评述体育教育的意义和重要作用

了解教育的目的和目标，有助于讨论体育教育的目的和目标。目的是对意图、意向和打算的陈述，它反映了人们所渴望的成就。目的是一种综述，方向非常宽泛，它陈述的是参与者经过长期参加体育活动后所获得的成果。当代教育的目的就是帮助学生获得终身学习所必需的知识和能力。

目标来自目的。目标阐述的是学习，特别是接受教育后学生应知道什么、应干什么和应感觉到什么。目标比目的更具体一些，它陈述的是短期的、具体的成果，把这些成果积累起来以达到一个目的。目标可以用多种不同的方式来表述，其具体到何种程度也不一样。它可根据一般行为来表述，也可根据具体结果来表述。

一个制定周全的目标可以采用不同的形式，并能以不同的方式表述出来。最重要的是，无论采用什么方式，目标应能描述出实现目标后人们将会表现出一个什么样的行为。如果能够量化目标，就能在实现目标的过程中为人们提供一种评价方式。

我们可以为不同的学习领域制定目标——体力目标、体能开发目标、锻炼身体目标、提高身体素质目标、社交情感目标等。目标指引着评价和指导，它使得体育教师把精力放在主题上，即放在学生要学和要练的较重要的内容上。

一个高质量的体育教学计划要有一个清晰的任务和明确的目的，为达到目的而制定的各个目标与社会、个人、实践、利益都息息相关。由此，体育课程能使广大学生获得体育与健康知识、体育技能，养成锻炼身体的习惯，培养良好的精神品性，从而能将体育融入自己的生活。

# 第一节 体育学科的目的和目标

学校中的体育教育在许多重要的方面都有助于实现教育目的。首先,体育在培养全面发展的人的方面有其独特的作用,是学校课程当中能提高学生运动与健身技能的课程。

其次,高质量的体育教学可以提高学生的健康状况,使一个健康的学生的学习效率更高,把更好的精神放在学习上。更多的精力和活力不仅可用于学习中,也可用在日常生活中。因为教育的一个主要目的就是把学生培养成有用的社会成员,所以我们必须注意人们的健康和体质。经常参加体育锻炼可以提高人的整体健康水平。高质量的体育教学可以帮助学生获得运动技能、知识,建立终身参加体育锻炼的意识,这些都有助于学生拥有一个健康的身体,从而能为社会做出更多的贡献。

通过体育教育,学生从探索中学会独立,从学会每一个体育项目的技艺中获得自信,从和其他人的交往中学会社交技能,从竞技体育的比赛中培养集体主义、团对精神,从体育训练中孕育勇敢、顽强、坚毅、拼搏、合作等体育精神。此外,体育运动还能不断刺激学生的生长发育,使其健康成长。

体育是完整教育体系中的一个重要组成部分。现在人们更加强调多学科的学习,综合各类学科的内容。综合学习的好处是学生有机会看到事物之间的关联,将他们的所想从一个领域转换到另外一个领域并且通过其他途径来强化自己的学习。体育课的内容可以转移到其他课程中去,同样,其他课程的内容也可以和体育课整合到一起。例如,学生可以把在物理课上学到的关于运动、力、杠杆、机械原理等知识应用到体育课上,通过运动实践,理解物理学的概念是怎样应用并影响日常生活和一些动作的。

体育教育把提高学生的健康和生活质量作为主要目的。学校可以让学生长期致力于令人愉快并且有意义的体育活动和运动实践,通过这种方式来实现教育的目的,而体育教育的主要目的就是使学生拥有和体育有关的技能、知识、态度,以便能终身参加体育运动。

学校体育教育对学生的体质与健康起着举足轻重的作用。学校体育为社会做出了很多贡献,尤其是在改善人们体质与健康状况方面。

联合国教科文组织将教育的基本目的界定为"把一个人在体力、智力、情感、伦理各方面因素综合起来,使他成为一个完善的人"。这一目的对于教育具有鲜明的指向作用。我国学校体育的目的是促进学生正常生长发育,增强学生的体质、增进学生的健康,与学校各种教育相配合,培养学生良好的思想品德和意志品质,促使其成为具有德、智、体、美、劳全面发展的社会主义建设者和保卫者。这说明了我国学校体育应该培养什么样的"人",这个"人"应具有什么样的基本素质和能力,是学校体育最后应达到的结果,比较长远、抽象、主观和深刻。学校体育目的涉及的是一般的体育过程,是整个体育追求的最终结果。学校并无一个特定的计划可以直接实现这样一些目的,但学校内大量的体育活动在许多方面可以反映它们。

我国学校体育目标是指在一定活动空间和时期内,学校体育实践所要达到的预期结果,是学校体育目的的具体化,表示学校体育应培养什么样的"人才",这些人才应具备怎样的层次、类型和基本规格,是学校体育的出发点和归宿。

学校体育目标主要包括健身健体、运动技能、认知能力和培养情感。这些目标在很大程度上影响了当代的体育教育，如有效地增进学生的健康；使学生能较为熟练地掌握和应用基本的体育与健康知识和运动技能；形成运动的兴趣、爱好和坚持锻炼的习惯；培养和形成良好的心理品质，提高人际交往的能力与合作精神；提高对个人健康和群体健康的责任感，形成健康的生活方式；形成积极进取、乐观开朗的生活态度；提高学生的运动技术水平。

学校体育目标集中体现人们对学校体育与健康课程编制、体育教学实施、课外体育活动、课余体育竞赛、课余运动训练开展中的体育价值的理解，是学校体育目的在学校体育中的具体化。体育课程目标是对学生通过课程学习预期应达到要求的陈述，它一般是由国家的课程标准或课程指导纲要明确规定的。

体育作为学校教育的一个有机组成部分，总是在一定的社会中存在与发展的，总是为一定的社会需要服务的。社会需要从时间的纬度可以分为社会的现实需要与未来需要；从空间上可以分为家庭、社区、民族、国家的需要。从这一意义上讲，学校体育既要适应当前的现实，又应超越社会的现实，走在社会发展的前面。只有在现实与未来、个人与国家、适应与改造之间找到切入点和结合点，学校体育目标才能更好地发挥其社会功能。另外，国家对学校体育提供的条件、师资数量与质量、场地、器材、设备、教学时数、地区气候特点、经费等人、财、物客观条件的保证，也是制定学校体育目标必须考虑的因素。

《体育与健康课程标准》规定体育是各级学校学生的必修课，所以有效地开设体育课对整个国家公民的健康和人口素质的提高有着巨大的影响。但只教授运动技能和进行体能锻炼是不够的，还需要学生学会去重视并享受体育锻炼。此外，学生需要具有有关体育运动的知识和自控能力，从而能一生坚持体育锻炼；需要知道怎样评定自己的体能水平并根据需要做出调整。了解自己的健康状况，掌握调控健康的能力；还要知道怎样制定目标和运动计划，这将伴随他们步入成年，使体育锻炼满足自己不断变化的需求。如果我们能把它作为共同目标，致力于为所有人提供高质量的体育活动，那么体育将会是我们这个社会中一股不可忽视的力量。

当代体育教学有利于实现教育目的。为了达到这个目的，体育教学必须熟知教育的目标，仔细设计、制定体育教学的大纲。

追溯体育目的和目标的发展历史，我们可以发现它的重点从“对身体的教育”和“现代体育运动教育”转移到了对全面发展的人的培养上。目前，世界上发达国家的体育明确了四个发展目标，分别是发展身体、发展运动和动作、发展智力、发展社交。达到这些目标的要求将会有利于培养“对社会有用的全面发展的人”。这四个发展目标越来越多地影响着当代学校体育教育，包括三个领域或三种行为——认知（思维）、情感（感觉）、动作技能（行动）的学习。认知领域包括知识的获得与运用；情感领域包括价值观、培养社交技能、提高情感发展；动作技能领域涉及培养运动技能和锻炼体能，从而使学校体育更加社会化、人性化、人文化。

## 一、认知领域

认知领域关注的是获得知识和培养智力技能，尤其是体育学科知识、竞技体育知识和学习与掌握体育技能的智慧等。

体育教学丰富了学生有关身体、锻炼、疾病、健康等方面的知识。体育是学校教给学生有关人类身体运动并探索其他领域的课程。通过体育课,学生更加了解身体各器官及其功能以及“怎样把它们维护得更好”;明白锻炼、身体活动和健康、疾病之间的关系。将这些知识应用到生活中去的学生会提高自身的健康状况、降低得病的概率,从而更加幸福地生活。

可通过不同的认知方式来学习体育运动。学生必须理解所学的技能方法并把它转化成正确、协调的动作。也要教给学生和运动相关的原理和概念,这样他们就可以更有效地进行运动。比如,学生应该知道要想更有好地完成投掷动作,需要向投掷的目标方向迈步并做出跟随动作。此外,在体育运动中,需要不断调整动作以适应不断变化的场景(如在乒乓球中采用下旋球使对手无法防守),这些需要从实践中学习(如对技术做怎样的调整会取胜)。从认知规律上讲,人们必须分析他们在运动中的表现,综合各种信息,然后应用到新的情境中。

所有体育教师需要更多地重视各种身体活动的基础科学原理和概念,应不断教给学生正确的知识,提供正确的信息,并鼓励他们对所做的一切提出问题。例如,为什么我要经常锻炼?这种锻炼方式对我的身体有何益处?为什么运动前进行热身是非常重要的?我怎样才能把球踢得更远?我怎样才能将篮球投入球筐中?为什么按规则比赛是非常重要的?等等。应该给学生更多的机会去思考,将解决问题的能力用到体育锻炼中去,并且让他们体验一下创造性的经历。

教师也可以采用体育活动来刺激认知能力的发展。学生要分析自身的健康水平,确认需改进的地方,运用所学知识设计一个个性化的锻炼计划,定期评价进展状况,随需要调整计划。这些分析、识别、应用、评价等认知能力有助于实现把学生培养成终身学习者的教育目的。这些活动也教给了学生在长大成人之后能根据需要调整健身计划的技巧,这是终身参加体育锻炼的一个重要特征。

在学校,体育课帮助了学生在许多方面的认知发展。像在其他课程中一样,体育课也能促进学生的批判性思维,提供多学科研究的机会。特别是体育课,它是一门可以教给学生关于人体运动、健身、竞技、休闲体育知识的课程,为学生打好终身进行体育锻炼的基础。

## 二、情感领域

所有人都有某种基本社会需求,如归属感、认可、自尊和爱等。满足人们这些需求有助于社会的发展,而体育教育则能部分满足人们社会需求。例如,学校里的体育课和其他的课程相比,学生有更多与其他学生合作和学习的机会。校际体育活动在很早以前就在促进学习方面显示出了它的价值,教给运动员怎样和队友作为一个整体去比赛,去公平竞争,去承担责任和尊重他人。

人们想从这个领域得到的结果是完善自我,增强自尊和自重。而体育教学、锻炼和竞技可以给人们提供机会来发展在身体技巧上的竞争力,挑战自己去取得新的成就和达到实际目的。

帮助学生建立健康的自尊心是非常重要的。滥用毒品和酒精以及其他的一些社会问题都和较弱的自尊心有关。学生通过参加体育活动,提高竞争力,改善自我形象可增强人们的自尊心。

体育教育日益受到重视的结果就是学生建立起了积极的态度和懂得了常常参加体育锻炼对终身健康和幸福生活的益处。懂得体育锻炼对身体的益处并学习各种运动的技巧，其本身并不足以促进人们终身参加体育锻炼。如想达到常常参加体育锻炼的目的，我们必须给人们灌输一种健康、积极生活的理念。体育课程应帮助学生明白体育锻炼能对他们的健康、运动表现、有益地度过闲暇时光所做出的贡献。

决策和自控技能对学生安康、幸福的生活是极其重要的。学生对于生活方式的诸多选择对他们的健康有着潜在的影响。学生在饮食、锻炼、应付压力、利用闲暇时间等方面做出的决定对他们的健康有着正面或负面的影响。帮助学生明确自己的价值观和做出与自己信仰相一致的决策可提高他们的生活质量。

体育教学也为伦理道德建设提供了一条途径。在体育课中，学生有机会对于行为准则做出反应，决定孰是孰非，在道德暗示下做出选择。体育教师可通过使学生对他们的决策、行为做出反应来促进学生在这一领域中进一步发展；也可让学生在比赛中担任裁判工作，做出对他们自己的判罚（如在足球比赛中判自己犯规或在网球比赛中判罚球是界内还是界外等），事后讨论自己的行为将会帮助他们进一步明确自己的价值观。

体育教学有助于学生对美的欣赏。古希腊人强调“身体美”，他们裸体参加锻炼和竞技比赛以展示美丽的身体轮廓。体育锻炼是获得健美体形的关键因素。此外，运动之美也来自身体锻炼。不管在做足球中的踢球动作，篮球中的投篮动作，跳高动作、体操中的翻腾动作，还是跳一曲有难度的舞蹈，都给人以一定程度的优雅和美感。

体育教学促进了学生在情感领域的发展，增强自尊、社会责任感，净化价值观，培养体育锻炼的态度，欣赏美等，是体育教学对培养完整的人的部分贡献。

## 三、动作技能领域

在动作技能领域中的目标分类展示了体育发展的进程，为身体活动打下了基础。低层次的目标集中在掌握基本动作和感知能力上；高层次的目标强调发展健身和比较熟练的动作，同时增强了在运用这些动作时的创造性（表 1-1）。

**表 1-1　动作技能领域**

| 类　别 | 描　述 |
| --- | --- |
| 反射动作 | 对刺激做出非自主意识动作；屈、伸、伸展、调整体态；为动作行为打基础 |
| 基本动作 | 基于反射动作组合的与生俱来的动作方式；提高知觉能力和体能；复杂技术动作的基础 |
| 知觉能力 | 对各种刺激方式进行观察和理解，并做出相应的调节动作；包括动觉、视听觉辨别、触觉辨别、眼—手和眼—脚的协调动作等 |
| 体能 | 人们拥有一个健康的身体；学习高难度技术动作的基础；耐力、力量、灵活性和敏捷性 |
| 熟练动作 | 完成复杂动作的熟练程度；以与生俱来的动作为基础，由连续的垂直和水平动作构成 |
| 有意交流 | 体态语是全部动作技能的一部分；对任何有效技能动作的理解；向观看者传递信息的动作方式；包括从面部表情到复杂的舞蹈动作 |

动作技能领域是主要核心领域，发展人的动作技能是体育对教育课程的主要贡献。尽管体育能以众多有意义的方式对人在其他领域中的发展做出贡献，但在学校培养学生

的动作技能是体育教师特有的职责。发展动作技能涉及体育的两个主要目标:发展运动技巧和体能。

### (一)发展运动技巧

发展运动技巧有时也指发展神经肌肉系统或动作技巧,这是因为有效的动作取决于肌肉和神经系统一起协调工作。发展动作技巧的重要效果是学会运动技巧并使之精化,如日常活动中的体态和举手投足等;锻炼身体时的各种动作,如竞技运动、水上运动、游泳活动、武术运动或户外运动等。发展运动技巧旨在帮助学生有效运动,以便高效率地完成具体目标,也就是耗费尽可能少的能量来完成目标。

发展学生运动技巧的全部潜能,需要让其参加适合他们发展水平并且已构建好的体育运动实践。学校的体育教师在实现学生终身参加体育锻炼这个目标过程中起着举足轻重的作用。非常重要的一点是让学生在基本动作技能中获得运动能力,并把这些技能用于对能力要求更高的竞技运动中或其他锻炼身体的活动中,如健美操、街舞等,但缺少必备的运动技巧将很难达到这些要求。在培养技能熟练度过程中,成功的学习经历会提高学生把体育锻炼融入生活的可能性。

体育有利于实现促进人们合理安排闲暇时光的教育目的。竞技运动、水上运动和养生运动是人们下班后钟爱的放松方式和周末娱乐活动。体育教师在任何背景下都要做好准备去教授有各种需求的学生,随时调整活动内容和教育策略来适应学生的需求。

### (二)发展体能

有大量的证据表明体育锻炼和与健康相关的健身对幸福和高质量生活的贡献。发展并保持体能很久以来一直被认为是学校体育课的一项最重要的内容。

具有教育功能的职业院校承担着把学生培养成社会有用之才的责任,而学生的健康状况将直接影响着他或她是否能够成为有用之才。所以,促进体能发展和学习与一生都能保持体能有关的技能、知识,是体育对实现教育目的的重要贡献。

高质量的学校体育活动可以在很大程度上教育人并且实现教育目的。它们能提高学生在三个领域——认知领域、情感领域、动作技能领域——的学习和发展。体育教师了解一些行为学、分类学等方面的知识可以更有效地组织教学活动,实现教育目的和目标。所有体育教学,必须对活动参与者在达到预期结果过程中的进展程度做出评价。评价是整个体育教学中不可或缺的一部分。

## 第二节 体育学科与学生的全面发展

培养全面发展的人、探寻与创新知识、服务社会,这和钱穆先生所讲的“三统”相一致。“人统”讲培养学生如何做人,也有教授、学者本人如何做人的问题;“学统”讲教师和学生在一起研究学问,探寻知识,创新知识,探讨真理;“事统”讲学以致用、经世致用,如何将在大学里学到的知识、真理用到政治、经济、社会、科学、文化、教育等改革的实践中去,使政治更清明、生活品质更高、社会更和谐、科学更发达、文化更多元、教育更有效。这三个理念，是学校教学、研究和服务三个功能背后的价值观。

培养全面发展的人，就是要培养学生和老师的"品性"，知道如何做人；培养他们的学术良心，培养他们自由的思想、独立的精神，知道如何做学问。这样的人，才是学校应该培养的全面发展的人，这才是学校的精神。

全面发展的人是指有人格、有品性、有人文关怀、有良好身体和心理素质的人。学校就是要彰显人性中那种光明的德行。不仅老师要这样做，而且还要帮助学生去革新自己，教学相长，至善至美。光明的德行，包括做人的道理，尊重自己也尊重别人；己欲立而立人，己欲达而达人；己所不欲，勿施于人。

身心素质的培养应该是学校体育教育的使命和责任。但是，我国大学体育尽管在理论上受到推崇，但是在实践中并不占优势。理论上、口头上重视体育，实践上、行动上轻视和忽视体育已经成为一种在高校教育领域中普遍存在的"体育困境"。半个多世纪以来，虽然在理论上一贯倡导学校应当重视体育教育，甚至规定体育是我国高等学校的必修课，但是在我国高校教育实践中普遍存在的却是"重智育、轻体育"的文化生态，体育在高校始终没有获得一块"真正合法的栖身地"，它的发展真可谓坎坷不平。体育的真正意义在育"体"，"体"即"身"，为心之基，所以体育由体及心，渗透在整个生命之中，是身心统一的教育，亦使体不仅成为肉身之体，还要成为智慧之体、道德之体、精神之体、审美之体。但是，今天我们把体育教育视为一种社会现象，把社会、政治、经济、文化的需要作为体育教育发生的原点，不知不觉偏离了体育教育的本真。体育教育是对人的教育，而不是对社会的教育。当前的体育教育缺乏思想、身体、情感和人性的思考，导致体育教育人文精神贫乏。为此，社会已付出了沉痛的代价。

人是社会最宝贵的财富。人的所有活动，都是围绕自身的全面发展而进行的。人的发展主要有身体的发展、精神的发展、智力的发展等。体育锻炼不仅保证和促进了人类的身体健康，而且有更深层的含义——使人的身体更健康、更灵活、更有力量，行动更敏捷，体形更加匀称，姿态更加优美，使人持久保持"青春活力"和"健康美感"。人是有意识的动物，在基本的健康需求得到保证之后，会追求更深层次的东西，在更高层次上享受生命，享受生活。这是体育作为优化人体意识形成的又一种张力。

## 一、身体形态的发展

身体形态是身体的外部形状和特征，一般是由长度、围度、体重及其相互关系来表现的。身体形态发育主要受遗传因素和后天环境影响。由于学生身体形态发育具有不平衡性，身高增长的速度相对要比体重快，存在"身长体轻"的特点，肌肉的支撑力相对较弱，易出现脊柱异常弯曲现象。青少年学生正处于生长发育的关键时期，身体形态的可塑性较强，经常参加体育锻炼可以促进骨组织的血液循环、骨密质增厚，使骨骼更加结实粗壮，抗折性提高，肌肉收缩更加有力强健，关节更加灵活牢固，有利于促进学生身体形态的正常发育，养成正确的身体姿势。另外，经常参加体育锻炼，对青少年学生身高的增长具有促进作用。

## 二、身体机能的发展

**1. 神经系统**

儿童的神经活动第一信号系统的活动占主导地位，主要靠具体的直观形象建立条件反射；第二信号系统相对较弱，抽象思维能力较差。上了中学以后，神经抑制过程得到发展，抽象思维能力不断提高，两个信号系统的相互关系更协调和完善，分析综合能力显著提高，能较快建立各种条件反射。到大学以后，学生的神经系统已经发育完全，大脑的结构和机能已达到成人水平，兴奋与抑制过程基本平衡，第二信号系统起主要调节作用。

经常参加体育锻炼能促进血液循环，提高心脏功能；改善呼吸系统功能；改善神经过程的均衡性和灵活性，提高大脑分析和综合能力，使机能水平得到提高。

**2. 骨骼肌肉系统**

儿童、少年骨骼发育主要表现为长骨的快速增长，骨的弹性大而硬度较小，容易弯曲发生变形。随着年龄增大，骨化过程旺盛，骺软骨生长活跃，适当的生理负荷有利于骨的生长。

肌肉的增长主要表现为长度的增加。小学生肌肉的横断面积小，肌纤维细长，肌肉水分多，蛋白质和无机盐较少，肌肉力量和耐力较差，易疲劳，但恢复较快。到高中后，肌肉长度和横断面积同时增大，肌力增强，对力量、耐力性素质练习承受的能力也有所增强。

**3. 呼吸系统**

少年学生胸廓较小，呼吸肌较弱，呼吸频率较快，肺容积小，肺活量也较小，呼吸调节机能较弱。青年以后，呼吸肌增强，频率减慢，深度加大，肺活量也增大。

**4. 心血管系统**

青少年学生的心脏发育不如骨骼肌快，心肌纤维细，心肌收缩力较弱，心率较快，心脏每搏输出量比成人低。随着年龄增长，心肌收缩力逐渐增强，心率逐渐减慢。

## 三、发展体能

体能的发展随着年龄的增长而变化，表现出明显的年龄特征和性别差异。男女学生体能的发展速度不同，表现出明显的波浪形和阶段性。根据学生体能增长速度的特点和增长速度的基本趋势，可将学生体能的发展分为快速增长期、慢速增长期、稳定期和下降期。

体能包括与健康相关的体能和与运动技能相关的体能。体能的发展以运动实践为基础，要求学生在运动过程中通过反复的练习，达到发展体能的目的。

各项体能的发展是相互影响和相互促进的。发展体能所选择的内容与方法要考虑针对性、全面性和多样性。采取多样化的手段与方法，提高体能练习的趣味性，调动学生参加体育锻炼的积极性，以保证学生体能水平的提高。

## 四、适应能力的发展

通过在严寒、酷暑、风雨等环境和条件下进行各种体育活动，学生适应环境变化的能力不断提高。另外，体育活动还能增强学生身体的免疫力，提高对疾病的抵抗力，它所提供的许多练习（如倒立、悬垂、滚翻等）常使人体处于非常态的状况以提高人体适应现代生活的能力。

社会适应是指个体或群体调整自己的行为使其适应所处社会环境的过程。社会适应有两种方式：一是个体通过调整和改变自己的观点、态度、习惯、行为以适应社会条件和要求，这属于生存适应；二是尽量改变环境使之适合自身发展的需要。社会适应过程实质上是个体不断社会化的过程。

社会适应能力，又称社会健康，指个体与他人及社会环境相互作用，具有良好的人际关系和实现社会角色的能力。社会化是把一个生物的人塑造成一个合格的社会成员的过程。在这一过程中，个体必须适应自己生活于其中的社会变化，在与他人的交往与互动中逐渐形成自我观念，协调人际关系；学习和体验不同社会角色，学会承受各种挫折；建立良好的道德规范及协作精神；在个体社会化进行中必须面对各种冲突并学会妥协和顺应、合作与竞争。

## 第三节 体育学科的社会作用

社会发展趋势影响着体育教学在社会中的作用。当前社会有着比历史上任何时期都丰富多彩的文化，而且这种多样性随着社会的发展越来越明显。因此，体育的社会发展趋势是“健康第一”以及体适能活动、身体活动。全面健康强调的是个人有责任做出明智的选择，并且这样选择会有利于达到最佳健康状态。增强体质、预防疾病和促进健康是体育教学的基石，因此要鼓励学生参加各种体育活动。大量证据表明，终身参加体育活动的积极生活方式对人们非常有益。

体育教育不仅“适应人的向善求美的需要，让人的情感在伦理亲情、认识兴趣、创造冲动、审美体验、理想憧憬等方面获得满足”，而且通过对需要的调节和引导，持续地从追求“完满”和“超越”中获得满足，最终形成一种情感上的“定势倾向”。“这时，由于个体的需要得到了满足，自己的选择得到了实施，所以，人感到不是必然总体的主宰、控制或排斥偶然个体，相反，是偶然个体主动寻找、建立，确定必然总体，人便产生了自我超越的快乐感、高尚感和幸福感。”这就是体育教育具有的特征，在教育方面所深蕴的含义。

体育是社会生活的反映，但是这种反映较实际生活又具有更高、更强烈、更集中、更典型、更理想的特点，从而超越功利主义的束缚，使心灵纯洁化和高尚化。

体育可以组织和协调社会成员的意志行为，传达与交流社会成员的思想情感，从政治态度、伦理道德等方面对人产生影响，激发一种潜移默化的力量，起到“善民心”“移风俗”的教化作用。当体育使人产生激情时，在条件适合的情况下，就能发挥巨大的作用。

体育的魅力，给人以积极向上、奋发进取的精神力量。这种教育与影响，不是生吞活剥式的灌输，也不是强迫他们接受，而是采取运动性与思想性融为一体的方式进行。这种影响和教育，是潜移默化的，"随风潜入夜，润物细无声"，使人们受教育于不知不觉中。体育的教育功能体现在健全大脑、健康身心、人际关系和谐化等三个方面。

体育本身具有使人愉悦的属性。体育可以提供有教养的娱乐，有文化的休息，通过松弛的审美享受来积蓄精神的素养和活力。在紧张的学习和工作之余，从事体育活动可以转换兴奋中心，从而消除劳累，解脱烦虑，放松神经，使身体和心理得到休息。体育的娱乐功能体现在愉悦养性、怡情健身、参与自娱等三个方面。

体育对学生的身体健康与心理健康都有着极大的促进作用。从生存或生活的角度讲，身体健康能够使人具有独立生活的能力，享有生命的尊严；同时，健康的身体是人参与社会劳动、获取生活资料的必要条件，也是人在社会中或者说在生存空间中进行竞争的资本，更不用说是从事军事活动的最基本的资本了。身体活动是人改善身体素质，提高身体适应力，身体康复，抵抗疾病，提高生活质量的重要手段。从心理角度讲，身体活动是人们娱乐的一种手段，它能使人精神放松，从繁重的体力劳动、脑力劳动以及种种生活压力中解脱出来，保持心情的愉悦；同时，它也是人展现自己的一种机会和舞台，在这个舞台上，所有的人都可以按照自己的理解方式或运动方式去跳、去跑、去放松、去欢乐、去表现，至少使人能暂时摆脱所有的烦恼而尽情欢悦，使人恢复自信与提高自信力。另外，体育活动对于提高人的身体审美也具有重要作用。身体健康、灵活、肌肉发达、四肢有力、充满活力等都是健康美的表现。人们在不断运动中，会不断学习、传承与发展有关身体运动的科学知识与技术，不断提高身体运动的能力与科学性，并在运动中形成健康的价值观念，养成健康的生活方式与习惯。特别对于中小学生来说，这一点尤为重要。在价值观念养成过程中，养成的健康理念与形成的健康生活方式以及学习掌握一定的身体活动技能将是终生的财富。

研究表明，"运动对于维护和促进身体健康主要体现在以下几个方面：①心血管系统。它是人体的主要输送渠道，对人的健康起着积极的作用。在体育活动中心跳加快，血流加速满足肌肉和身体其他部位的需要，改善心血管功能。心跳回快，经常参加体育运动可以使心脏收缩有力，减轻心脏的压力，促进身体的完善。②呼吸系统。呼吸是生命存在的表象，肺是呼吸系统的主要器官，经常参加体育运动可以使得呼吸肌发达，更多的肺泡参与活动，肺的功能得到加强。③免疫系统。运动可以促进血液循环，改善多种组织器官功能，加速代谢产物的排出，使一些具有抗动脉硬化的物质如高密度脂蛋白(HDL)、抗衰老物质如超氧化合物歧化酶(SOD)等数量明显增加，这对延长寿命、提高生命质量大有裨益。④骨骼肌肉系统。适当的锻炼可以为骨骼和肌肉提供更多的营养物质，促进肌肉发展和完善，使得骨密度增厚，提高抗压、抗弯和抗折能力。当这些机体器官处于一个良好的状态时，人们才可以进行各种各样的活动和从事各种各样的工作，体现自己的效用价值。"

在现代社会中，体育运动的减少给人的健康带来了新的问题。科学研究表明，缺少经常性的运动将导致人的身体素质下降，而身体素质的下降又会使人患上因缺乏运动而诱发的疾病(运动缺乏症，也叫"运动不足导致的慢性非传染性流行病")或其他一些现代生活方式病。

学校体育，不仅是个体育问题，更是个教育问题，应教育学生不只看学习成绩，还要看社会技能、心理素质、人格发展等。比如，沟通能力、团队精神、领袖才能、竞争意识、意志力、尊重对手和接受失败的能力等。体育是培养这些素质的重要手段。现代体育教育提出了“健康第一”的口号，根本目的是增强学生对体质健康和人力资本的认识和理解，使他们热爱身体，热爱自己，绝不能出现向健康“透支”，使自己的身体过早垮掉。

# 第二章

# 培养大学生健康心态，修炼完美人格

学习目标

本章能使学生做到：

★了解心理测试的基本概念

★掌握必要的心理训练方法

★能够通过体育运动项目调节自身的心理压力

★能够运用所学知识指导自己进行科学的自我心理评价

★能够运用心理训练改善自己的身体、心理、社会适应能力

## 第一节　心理健康的评定

科学地认识自己与他人，离不开心理测验与评估。心理健康状况的评估要以心理测验的结果为依据，而心理测验又是心理评估、心理咨询和心理治疗的基础。

### 一、什么是心理测验

（一）心理测验的含义

测验，指用仪器或其他办法检验。物理世界可以测验，心理属性也是可以测验的。比较是测验的方法之一，心理健康的人往往是与不健康的人比较而言的，人心智的高低也是在比较中得出的。心理测验是用来判定个体心理属性及其差异的工具，也是使心理现象数量化的方法。心理测验是在标准情景下，取出个人行为样本来进行描述和定量解释的一种科学手段。就某种测试而言，其结果并不唯一准确可靠。

心理测验实质上是行为样本客观的和标准化的测量。

**1. 行为样本**

心理测验是对小型的、经过仔细选择的个体行为样本进行观察。在这点上，心理学家使用的方法与其他学科的科学家进行观察的方法是一样的。如要检验病人的血液，医生只要分析一个或几个血液样本即可；要检验社区用水，只要分析一个或几个饮水样本即可。同样，心理学家分析人的心理状态，只需分析有代表性的心理状态即可。

**2. 标准化**

标准化是指测验的编制、实施、评分以及分数解释的程序的一致性。

**3. 客观性**

测验的实施、评分、分数解释等与特定主试的主观判断无关，测题或整个测验的难度水平的确定等是客观的。

### （二）心理测验的作用

传统上，心理测验的作用是测量个体之间或同一个体在不同情况下反应的差异。促进心理测验发展的最早课题之一便是鉴定智力落后的个体。至今，检测智力落后仍然是某些类型心理测验的一种重要应用。学校是最大的测验用户之一，测验的用途包括：按能力将学生分类，使他们从不同类型的学校教学中受益；鉴定明显落后或明显超常的学生；中学生和大学生的教育和职业咨询；专业学校选拔学生。另外，心理测验还应用于工业人员以及军事人员的选拔和分类中。

### （三）心理测验的种类

当今的心理测验可分为智力测验、能力倾向测验、成就测验、人格测验、兴趣和态度测验及临床心理学量表。比较著名的有奈智力量表、韦斯勒智力量表、考夫曼量表、麦卡锡儿童能力量表、美国的“陆军甲种测验”和“陆军乙种测验”、明尼苏达多相人格调查表、艾森克人格问卷、16 项人格因素问卷、洛夏墨迹测验、中国联合型瑞文测验等。

## 二、大学生心理健康的自我测量

大学生对自己心理健康状况的了解可以通过心理测验的自评量表进行自我测量获得，下面介绍几种常用的心理健康自评量表。

症状自评量表（表 2-1），包括 90 个项目，分为五级评分。基本可用来衡量病人自觉症状的严重程度。这个量表具有容量大、反映症状丰富、更能准确反映病人的自觉症状及严重程度等优点，在分析上，也相对复杂一些。

注意：以下表格中列出了有些人可能会有的问题，请仔细地阅读每一条，然后根据最近一星期内，下述情况影响您的实际感觉，在右边的 5 个数字中选择 1 个画“√”以表示该症状的程度。

**表 2-1　症状自评量表**

| 症状表现 | 没有 | 轻度 | 中度 | 偏重 | 严重 |
|---|---|---|---|---|---|
| 1. 头痛 | 1 | 2 | 3 | 4 | 5 |
| 2. 神经过敏，心中不踏实 | 1 | 2 | 3 | 4 | 5 |
| 3. 头脑中有不必要的想法或字句盘旋 | 1 | 2 | 3 | 4 | 5 |
| 4. 头昏或昏倒 | 1 | 2 | 3 | 4 | 5 |

（续表）

| 症状表现 | 没有 | 轻度 | 中度 | 偏重 | 严重 |
|---|---|---|---|---|---|
| 5.对异性的兴趣减退 | 1 | 2 | 3 | 4 | 5 |
| 6.对旁人责备求全 | 1 | 2 | 3 | 4 | 5 |
| 7.感到别人能控制您的思想 | 1 | 2 | 3 | 4 | 5 |
| 8.责怪别人制造麻烦 | 1 | 2 | 3 | 4 | 5 |
| 9.忘性大 | 1 | 2 | 3 | 4 | 5 |
| 10.担心自己的衣饰不整齐及仪态不端正 | 1 | 2 | 3 | 4 | 5 |
| 11.容易烦恼和激动 | 1 | 2 | 3 | 4 | 5 |
| 12.胸痛 | 1 | 2 | 3 | 4 | 5 |
| 13.害怕空旷的场所或街道 | 1 | 2 | 3 | 4 | 5 |
| 14.感到自己的精力下降，活动减慢 | 1 | 2 | 3 | 4 | 5 |
| 15.想结束自己的生命 | 1 | 2 | 3 | 4 | 5 |
| 16.听到旁人听不到的声音 | 1 | 2 | 3 | 4 | 5 |
| 17.发抖 | 1 | 2 | 3 | 4 | 5 |
| 18.感到大多数人都不可信任 | 1 | 2 | 3 | 4 | 5 |
| 19.胃口不好 | 1 | 2 | 3 | 4 | 5 |
| 20.容易哭泣 | 1 | 2 | 3 | 4 | 5 |
| 21.同异性相处时感到害羞不自在 | 1 | 2 | 3 | 4 | 5 |
| 22.感到受骗、中了圈套或有人想抓住您 | 1 | 2 | 3 | 4 | 5 |
| 23.无缘无故地突然感到害怕 | 1 | 2 | 3 | 4 | 5 |
| 24.自己不能控制地大发脾气 | 1 | 2 | 3 | 4 | 5 |
| 25.害怕单独出门 | 1 | 2 | 3 | 4 | 5 |
| 26.经常责怪自己 | 1 | 2 | 3 | 4 | 5 |
| 27.腰痛 | 1 | 2 | 3 | 4 | 5 |
| 28.感到难以完成任务 | 1 | 2 | 3 | 4 | 5 |
| 29.感到孤独 | 1 | 2 | 3 | 4 | 5 |
| 30.感到苦闷 | 1 | 2 | 3 | 4 | 5 |
| 31.过分担忧 | 1 | 2 | 3 | 4 | 5 |
| 32.对事物不感兴趣 | 1 | 2 | 3 | 4 | 5 |
| 33.感到害怕 | 1 | 2 | 3 | 4 | 5 |
| 34.您的感情容易受到伤害 | 1 | 2 | 3 | 4 | 5 |
| 35.感到他人知道您的内心思想 | 1 | 2 | 3 | 4 | 5 |
| 36.感到别人不理解您，不同情您 | 1 | 2 | 3 | 4 | 5 |
| 37.感到别人对您不友好，不喜欢您 | 1 | 2 | 3 | 4 | 5 |
| 38.为了保证精确，做事必须非常缓慢 | 1 | 2 | 3 | 4 | 5 |
| 39.心跳得厉害 | 1 | 2 | 3 | 4 | 5 |
| 40.恶心或胃部不舒服 | 1 | 2 | 3 | 4 | 5 |
| 41.感到自己比不上他人 | 1 | 2 | 3 | 4 | 5 |
| 42.肌肉酸痛 | 1 | 2 | 3 | 4 | 5 |

(续表)

| 症状表现 | 没有 | 轻度 | 中度 | 偏重 | 严重 |
|---|---|---|---|---|---|
| 43.感到周围的人注视或议论自己 | 1 | 2 | 3 | 4 | 5 |
| 44.难以入睡 | 1 | 2 | 3 | 4 | 5 |
| 45.做事必须反复检查 | 1 | 2 | 3 | 4 | 5 |
| 46.难以做出决定 | 1 | 2 | 3 | 4 | 5 |
| 47.怕乘公共汽车、地铁或火车 | 1 | 2 | 3 | 4 | 5 |
| 48.呼吸有困难 | 1 | 2 | 3 | 4 | 5 |
| 49.一阵阵发冷或发热 | 1 | 2 | 3 | 4 | 5 |
| 50.因为感到害怕而避开某些东西、场合或活动 | 1 | 2 | 3 | 4 | 5 |
| 51.脑子变空了 | 1 | 2 | 3 | 4 | 5 |
| 52.身体的某些部位发麻或刺痛 | 1 | 2 | 3 | 4 | 5 |
| 53.喉咙有梗塞感 | 1 | 2 | 3 | 4 | 5 |
| 54.感到前途没有希望 | 1 | 2 | 3 | 4 | 5 |
| 55.不能集中注意力 | 1 | 2 | 3 | 4 | 5 |
| 56.感到身体的某一部分软弱无力 | 1 | 2 | 3 | 4 | 5 |
| 57.感到紧张或易被激怒 | 1 | 2 | 3 | 4 | 5 |
| 58.感到手或脚发重 | 1 | 2 | 3 | 4 | 5 |
| 59.想到死亡的事 | 1 | 2 | 3 | 4 | 5 |
| 60.吃得太多 | 1 | 2 | 3 | 4 | 5 |
| 61.当别人看着您或谈论您时感到不自在 | 1 | 2 | 3 | 4 | 5 |
| 62.头脑里存在着不是您的想法 | 1 | 2 | 3 | 4 | 5 |
| 63.有想打人或伤害别人的冲动 | 1 | 2 | 3 | 4 | 5 |
| 64.醒得太早 | 1 | 2 | 3 | 4 | 5 |
| 65.必须反复洗手、点数目或触摸某些东西 | 1 | 2 | 3 | 4 | 5 |
| 66.睡得不稳不深 | 1 | 2 | 3 | 4 | 5 |
| 67.有想摔坏或破坏东西的冲动 | 1 | 2 | 3 | 4 | 5 |
| 68.有一些别人没有的想法或念头 | 1 | 2 | 3 | 4 | 5 |
| 69.感到对别人神经过敏 | 1 | 2 | 3 | 4 | 5 |
| 70.在人多的地方(如商店、电影院)感到不轻松、不自在 | 1 | 2 | 3 | 4 | 5 |
| 71.感到任何事情都很困难 | 1 | 2 | 3 | 4 | 5 |
| 72.一阵阵惊慌失措 | 1 | 2 | 3 | 4 | 5 |
| 73.感到在公共场合吃东西不舒服 | 1 | 2 | 3 | 4 | 5 |
| 74.经常与人争论 | 1 | 2 | 3 | 4 | 5 |
| 75.单独一人时神经很紧张 | 1 | 2 | 3 | 4 | 5 |
| 76.担心别人对您的成绩没有做出恰当的评价 | 1 | 2 | 3 | 4 | 5 |
| 77.即使和别人在一起也感到孤单 | 1 | 2 | 3 | 4 | 5 |
| 78.感到坐立不安、心神不定 | 1 | 2 | 3 | 4 | 5 |
| 79.感到自己没有什么价值 | 1 | 2 | 3 | 4 | 5 |
| 80.感到熟悉的东西变得陌生或不像是真的 | 1 | 2 | 3 | 4 | 5 |

（续表）

| 症状表现 | 没有 | 轻度 | 中度 | 偏重 | 严重 |
|---|---|---|---|---|---|
| 81.大叫或摔东西 | 1 | 2 | 3 | 4 | 5 |
| 82.害怕会在公共场合昏倒 | 1 | 2 | 3 | 4 | 5 |
| 83.感到别人会占您的便宜 | 1 | 2 | 3 | 4 | 5 |
| 84.为一些想法而感到苦恼 | 1 | 2 | 3 | 4 | 5 |
| 85.感到自己有罪恶而应该受到惩罚 | 1 | 2 | 3 | 4 | 5 |
| 86.感到要赶快把事情做完 | 1 | 2 | 3 | 4 | 5 |
| 87.感到自己的身体有严重问题 | 1 | 2 | 3 | 4 | 5 |
| 88.对他人从来没有亲密感 | 1 | 2 | 3 | 4 | 5 |
| 89.感到自己有罪 | 1 | 2 | 3 | 4 | 5 |
| 90.感到自己的脑子有毛病 | 1 | 2 | 3 | 4 | 5 |

**1.项目定义和评分标准**

症状自评量表的 90 个评定项目中包含比较广泛的精神病症状学内容，从感觉、情感、思维、意识、行为直至生活习惯、人际关系、饮食睡眠等均有所涉及。

**2.5 级评分制的具体说明如下**

(1)没有：自觉并无该项症状(问题)。

(2)轻度：自觉有该项问题，但发生得并不频繁、严重。

(3)中度：自觉有该项症状，其严重度为轻到中度。

(4)偏重：自觉常有该项症状，其程度为中到严重。

(5)严重：自觉该项症状，其频度和强度都十分严重。

所有 90 个项目，凡是自评者认为是"没有"的，均可给予 1 分，其余类推。

**3.评定方法及注意事项**

开始评定前，受检者应认真仔细地阅读自评表格上的注意事项，然后填写。一般约 20 分钟即可填完。填写时不要受干扰，以免影响做出独立的、能反映主观真实感觉的评定。每个项目的评定均应由自评者独自做出。评定时间范围是"现在"或者"最近一个星期"，这一点若忽视了，便会引起误差。在评定结束时，应仔细检查自评表。凡有漏评或重复评定(1 个项目上做出 2 个以上的选择)时，应再做考虑以免影响分析的准确性。

**4.统计指标**

统计指标有 2 项，即总分与因子分。

(1)总分

①总分是 90 个项目所得分之和。

②总症状指数即总均分：总分/90，表示总的来看该病人的自我感觉介于 1～5 的哪一个范围内。

(2)因子分

症状自评量表有 10 个因子，每个因子反映被试者在某方面症状的痛苦程度，可通过因子分了解被试者的症状分布特点。因子分等于该因子所含项目的得分之和除以所含项目的个数。10 个因子定义及包含项目如下：

①躯体化，包括 1、4、12、27、40、42、48、49、52、53、56、58，共 12 项。该因子主要反映

身体不适感，包括心血管、胃肠道、呼吸等系统的主诉不适和头痛、背痛、肌肉酸痛以及焦虑的其他躯体表现。

②强迫症状，包括3、9、10、28、38、45、46、51、55、65，共10项。主要是指那种明知没有必要，但又无法摆脱的无意义的思想、冲动、行为等表现，还有一些比较一般的感知障碍（如"脑子都变空了""记忆力不行"等）也在这一因子中反映。

③人际关系敏感，包括6、21、34、36、37、41、61、69、73，共9项。主要指某些个人的不自在感与自卑感，尤其是在与其他人相比较时更突出。在人际关系中的自卑感，心神不安，明显不自在，以及人际交流中的自我意识，消极地期待也是这方面症状的典型原因。

④忧郁，包括5、14、15、20、22、26、29、30、31、32、54、71、79，共13项。代表性症状是忧郁苦闷的情绪和心境。还以对生活的兴趣减退、缺乏活动愿望、丧失活动力等为特征，并包括失望、悲观、与忧郁相联系的其他感知及躯体方面的问题。该因子中有几个项目包括死亡、自杀等概念。

⑤焦虑，包括2、17、23、33、39、57、72、78、80、86，共10项。一般指那些烦躁、坐立不安、神经过敏、紧张以及由此产生的躯体征象（如震颤等）。那种游离不定的焦虑及惊恐发作是本因子的主要内容。

⑥敌对，包括11、24、63、67、74、81，共6项。其项目包括厌烦、争论、摔物，直至争斗和不可抑制冲动暴发等各个方面。

⑦恐惧，包括13、25、47、50、70、75、82，共7项。恐惧的内容包括出门旅行、空旷场地、人群、公共场合和交通工具等。

⑧偏执，包括8、18、43、68、76、83，共6项。所谓偏执是一个十分复杂的概念。本因子只是包括它的一些基本内容，主要是指思维方面，如投射性思维、敌对、猜疑、妄想、被动体验和夸大等。

⑨精神病性，包括7、16、35、62、77、84、85、87、88、90，共10项。反映为各式各样的急性症状和行为，把一些明显的、纯属精神病性的表现汇集到本因子中。例如，幻听、思维播散、被控制感、思维被插入等。此外，还有一些反映精神分裂症症状的项目。

⑩其他，包括19、44、59、60、64、66、89，共7项。该因子是反映睡眠及饮食情况的。

## 第二节　大学生的心理健康

许多青年在踏入高等学府大门之前，对大学制度、大学生活并不了解。通过激烈的高考竞争跨入大学之门之后，如何适应大学的生活，成为新一代大学生心理健康的重要课题。

### 一、大学生的心理特征

大学时期是从青年期向成人期发展的阶段，是在各种各样的心理动摇中自我创造、自我实现的时期。现代的大学生心理特征主要有这样三个方面。

第一个特征是价值观的多样化。现代的大学生对某种特定的价值观、哲学思想或意识形态倾倒的状况已经很少见，他们非常重视自我的感受、判断和对现实的体验，从中形成自我价值取向。但是尽管现在大学生的信息、知识比以往的大学生掌握得多,可对生活的感受和体验却变得更狭窄。这一方面是因为现代社会信息技术的高度发展,"秀才不出门,便知天下事",通过电脑网络可以遨游世界,与天下人结交,通信;另一方面是对自我、自身环境的过多关心,使他们缺乏对现实社会更广阔的视野,大学生根据自我需要吸取知识并根据自我需要来形成多种多样的价值观。

第二个特征是对人际关系的敏感。在对大学生的心理咨询中最强烈感受到的是,90%以上的心理问题与人际关系问题有关。他们在人际关系中不是通过相互交流、碰撞来确认自我与对方的关系性质,而是尽量做到自己既不伤害对方,也不让对方伤害到自己,以采取回避的方式居多。现代的大学生相互之间是在不"侵犯"对方领域的默许规则下,各自探索自我的生活方式和价值观。

第三个特征是许多大学生在大学生活中想尽量摆脱烦恼,活得潇洒。但有时必须经历苦恼、不安、痛苦,通过克服心理危机才能成长起来,才能将自我的精神境界提升到一个更高的层次。而现在一些大学生表面上表现得很潇洒,没有烦恼,但一旦深入他们的内心会发现并不是这么一回事,也就是说,这些大学生的表面与内心深处存在着很大的不吻合或摩擦,没有烦恼的背后却是常常充满了烦恼。

那么,大学生的内心深处可能构成烦恼或心理问题的因素主要有哪些呢?

首先是自我同一性的探索。自我同一性除了"作为男性、女性的自我确立""作为大学生的自我确立""作为某个阶层或集团中一名成员的自我确立"以外,还有对自我的探索,即"我是怎样一个人""我的生存价值观是什么"和"我如何自我实现"等,这是大学生不得不面临的自我人生发展的课题。如果上述问题解决得不好,会产生"同一性扩散"(自我意识过剩、选择的回避或麻痹状态,以及选择的混乱、不适应状态等)问题。其次是相对于家庭的自立。青年期是从父母那里"心理断乳",自我实现、自立自强的时期,心理学上称之为"第二次断乳"。如果这一问题解决不好,会产生对父母的依存和个人自立相矛盾的状况,在亲子关系上形成不适应状态,影响个人的学习和生活。最后是人际关系的质的变化。大学时代是人际关系发生较大变化的时期,在以往生活中主要是亲子关系、同性友人、同学关系,在大学生活中开始出现与异性、恋人乃至今后的婚姻关系、事业上志同道合的伙伴关系,以及与自己崇拜、希望成为的理想人物(如大学中著名教授、科学家、作家等)之间的关系。如果这样的人际关系进展得不顺利,或者没有知心友人陪伴,不能融入集体之中,心理的问题或"受伤感"会变得深刻起来,很有可能导致重大的心理障碍。

对以上现代大学生的心理特征的把握,是对大学生进行心理健康教育的关键。

## 二、大学生活的不适应问题

大学生中,有许多青年性格开朗、活泼,充满了青春的朝气和活力,努力攻读专业知识,表现出奋发向上的精神。但是也有不少学生,外表看上去很健康,内心却充满了各种迷惘、烦恼、苦闷等,家庭、朋友、异性、学习能力、性格,甚至包括经济生活、毕业后的方向、自我容姿、体质、恋爱、性心理等都是构成其烦恼的原因。

从大学心理咨询工作的角度来观察,大学生的不适应问题有两个症候群。

**1. 学生无气力症候群**

学生无气力症候群（一种神经性冷漠症），可分为两种类型：一种是“副业化倾向”，这种类型的学生对大学学习生活没有兴趣，但对学习以外的副业兴趣浓厚，如打工，过早过多地寻找职业，在大学以外进行频繁的社交活动、娱乐、恋爱等，副业过多又反过来影响学业。另一种类型即神经性冷漠症。究其产生原因，可能是由于长期受到压抑，进入大学后一下子从考试的黑暗走向光明，完全轻松下来，因此情绪上有一种虚脱感，于是对继续进行大学的学习生活缺乏兴趣。有的学生产生享乐倾向，用娱乐来补偿麻木疲劳的大脑，对打牌、麻将、旅行、恋爱、玩耍等热情高涨，阻碍了学习成绩的提高。

对学生无气力症候群主要采用生活分析的心理咨询法，帮助学生建立起自己的生活目标图，明确学习的重要性，之后再进行适当的心理辅导。

**2. 新入学症候群**

新入学症候群的起因与学生无气力症候群相似，学生进入大学后，从考试焦虑中走出，由于对自己学习的内容不感兴趣或者进入的是父母决定的大学，在对大学的新鲜感过了之后，便产生了失望感。失望感又进一步加速了士气的低落，以致精神不振，毫无作为，形成怠惰状态。又由于刚进大学，朋友不多，周围没有知心人，并且也不能对大学里的教师倾吐心里话，情绪郁结在心里，由此产生心理的不适应感。总的来说，新入学症候群是一种对环境变化的不适应，一般是一种过程性症状，几个月后就会消退，但也有些人不能消退，因症状延长而引起学习意欲减退，即发展成为前述的学习冷淡症。除了大学生以外，公司的新职员、新婚夫妇也会发生这样的情况。

新入学症候群的临床心理症状包括：盲目的不安、无气力、愿望丧失、食欲不振，有时有失眠和轻度的抑郁症。入学两三个月后出现缺课、逃学现象，上课时头痛，注意力集中困难，上完课后有腹痛、轻微呕吐等身心症状。症状延长时有两种情况：精力强的学生会走上“副业化倾向”，精力弱的学生则有可能产生“自杀倾向”。

现代大学生中容易患新入学症候群的人有这样一些：第一类是在中学时学习努力，压抑了一切情欲和愿望，一门心思只想考入大学而未制定长远目标的学生。第二类是追求完美成“癖”的大学生，他们在家长和老师眼中是成绩优异的学生，因此在大学中，他们所选学分最多，学习非常努力，但是一旦受到挫折，就会产生自卑感，心理上产生不安、焦躁的感觉。第三类是未被录取到自己希望进入的大学，听从家长或老师的劝说进入另一所大学。他们对自己学习的东西不感兴趣，或对学习的内容有疑问，觉得所学的东西与自己的未来及人生关系不大。他们在大学中的友人关系较少，常常处于孤立状态。第四类是没有任何特长、兴趣、体育活动的学生，这类学生全身心地投入学习中，认为活动游玩是懒惰怠学，因此他们的心理和情绪缺乏调节，一旦在学习中受到挫折或当专业知识渐趋深化而遇到困难或障碍时，就会产生心理问题。第五类是受到家长过度保护、过度支配的大学生。他们对家庭的依赖性强，缺乏责任感和缺少对欲求不满的耐性。进入大学后，独立生活能力很差，容易遇到困难，一旦存在不满，挫折感也很深，容易导致心理问题。

对大学生来说，预防新入学症候群，有以下一些心理保健预防建议：考入大学后，要制订对将来的发展、事业、理想、生活的大致计划；培养良好的兴趣和特长，进行适当的体育锻炼，或通过旅游调节身心，不要陷入学习第一的思想负担中去；在刚入学时，不要一下子申请太多的学分，尤其是自己不熟悉的专业，在学习知识上务求少而精；在自己相同专业的同学中多结交朋友，包括同性和异性朋友，建立良好的人际关系，朋友之间可以相互疏导，相互关心；可以通过心理测量了解自己并改善自己的性格。多从好的地方看自己的大学，而不要仅仅从坏处去看，因为主观观念和客观世界的不同会影响行为的方向；如果有了心理不适应问题，要有勇气及时去进行心理咨询。

## 三、大学生的精神卫生问题

大学生的心理健康和精神卫生问题主要有以下几个方面：

**1. 身心不适应问题**

由于对考试的不安、焦虑或论文写不出而造成的心理不适应，问题的持续化导致食欲不振、头痛、腹痛等状况。

**2. 人际关系导致的心理问题**

有些大学生由于害怕被人过分注意而不敢进入食堂、厕所，而食堂、厕所恐怖症的本质是人际关系问题，是一种社会恐怖。

**3. 神经症**

造成大学生神经症的原因可能有：对自己的容貌、身材不满，考试的失败，人际关系问题，失恋，学校中的人事纠纷，毕业论文写不出，奖学金、经济、打工问题，入学前的家庭环境影响等。

大学生中常见的神经症可分为以下几类：

(1)不安神经症。表现为盲目不安、考试焦虑、恐慌、呼吸困难、失眠等。

(2)恐怖神经症。包括对人、高处、交通、尖锐物、厕所以及被人嫉妒等的恐惧感，严重时不能上课参加学习。

(3)强迫神经症。如强迫性被害观念、对称观念、洗手洁癖及确认强迫倾向等。

(4)抑郁神经症。表现为情绪低沉、沉默寡言、缺乏生气、多愁善感、有自杀死亡念头等。

(5)疑病神经症。一有什么不适，就怀疑自己得了什么病，使学习兴趣和精力严重下降。

(6)神经衰弱。表现在学习中注意力下降，记忆力衰退，上课听不进去，笔记记不下来，看一点点书就会头晕等。

(7)离人神经症。表现为没有喜怒哀乐等情绪，自我身体实感消失，对外界感觉冷漠，严重时会产生意识朦胧现象。

治疗大学生的神经症时可以调整环境，在神经症发作严重时可休学一段时间；也可以进行必要的心理咨询和心理治疗；进行适当的体育锻炼和药物治疗；指导他们适当地减少选择的学分，注意调整身心，加强娱乐、旅游等活动，改变一下兴趣；指导大学生在情绪低沉时，可适当做一些自律神经调控训练或进行音乐疗法等。

**4. 精神分裂症**

精神分裂症中的“分裂”是指精神机能解体，包括感觉、认知、思考、行为控制的机能，整个精神状态的荒废，意欲的减退和感情障碍，人格崩溃，行为异常或不可理解。

大学生的精神分裂症发病前兆有以下几个方面可供诊断：

(1)幻觉。如眼前有虫在飞或听到远处或隔屋传来的声音等。

(2)妄想。如认为别人讲自己坏话或者考试时老师故意给自己低分。

(3)空笑。即无意义的或意义不明的笑。

(4)独语。即自言自语，并不能自我控制。

(5)奇行。即违反常规的奇怪的行为等。

上述症状若及早干预治疗，情况会好转，但若任其发展就会逐步发展成为精神分裂症。

大学生所患的精神分裂症主要是内因性精神病，即致病原因不明的精神病。精神分裂症主要又可分为慢性和急性两种，慢性精神分裂症可称为“破瓜型”，急性精神分裂症称为“紧张性症候群”，若及早治疗，愈后比慢性的好，但一旦复发，情况会更严重。精神分裂症的治愈率不高，一般来说在青年期，大学生中有三分之一患者可以缓解或治愈，三分之一患者的症状会复发，三分之一患者只能部分缓解。精神分裂症的康复标准为：精神症状消失、病症有了很大改善、社会适应力恢复。

对精神分裂症的疗法有三种：一是药物疗法；二是一定的精神疗法和作业疗法；三是综合性的康复疗法。对于重度患者用药物疗法；对于中度患者用一定的精神疗法和作业疗法(作业内容有木工、农艺、编织、手工艺制作、陶瓷制作等)；对于轻度患者用综合性的康复疗法，即心理治疗或咨询，除此以外再进行文化、艺术、体育、音乐及回归大自然等疗法。

**5. 躁狂-抑郁症**

大学生的躁狂-抑郁症的形成原因：

第一，生物学的原因。如家庭中的血缘亲属中有躁郁症患者，则其家族的遗传因素不能忽视。近年来科学研究发现大脑中氨基酸的异常与躁郁症的形成关联很大，但在生化学科上尚未完全解释明了。

第二，心理的原因。德国的精神医学家发现“抑郁型性格”的人，注重秩序、做事认真、责任感强，却多愁善感，在人际关系中重信用，具有此类型性格的人，患抑郁症的可能性较大。大学生中产生这一疾患，主要是因为学习的压力，课程内容的变化，知识量的更新，就职、前途、经济问题，体质的变化，心理负担的加重等因素，与自我抑郁型性格相互作用，而形成的病变。

第三，社会的因素。例如，家庭成员的死亡，家庭环境的变化，对大学生活环境的不适应，社会文化价值观和信息的刺激，造成个体情绪、身心的紊乱，又因缺乏及时调整、恢复而形成神经症性的抑郁症。

治疗上，躁狂症可采用认知疗法和药物疗法并用，治疗效果较抑郁症好。抑郁症可采用药物治疗加心理咨询，但极严重的单极性抑郁症的康复期可能较漫长。

## 第三节　心理训练的方法

目前，世界各国用于心理训练的方法和手段有一百多种。这些方法除一小部分是由运动心理学工作者在实践中创造的以外，大部分是从心理治疗和心理咨询的方法中引进来的。现将比较常用的、效果较好的一些方法介绍一下。

## 一、放松训练

### (一)放松训练的概念

放松训练是通过一定的方式,专心致志地使自己的身心得到放松的一种练习过程。这种方式大多是用意念、声音等刺激来使神经和肌肉得以放松,并对某些植物性神经机能进行控制。

### (二)放松训练的作用

放松训练对于运动训练的恢复过程也具有非常显著的效果。一次大运动量训练或比赛后,学生在精神和体力上都会出现不同程度的疲劳,以往大都是采用按摩、理疗、调整运动量等方法,使运动员得以放松和恢复,而这些方法还需在一定的设备条件下才能进行,但往往只能较为有效地消除身体方面的疲劳。而采用心理放松训练则对消除精神疲劳具有更明显的作用,而且这些方法简便易行,开始时只需心理教师或教练员带着学生一起练习,待掌握方法后,自己就可独立进行了。研究证明,在大运动量训练后,做5分钟的放松训练,对生理、心理功能的恢复效果,几乎和1小时的自然睡眠或传统的恢复手段相同。因此,放松训练在恢复方面具有更加积极的意义。然而,放松训练的作用,只有在坚持系统训练的情况下,才能体现出来。

### (三)常用的几种放松训练方法

通过呼吸练习来进行放松的主要方法有以下三种:

**1. 深呼吸法**

先取一个舒适的坐姿,轻轻闭上双眼,让心情逐渐平静下来,然后开始深深地吸气。吸气时速度要慢,缓缓地吸足气后,屏息1～2秒钟再徐徐呼气。呼气比吸气更加缓慢,待把吸入的空气完全呼出后,再重新慢慢吸气。这种放慢节奏的深呼吸反复练习多次,就可以使身心都得到放松。

按上述方法来做深呼吸,好像很简单,但在紧张的训练和学习情况下,往往很难找出足够的时间来练习。因此,要想方设法插空练习,哪怕是闭上眼睛深呼吸几次也好。例如,早晨起床后;去上训练课或文化课的途中;午间休息,排队、训练间歇,课间休息;就寝之前等等都可以练习。只要想做,还是能找到时间的。

深呼吸不仅能使身心放松,而且能为血液输送更多的氧气,把二氧化碳充分排出体外,促进新陈代谢。常见有人坐在门窗紧闭的屋子里头昏脑涨地发呆,这就是由于缺少氧气,脑子反应迟钝的缘故。打开门窗做做深呼吸,使脑子获得充足的氧气之后,头脑马上就会清醒,反应也会敏捷,记忆力随之增强。开始只侧重做深呼吸,待养成习惯后,就需要学会正确的呼吸方法。

**2. 腹式呼吸法**

腹式呼吸法效果较为显著,主要是因为这种呼吸方法能促进新陈代谢,加大横膈膜的上下运动,刺激心脏后下方的太阳神经丛,使自主神经的活动更加活跃。所以,这种呼吸方法容易统一精神,集中注意力,同时也能增强记忆力。

另外,腹式呼吸还有提高腹压、防止腹部血液停滞的作用。因为腹部血液一停滞,身体其他部分就呈贫血状态,而腹式呼吸能够消除这种贫血状态,有利于身心健康。

腹式呼吸按下面的方法去做,非常容易掌握。舒适地坐在椅子上,或自然站立,轻轻闭上双眼或半睁双眼。先把气从口和鼻子慢慢吐出,边吐边使腹部凹进去。待空气完全吐出后,闭上嘴,从鼻子慢慢吸进空气,使腹部渐渐鼓起来,吸足了气之后暂停呼吸。然后再一边从鼻孔轻轻地把气吐出来,一边让腹部凹进去,初练时可用嘴配合吐气,之后就要完全用鼻子呼吸。在做这种腹式呼吸时,还可以每次吐气时默数 1,2,3……到 10 时,再回过来从 1 数起。

像这样的练习反复做五次左右,身心就能得到放松,注意力就会自然地集中到数数上。所以,这也是培养注意力的一种练习。有人把这种腹部"一鼓、一停、一凹"的呼吸方法叫作三阶段腹式呼吸,是一种很有效的放松和集中注意力的练习方法。

**3. 舒尔茨放松训练法**

这种练习方法是德国精神病学家舒尔茨教授最先创造和使用的。他主要借助于语言暗示来发展对身体各部位的感觉能力,使人逐渐进入放松安静的状态。这种方法最先是用来治疗病人的,后来逐渐发展完善,才运用到体育运动中,对运动员进行放松训练。其标准练习有以下几种:

练习 1:"我的右臂感到沉重。"人的两只手感觉物体及确定物体特征的灵敏程度是不一样的。有的人右手灵敏一些,而有的人则左手比较灵敏。一般人由右手开始练习,而左力手则从左手开始练习。这种练习主要是发展手臂的重感。沉重感总是伴随着身体局部对氧及其他供能物质需求量的提高,使动脉血流增强,才感觉到的。在形象地想象这种沉重感时,也会出现相同的脉管反应。

在想象和体会手臂的沉重感时,还应暗示自己:"我很安静,完全安静了,什么事情也不能使我激动,不能使我分心。我的右臂、手、手指的肌肉都放松了。手臂开始感到沉重,像铅块一样沉重。手臂已经没有一点力气了,连动一动都不行了,一点都抬不起来。"

如果练习几次之后,一只手臂已经能够顺利地发展沉重感了,就可以开始练习另一只手臂了。同时还可以进一步加强语言暗示:"我的沉重感已发展到左臂、左手指、左手、左肩,然后右脚、右小腿、右大腿,左胸、左小腿、左大腿也都沉重了,再后,继续发展到上体,直至全身都很沉重,非常沉重,但感到很舒服,很放松,呼吸也非常轻松。"

这种状态反映一条生理规律:肌肉放松越充分,情绪紧张度就越小,兴奋性就越低,人也就越想睡。在想睡的同时,重力感和温暖感也越强。

练习 2:"我的右臂感到温暖。"采用这个练习可以通过意识的作用,在身体的各个部位产生温暖感。大家知道,在由于身体疲劳,肌肉感到疼痛时,人就得不到充分的休息。如果能使肌肉"发暖",就能马上减轻疼痛。借助自我语言暗示可以使温暖感由手臂扩至肩部、颈部、胸部、背部。这种练习起作用的机制就是:哪里温暖,哪里的血管就扩张,血流就更强,痉挛就会消除,疼痛就会减轻。配合这种练习可做如下的自我暗示:"我很安静……呼吸轻松。全身是放松的。手臂、腿脚、全身都发沉。手臂、腿脚一点也不想动。我好像被裹在温暖、轻柔的鸭绒被子里,感到暖和。特别是右侧的手指、手、整个胳膊都感到暖和。就好像泡在热水浴池里或在暖气炉旁一样。我感到很舒服,很好。"

这种练习中的形象想象(暖气炉、浴池)占有重要的地位,它能重现过去有过的感觉。我们的血管非常易变,很不稳定,可以受各种影响而改变直径。例如,人的脸色就很容易改变,有的人在受到表扬时,脸色往往就会红起来,而在生气时,脸色又会变得苍白。因为血管收缩的神经活动与人的感觉和情绪的变化是非常密切的。

在一只手臂上已经建立起温暖感并形成由意识支配的习惯之后,就可以转而在身体的其他部位,如左臂、右脚、右腿、左脚、左腿、上体,直至全身,去逐步建立这种温暖感。根据身体部位的不同,相应地改变自我暗示的用语。

练习3:“我的呼吸是安静而有节奏的。”因为前两个练习的目的是引起主观上感到身体某个部位沉重或温暖的肌肉放松,再结合呼吸练习,就可以使它们更有机地联系起来。因为呼吸本身就能起到稳定情绪的作用,如果在肌肉放松的同时,练习者再把自己的注意力引向呼吸的节奏,那就更加有效了。

呼吸机能与情绪状态是密切联系的。如果一个人心情好,那他的呼吸也就顺畅,深度大。而在身体感到不舒服或情绪不好时,呼吸也就下意识地不舒畅,说话的声调、音质,呼吸的节奏和性质等都会随之而改变。

呼吸节奏对人的身心状态起着重要作用。人在安静状态下,每分钟的呼吸频率是14~16次。当你决心入睡而脑子里的杂念又未摆脱时,你的呼吸频率就会加快。这时你必须一方面注意控制不再想问题,另一方面还要注意呼吸,同时可采用以下暗示语:“我很安静……全身都放松了……手臂、腿脚、全身都发沉。呼吸徐缓而通畅,支气管都很好地扩张了。空气轻快自如地流通,尽情地呼吸。这种身体上和精神上的宁静使我很满足。我感到很好,很舒服。我感到安静、轻松……”这样练习,你就能逐步进入放松入静状态。

上述三个练习是放松训练的一般性练习,是建立自我影响习惯的基础,是每个练习者都能很快掌握的基本练习,而且这些练习随时随地都能做。晚上临睡前做这些练习,有助于尽快地转入休息、宁静状态,充分地睡眠。午休时做这些练习可以使神经肌肉的疲劳得到一定程度的消除。比赛前精神过度紧张时做做这些练习,则可以缓解紧张情绪。

做上述练习可以根据情况采用如下的姿势:①卧姿:仰卧,四肢放松自然,身体舒适。侧卧(最好右侧卧),手臂及腿半曲。②坐姿:如同人们坐在电车上打盹的姿势。

下面介绍的三个练习是专门针对心血管系统、消化系统和调节神经以及大脑的,称为专门性的标准练习。

练习4:“我感到心脏跳得均匀而有力。”可用以下的语言进行暗示:“我的心脏工作得很平稳。舒服的温流已由左臂传到胸部左侧,手臂的血管和心脏的血管都舒张开了。右胸口感到舒适和温暖,心肌的供血状况改善了。心脏收缩均匀而有节奏。我好像感觉不到心脏的存在了,很舒服,感觉很好……”

练习5:“我的腹腔丛(太阳神经丛)在放热。”这个练习的目的是对内脏器官施加影响。将注意力集中于腹腔丛,使腹部产生温暖感。腹腔丛是人体腹腔中相当大的一丛神经和神经节。它藏在胃的后面,膈肌底下,在腹主动脉的两侧。它是神经丛中最强有力的。因此人们把它叫作“腹脑”。大量的神经纤维从这里伸到腹腔及骨盆的各器官,在这些地方组成二级神经丛。大自然为内脏器官的容器装备了精细的神经调节机构,以保证内脏器官工作的协调进行。但是这种协调性也可能突然遭到破坏,只要一激动,组成腹腔器官壁的平滑肌的活动性就发生变化，肠子的蠕动情况也随之发生变化。做放松训练的练习和自我暗示，能解除神经机能病状，使被激动扰乱的内脏器官的活动镇定下来，恢复正常。

这一练习可以用以下暗示语："我安静了……放松了……，我的全身都已被舒适的沉重感所占有。右臂是温暖的(这时把右手放在腹腔丛的部位)。腹肌都放松了，腹部从容地参与均匀的呼吸。右手下面舒适的温暖感在扩散。腹部的深处也感到温暖。这是腹腔丛放出的热。我感到很好，很好……"

练习 6："我的头凉丝丝的，很舒服"。这一练习能对血管的收缩，特别是颜面血管的收缩起作用。头部的凉爽感能引起面部表层的血管收缩，从而使大脑的供应状况得到改善。有时，人在自我感觉不好时，往往大脑血液循环失调，在这种情况下最需要清新、凉爽的空气。

这种练习的暗示语可采用："我的额部是凉快的，头部也很清爽，微风在吹拂我的脸。我很轻松，注意力已开始集中……额部凉丝丝的，很舒服……"

以上介绍的三个标准练习，也是放松训练的基本内容。初学者对上述所介绍的练习可能感到很复杂，细节太多，这主要是从多种需要来考虑的。其实，实际做起来还是比较简单的。练习者还可以根据自己的需要有的放矢地进行练习。放松训练可以解决一般的需要，例如，调节精神紧张，解除疲劳，加深睡眠，提高工作效率等。在此基础上，还可根据不同的需要，如为参加某次比赛进行赛前准备，消除心理障碍，治疗某些心理性疾病等来设计适合自己特点的自我暗示公式来进行练习。

## 二、暗示训练

### (一)暗示训练概述

暗示训练是利用语言等刺激物对运动员的心理施加影响，进而控制竞技行为的过程。德国学者舒尔茨通过对比的方法进行研究发现：自我暗示对病人有显著的作用。1932 年他出版了《自我暗示训练》一书，揭开了对自我暗示进行科学研究的序幕。

### (二)暗示训练作用

对于暗示训练的作用，巴甫洛夫理论的解释是通过语词，即第二信号系统的作用来调节中枢神经系统兴奋水平，从而调节人体内部。

研究表明，运动员如果能在教练或心理专家的指导下，结合自己的实际情况制订出不同阶段的心理暗示语言，在训练中时常在脑海中或心中默念，将会通过第二信号系统强化技术，改进训练的效果。在大赛中坚持自己的心理暗示语可以克服困难，增强信心，获得成功。

### (三)暗示训练程序

暗示训练分为 6 个步骤：

(1)使运动员理解并认识语言对情感和行为的决定作用。

(2)确定关键比赛中经常出现的消极想法，如"倒霉，怎么又到这个鬼地方比赛，上次就是在这里砸锅的。"

(3)确定如何认识这种消极想法。

(4)确定取代这些消极想法的积极提示语,如"比赛地方虽然没变,但是我这次准备得比上次充分,只要将动作做好就行了"。

(5)对已经制定好的积极的心理暗示语,在赛前训练和比赛过程中不断地重复默念或大声朗读,每天坚持3～5遍。

(6)通过不断重复和定时检查(训练日记、比赛总结和平时生活),举一反三,养成对待困难的积极态度和良好的习惯。

在制定暗示语时注意多考虑训练比赛的过程性问题,少考虑结果性问题;暗示语应多用一些积极的、向上的语汇,而尽量避免使用消极的语汇,且针对性要强。

## 三、意志磨炼训练

### (一)意志磨炼的内涵

意志是指人从一定的动机出发,自觉地确定目标,并根据目的支配自己的行动,克服困难,从而达到预定目的的心理过程。

良好的意志品质包括:自觉性(有明确的目标和追求,不受外界干扰,在困难、危险、挫折面前,不灰心丧气),坚持性(坚强性、毅力、忍耐力),果断性(紧急状态下善于当机立断、善于抓住时机)和自制性(具有高度的克制力,能控制自己的情绪)。

良好的意志品质具有十分重要的作用。

首先,它有助于促进青年的身心健康。意志品质不仅能调控人的外在行为,也能调控人的心理活动、人的认识活动与情绪状态。

其次,它有助于促进青年成才。青年要成才,素质必须提高,而意志品质中的自信、恒心、毅力等因素更为重要。

再次,良好的意志品质,可以使人不断激励自己,自觉地奋发努力。

最后,意志是获得成功的重要保证。

### (二)克服不良心态

心态是意志的原动力,心态的水平决定了意志能力。积极的心态,可促使人的行动果敢自如,迅猛有力,得心应手。还可使人精力充沛,奋发向上,善始善终。相反,消极的心态,会极大地削弱、冻结甚至伤害人的意志。不良的心态会令人的意志力下降,使人不思进取、萎靡不振、心灰意冷。

要培养意志力,必须要克服不良心态。

**1.战胜惰性**

(1)惰性表现

惰性就是指无法按照自己的愿望进行活动的一种精神状态,是意志缺陷中较常见的一种。美国学者将惰性归纳为15种表现:

不能亲切地与朋友或师长交谈,尽管你希望这样做;不能从事自己喜爱的某项工作;无法将精力集中到专业学习中去;整天闷在室内苦思冥想,或在白天蒙头大睡;由于心情不快,不去进行锻炼和有趣的业余活动;不能主动去结识一个你喜欢的人;避开与某人接触,尽管你知道只要做一个很小的表示便可改善你们之间的关系;因焦虑无法入睡;由于生气而无法保持思路清晰;责难自己所爱的人;觉得百般无聊;打算做一件从心里并不愿意做的事,但同时又吸引你的事,使你顾此失彼;有明确目的去做某事,完全不该延误这件事,你也察觉到延误行为的不利,可你仍然在拖延你已决定要做的事;由于拖延了时间而怨恨自己,或为自己拖延找些借口,或改变初衷放弃原计划,另做一件事来弥补,或干脆将其“束之高阁”不再问津;下决心不再拖延,但下次又旧病复发,进而使自己陷入新的“感情折磨”中。

处于惰性状态的青年常为此苦恼,又觉得无力自拔。

(2)克服惰性可从以下两方面入手

①敢于正视,而不否认、回避事实。许多青年总是为自己的惰性找些借口,以维持心理平衡,惰性就是在这些所谓合理借口下滋生、发展的。②从行为上约束和规范自己:注重行动,从日常小事做起;力所能及地多给自己增加压力,并努力完成;不原谅自己的偷懒,不给自己找借口,力争今日完成;想到就做,勇于承担后果;养成规律的行为习惯,改变环境,强化自己的意志行为,逐步改变自己的惰性。

**2. 提高决断能力**

有些人在选择过程中总是犹豫不决、思前想后、患得患失,其心理常处于焦虑状态,行为也变得反复无常,“议而不决,决而不行”“剪不断,理还乱”的情形时常发生。这种人往往缺乏果断和自信,不敢承担选择的责任,有时迫于某种压力,凭运气办事,因而失去许多机会。

提高决断能力的办法:

①培养自己独立、果断的个性,试着从小事做起,看准了就下决心去做,逐步养成良好的品格。

②明白任何人的成长都要付出代价,任何选择都伴随得失,因此不能因为怕有所失而不敢做出选择。

③不断充实自己的知识,学会深思熟虑,科学地认识和处理问题,最大限度地保证自己的决策成功。

④必须树立信心、增强勇气、丢掉自卑感。歌德曾说:你失去了财产,只失去了一点儿;你若失去了荣誉,就丢掉了许多;你若失掉了勇敢,你就把一切都失掉了。

**3. 培养恒心**

缺乏恒心往往是“常常立志常无志”。对于青年人来说,培养恒心、磨炼毅力更是不可缺少的事,越是困难时刻,越临近成功,对人的恒心、毅力越是考验的关键时刻。

培养恒心的方法有以下几种:

①要有明确的目标。有了明确的目标,就会有行动的动力和勇气。无产阶级革命导师马克思的名言就是:“我的目标始终如一。”这使他能以惊人的毅力,矢志不移地不断奋进,为人类做贡献。

②根据目标,有步骤地制订计划。如果仅凭心血来潮,计划订得过高,极易产生挫折感而失去信心。

③培养自己的兴趣。不断培养自己对某事的兴趣,并善于从中寻找乐趣,这样可极大

地调动自己的积极性。

④要坚持从一点一滴的小事做起。如你可以每天按时起床,坚持早操锻炼,读30分钟报刊,睡前写日记等,在任何情况下都不马虎,不以各种借口原谅自己,就能逐步培养自己的恒心。

**4. 改掉坏习惯**

在日常生活中,有些人沾染赌博、酗酒、满口脏话等坏习惯。虽然他们意识到这些坏习惯不利于自己的进步或有损身体健康,并试图改掉它,但却不能自拔。有些人常以“习惯了”为由来为自己的不良行为开脱,其实这是没道理的。奥斯特洛夫曾说:人应当支配习惯,而绝不是习惯支配人。克服坏习惯的方法如下:

①当发现自己的某个坏习惯后,请人帮助监督,是个行之有效的方法。法国空想社会主义的杰出代表圣西门喜欢睡懒觉,他下决心让人每天早晨催他起床,并说:“起来吧,伟大的事业正在等待你!”结果,他嗜睡的毛病终于在别人的督促下克服了。

②下决心改掉坏习惯,就要忠于诺言,不能原谅自己。许多人都知道吸烟有害健康,也有不少人发誓戒烟,但真正戒成功的人却很少,这主要是缺乏坚强的意志,不断原谅自己的缘故。他们的口头禅是:“这是最后一次,下不为例。”结果坏习惯依然不改。正如有人说过:“如果容忍自己的坏习惯一次,就能容忍一千次,一万次。”因此,若你已下决心改掉某个坏习惯,就必须坚定不移地“痛改前非”。

③充分认识坏习惯的危害,使自己对它产生厌恶感,也是改掉坏习惯的重要方法。如你想吸烟,不妨写下几条吸烟的“罪恶”:引起咳嗽,损害味觉和嗅觉,开销太大,导致肺病、心脏病、癌症,危害周围朋友的健康,让女朋友讨厌,令周围人反感等。如坏习惯稍有恢复,可用各种办法来“惩罚”自己,如取消原订的娱乐活动等,以形成厌恶的条件反射。

④可以从积极培养与某种坏习惯正相对的好习惯入手,因为好习惯可以通过负诱导的作用对原来的坏习惯产生制止和破除的功效。如改吸烟为喝茶,改赌博为体育活动中的较量,改随地吐痰、乱丢垃圾为打扫环境卫生等。

**5. 增强抵制不良诱惑的自制力**

学生正处在求知欲极强,缺乏社会经验、认识能力和水平有限的时期,特别要警惕各种不良事物的诱惑。有些学生抵制不了赌博、吸毒、淫秽的诱惑,走上邪路而难以自拔,最终毁灭了自己的前程甚至生命。增强抵制不良诱惑的自制力的方法如下:

①从小事做起,培养自我控制力。当拣到别人遗失的贵重物品时要战胜自己贪财的物质欲望等,只有在平时养成抵制不良诱惑的好品性,才能真正抵制和克服不良诱惑对自己的危害。

②提高自己的识别能力。能够客观分析,冷静判断,避免头脑发热,盲目追随。可多听、多看,经过反复思考再决定取舍。

③从消极的方面说,可以避开有关情境。由于青年的模仿能力强,比较容易受暗示,所以常受情境好坏的影响。因此,应尽量避开有关的不良情境,断绝与品行不好者的交往,这对于杜绝不良诱惑的干扰是有益的,还可以设想各种诱惑场面,设想对付办法。通过这种训练,你会在想象中获得一整套的行为方式,有助于增强自己抵制不良诱惑的信心。

④从积极的方面说，要努力培养高尚的志趣。如树立正确的人生目的，培养崇高的理想，追求丰富的精神生活等。学习革命烈士在敌人的威胁和诱惑面前，大义凛然，坚贞不屈。学习那些艰苦创业、牺牲自己、造福他人的英雄。学习那些抵制金钱诱惑、坚持原则的杰出代表。在这种高尚志趣的力量面前，什么诱惑都将失去魔力。

**6. 克服绝望情绪**

“在人生的道路上，谁都会遇到困难和挫折。人们遇到困难时，出现一些消极的想法和做法是很自然的，但是，要看你能不能战胜他。战胜了，你就是英雄，就是生活的强者。”这是张海迪的肺腑之言。张海迪在5岁时高位截瘫，面对不幸的打击，她也曾有过绝望，有过轻生的念头，但是，她还是凭着坚定的意志，鼓起生活的勇气，靠自学成才，为社会做出了突出贡献。

青年人的生活和情绪都处在比较动荡的时期，强烈而不稳定。学习和工作上的困难、家庭生活的不协调、恋爱婚姻中的波折、人际关系的困扰等，都会使他们灰心丧气，意志消沉，情绪发生剧烈的波动，甚至出现轻生的念头。

出现绝望的情绪、产生轻生的念头是由于把困难和挫折看得过于严重，过分夸大某件事的严重后果，看轻了自己的价值，低估了自己的能力，缺乏坚强的生活勇气。要战胜绝望情绪，有以下方法。

①变闭锁性格为开放性格。要学会善于向别人敞开胸怀，尤其当遇到挫折和心情郁闷时，你一旦产生轻生的念头，千万不要把它埋在心底，而要找几个知心朋友或信得过的人谈谈，他们会给你帮助。

②变绝望为希望。绝望往往是由追求受挫而走到失望的尽头，从而放弃追求，也就失去了摆脱绝望的最后办法。克服轻生念头的关键在于变绝望为希望，既然“连死都不怕，还怕困难吗”？希望总是有的，需要你不断地去追求，多方面地寻找。

③多为别人着想。死不仅是死者的不幸，更是生者的不幸。死者是结束了自己的痛苦，生者却要承受着痛苦。有时甚至会形成心理反射，造成悲剧的恶性循环。因此，我们要有强烈的社会责任感，多为别人着想。

④寻找生活榜样。当张海迪写完遗书，吞服大剂量安眠药，准备结束19岁的生命时，她想到保尔在海滨公园自杀的情景，想到假如那扳机一扣，就不再会有《钢铁是怎样炼成的》著作问世，终于发出了“我错了，救救我”的呼喊。是保尔的形象把她从死神的手里夺了回来。因此，我们要时常以具有百折不挠精神的人为榜样，在挫折和困难面前奋勇前进。

⑤善于满足现状。为了不断地感到幸福，那就需要善于满足现状，要很高兴地感到，事情原来可能更糟。契诃夫曾写文章对一个企图自杀者说，要是你的手指扎进一根刺，你应当高兴：“挺好，多亏这根刺不是扎在眼睛里！”这是对于挫折的消极防卫，对于绝望轻生者是有效的办法。

（三）体能锻炼

强身健体与磨炼意志密切相关：一方面，强健的体魄是实现意志行动最基本的物质条件；另一方面，强身健体的过程能有效地磨炼人的意志能力，促使人勇于奋斗。

许多杰出的人物都十分重视体能训练对磨炼意志能力的积极作用，并身体力行。恩格斯一生爱好骑马、击剑、游泳、登山、散步等运动，并注重磨炼意志品质。列宁喜欢爬山、旅行、划船、游泳和滑冰等运动，认为这既是好的休息方法，也是锻炼身体、培养良好意志的手段。在被流放到西伯利亚时，他不顾严寒，坚持早晨来到户外散步、做早操。青年时代的毛泽东强调身体坚实在于锻炼，锻炼在于有恒心和自觉。

通过科学和严格的体能训练，可以极有效地磨炼人的勇敢、坚毅、顽强等意志品质，并因此而终身受益。

**1. 克服意志弱点的体育疗法**

进行有针对性的体育锻炼，可纠正心理某些缺陷，提高心理素质，培养健全的性格。

①性情孤僻、不愿与人交往，可选择足球、篮球、排球、拔河、健美操等集体项目。

②胆子小、怕风险、难为情，可选择游泳、溜冰、跳马、平衡木等项目。

③处事犹豫不决、不够果断，可多参加乒乓球、网球、跨栏、跳跃等项目。

④遇事易急躁、冲动，可多参加下棋、打太极拳、慢跑、游泳、长距离步行、自行车等项目。

⑤做事总信心不足，可选择跳绳、俯卧撑、广播操、长跑等项目。

⑥遇事易紧张、发挥失常，应多参加公开激烈的体育比赛。

⑦好逞强、易自负，可选择难度较大、动作较复杂的技巧、跳水、体操等项目。

⑧毅力差、做事虎头蛇尾，可适当参加长跑、登山、冬泳等项目。

**2. 跑跳训练**

①健身跑。也称长跑或健身慢跑，简单易行，长年坚持既可促进生长发育和提高体能，又可磨炼人的毅力。时间可安排在早晨进行，也可安排在下午。

健身跑要注意姿势、呼吸和运动量。长跑的姿势应该是：身体上半身正直或稍向前倾，两上肢屈肘 90°，两手握成拳状，跑动时两臂前后摆动，两下肢有节奏地、协调地交换蹬地，蹬地时要用前脚掌，力量柔和有弹性，以减轻身体的震动。呼吸最好采用以口呼气、以鼻吸气的口鼻联合呼吸方式，但口不宜张得太大。运动量要因人而异，循序渐进，逐步加大。

健身跑有多种方式，可根据体质、兴趣、目的、要求等选择，有慢速跑、变速跑、侧身跑、后退跑。应注意的是，要持之以恒，跑前不要进食太多，不要大量饮水，有病时不要跑，衣着要轻便、合适。

②健身跳。是人体克服地心吸引力而使身体腾空的运动，是以健身为目的的跳跃，是跳过尽可能的高度或尽可能远距离的体能训练方式。

跳离练习有：

原地弓箭步交换跳：连续做 10～15 次。

跳远练习有：

向上跳：可分组进行，每组连续跳 10～15 次，每组间隔 2～5 次，可先设定吊物或高处的树叶等。

立定跳远：可连续进行 5～10 次。

双腿连续向前蛙跳：连续跳 10～20 米为一组。

单足跳：练习以 10～20 米为一组。

**3. 耐力训练**

耐力训练可拉到野外进行长距离的训练。这样的训练可增加新鲜感，对意志磨炼也大有好处。一般可采用长距离行军、爬山等。这样的训练要注意安全，事先要做好安排，以小组为单位进行考核。

**4. 自理训练**

在野外条件下，适当地给一点物资条件，让被训练者集思广益，互相配合，解决生活上的问题，考核每个小组的协作性及对生活的自理能力。

（四）意志磨炼的训练方法

**1. 登山运动**

登山是在特定的地理环境中，从低海拔的平缓地形向高海拔山峰攀登的体育运动，可分为旅游登山、探险登山和竞技登山。

登山者首先必须具备良好的体质和坚强的毅力。登山过程中，运动员经常面临着滚石岩壁、雪坡冰墙、狂风严寒、高山缺氧等多种困难和难以预料的险情威胁，所以必须具有坚忍的耐力和各种恶劣自然条件的高度适应能力。其次，登山者还要具备一定的科学技术知识，能运用各种登山技术装备排除各种艰险，要会使用通信、摄影、气象和科研等器材，还应具有识图、观察天象、鉴定生理指标等常识和本领。另外，登山者要有能结合专业进行综合科学考察的能力。

**2. 拓展运动**

拓展运动、拓展训练，又称外展训练（Outward Bound），原寓意为“一艘孤独的小船，离开平静的港湾，去迎接暴风雨的考验”。后来被人们解释为：船在暴风雨来临之际抛锚起航，义无反顾地投向未知的旅程，去迎接一次次挑战。现今的拓展培训是以体育技术为原理，充分整合各种资源，融入科技手段，运用独特的情景设计，通过创意独特的专业户外项目体验，帮助参与者改变态度及心智模式以期完善行为，达到追求美好生活愿望的训练方式。

通过拓展训练，参训者在如下方面有显著的提高：认识自身潜能，增强自信心，改善自身形象；克服心理惰性，磨炼战胜困难的毅力；启发想象力与创造力，提高解决问题的能力；认识群体的作用，增进对集体的参与意识与责任心；改善人际关系，学会关心，更为融洽地与群体合作；学习欣赏、关注和爱护大自然。

**3. 自行车运动**

自行车运动是一项极好的有氧健身运动。经常参加自行车运动能有效地发展力量、耐力、速度、柔韧等素质，提高人体中枢神经系统和内脏各器官的功能，特别是心肺功能，从而达到增强体质，增进健康的目的。近年来，随着国家经济的繁荣，人民生活水平的不断提高，自费骑自行车环游全国的个人和团队也越来越多，大学、中学学生利用假期和双休日有组织地进行骑自行车旅游和社会实践活动，他们在大自然中寻找乐趣。这不仅增强了他们的体质，锻炼了意志，愉悦了身心，而且开阔了眼界，增长了知识，陶冶了情操，领略了大自然的风光，同时也培养了他们吃苦耐劳、克服困难、团结互助的优良作风和集体主义精神，以及战胜自我、勇于挑战的拼搏精神。

**【思考题】**

1. 如何使用三种量表测定人的心态？
2. 大学生存在着哪些心理隐患？
3. 什么是心理训练，举例说明如何进行心理训练？

# 第三章

# 奥林匹克运动

奥林匹克运动是人类的共同财富，它不仅在竞赛场上体现“更快、更高、更强”，又象征一种追求和精神，可以通过生动而形象的奥运文化教育，领悟许多人生哲理和社会法则，懂得怎样欣赏竞技运动之美，有助于提高审美情趣。

## 第一节　奥林匹克运动精魂

自 1896 年在希腊雅典召开第一届现代奥运会，除了因特殊情况的几次中断，迄今已延续了 125 年。经过如此漫长的岁月，为何奥运会的影响力越来越大，不仅成为无数人的快乐之源，也丰富了我们的生活？原因就在于：奥林匹克运动通过其宪章树立法制观念，始终强调教育永恒，并按人类和谐发展的宗旨，彰显在“公平竞争”原则下的顽强拼搏精神和良好的道德风尚，为追求世界和平、团结和友谊的美好理想而奋斗。

### 一、奥林匹克宪章

由国际奥林匹克委员会制定的《奥林匹克宪章》，系属规范奥林匹克运动的根本大法，也是所有成员达成共识的基础和相互协调的准则，通过制定基本法则、比赛规则和附则，负责指导奥林匹克运动的组织和运行，规定奥林匹克运动会的条件，具体规范奥林匹克组织、宗旨、原则、成员资格、机构及其职权范围。

**《奥林匹克宪章》还有哪些具体规定**

《奥林匹克宪章》中规定：为奥运会而制作的吉祥物应被看成奥林匹克徽记，其设计必须由奥运会组委会提交国际奥委会执委会批准。

《奥林匹克宪章》中规定：希腊是奥林匹克运动的发祥地，在奥运会的入场式上，希腊队伍应该走在最前面。

《奥林匹克宪章》中规定：奥运会是运动员之间进行的个人或集体项目的比赛，而不是国家之间的比赛。

#### （一）奥林匹克主义——强调教育永恒

按《奥林匹克宪章》的表述：“奥林匹克主义是将身、心和精神方面的各种品质均衡地结合起来，并使之得到提高的一种人生哲学。它将体育运动与文化教育融为一体。奥林匹克主义所要建立的生活方式，是以奋斗所体验到的乐趣、优秀榜样的教育价值和一般伦理基本原则的推崇为基础的。”而根据阿诺德提出的竞技运动原则，即“更加细致入微、更加始终如一地服务于品格的培养”，表明奥林匹克主义就是提倡通过这样的教育来完成其使命的。

**顾拜旦的初衷**

顾拜旦恢复奥运会的初衷，并非想以奥林匹克运动去推行竞技体育，而是希望把竞技体育纳入教育范畴，让广大青少年懂得：教育才是奥林匹克主义的出发点和永恒归宿。

**顾拜旦提议：建立奥林匹克教育中心**

关于建立奥林匹克教育中心——奥林匹克学院（NOA）——的建议，首先由现代奥运会创始人顾拜旦提出，他指出：体育在古希腊时代就具有特殊的教育价值，并构成了古希腊文明的重要支柱，现代体育如果与教育融为一体，将取得更大的社会价值。因此，建立一所国际文化研究中心是十分重要的。在这个中心里，将用奥林匹克主义来教育世界各地的青年，使之身心和谐发展并为建立一个更加美好的世界服务。

当今世界，充满发展的极大可能，但同时也存在着危险的道德衰败。奥林匹克主义能建立一所培养情操高尚与心灵纯洁的学校，但这必须在进行强化身体练习的同时，不断加深荣誉观念和运动员大公无私精神的条件下才能做到。未来属于你们青年！

——顾拜旦《致各国青少年运动书》

(二)奥林匹克宗旨——追求和谐发展

奥林匹克运动作为“和平使者”的象征，不仅限于促进运动员的身心和谐，还肩负着社会进步与人类完善发展的历史使命。基于此，它必须本着“为人的和谐发展服务以及促进建立一个维护人的尊严与和平的社会”的宗旨，以表现精神品质、伦理道德为核心，提倡世界上不同政治观点的国家和人民，都能够为促进人类的文明与进步发挥积极作用。

**《奥林匹克宪章》中的表述**

通过没有任何歧视，具有奥林匹克精神的以友谊、团结和公平互相了解的体育活动来教育青年，从而为建立一个和平的、美好的世界做出贡献。

(三)奥林匹克精神——彰显公平竞争

《奥林匹克宪章》认为：奥林匹克精神就是互相了解、友谊、团结和公平竞争的精神。因此，奥运会特别强调运动员的意志品质、拼搏精神和道德风尚，以及使观众得到健康的娱乐享受。但这些都必须有个先决条件，那就是要在一个良好的氛围中，所以应为比赛建立“公平竞争”的环境。

**1. 公平法则——古代奥运会信守神的旨意**

古希腊人把参加奥运会视为对“神”的虔诚，不仅在奥运会期间，每天都要完成各种宗教仪式，把运动员和他们的父兄、教练员都召集在宙斯像前宣誓，保证没有做过任何违背奥林匹克运动会章程的事情；还要求负责审查运动员资格的官员也同样宣誓，保证自己的执法公正和没有受贿……正是有了这样的原则和方法，使奥运会参加者把“比赛公平”视为一种法则，凡投机取巧的人都会受到极其严厉的处罚。

**2. 公平竞争——现代奥运会遵循的理念**

为了遵循现代奥运会"公平竞争"的理念，进一步完善古代奥运会的公平法则，杜绝由物质利诱导致的欺骗行为。从1908年开始，即通过制定统一的比赛规则、合理选派裁判、完善组织机构、加强法律保证等措施，进一步促使奥运会制度化、规范化。特别是自1968年起，为了抵制功利主义的不断滋生，不仅要求检查参赛运动员的性别，还加大了反兴奋剂检查的力度，并通过规定违禁药品的种类和范围，加重对服用兴奋剂运动员的处罚，直至实行赛后抽样和赛前飞行检查等措施，从完善法制方面对"公平竞争"原则和奥林匹克运动的纯洁性加以维护。

**奥运会运动员誓词**

为弘扬奥林匹克精神，从1920年第7届奥运会开始，恢复了古代奥运会的宣誓。誓词是："我代表全体运动员宣誓，为了体育的光荣和本运动队的荣誉，我们将以真正的体育精神参加本届奥林匹克运动会的比赛，并尊重和遵守各项规则。"

## 二、奥林匹克象征

奥林匹克运动作为人类团结、进步与友谊的象征，其文化内涵除了反映在《奥林匹克宪章》的主题思想、精神文化与认识变化中；还可以通过奥林匹克标志、会旗、会歌、圣火、火炬等形式，显示奥林匹克的特殊意义和专有性质。

### （一）奥林匹克会旗——象征团结、和平与友谊

1914年6月，国际奥委会在法国巴黎举行代表大会，通过了由顾拜旦亲自设计的五环标志。标志由五个圆环套在一起，分别为蓝、黄、黑、绿和红色，后被作为会徽置于白底、无边旗的中间，成为奥运会正式的会旗。

**1. 顾拜旦对五环标志的解读**

白色为底表示纯洁，蓝、黄、黑、绿、红恰好包容世界国旗的颜色，又代表五大洲（蓝色为欧洲；黄色为亚洲；黑色为非洲；绿色为大洋洲；红色为美洲），象征和平、团结与友谊。

**2. 国际奥委会规范会旗的含义**

1979年，国际奥委会将奥运会会旗和五环标志的含义写进《奥林匹克宪章》，象征五大洲的团结以及全世界运动员以公平、坦率的比赛和友好的精神在奥运会上相见。

### （二）奥林匹克会歌——彰显与歌颂奥运英雄

1896年，在雅典举行的第一届现代奥运会的开幕式上，一首名为《奥林匹亚圣歌》的主题曲唱响后给人们留下了深刻的印象。1958年，国际奥委会在东京召开会议时，决定将其作为永久性奥运会会歌。

### （三）奥林匹克主题——追求和谐的氛围

1988年汉城奥运会，人们喊出了"和谐、进步"的口号，1992年巴塞罗那奥运会追求的主题是"永远的朋友"，而在2008北京奥运会期间，到处都沉浸在"同一个世界，同一个梦想"的和谐氛围中。

### （四）奥林匹克圣火——传递希望、呼唤和平

在奥林匹克运动发源地奥林匹亚，将用凹面镜聚焦日光点燃的火焰称为圣火，征着光

明、团结、友谊。接力运送用圣火点燃的或由它引燃的火炬，在奥运会开幕式时进入主会场，再点燃 塔上焰火，直至闭幕时熄灭。

(五)奥林匹克勋章——褒奖对奥运有功人员

奥林匹克勋章分金、银、铜质三种。金质勋章授予对象是为发展体育运动、宣传奥林匹克理想做出重大贡献的国家领导人，以及已退休并健在的国际奥委会领导人；银质勋章授予对象是为奥林匹克运动建立功绩的优秀选手、国家或地区奥委会、体育界领导人与其他知名人士；铜质勋章授予对象是在奥运会或体育工作中取得显著成绩的运动员或体育工作者。

(六)奥林匹克礼仪——表示对主办国家的尊重

奥运会开幕式一般由东道国的国家元首或首脑主持。当东道国元首或首脑抵达运动会会场时，由国际奥委会主席和本届奥运会组织委员会主席站在运动场入口处迎接，然后由 主席引导其到运动场荣誉席上就座，同时奏东道国国歌。

## 三、奥运会的色彩

为了体现东道国的民族文化与特点，凡举办奥运会的国家都通过自己对奥林匹克运动的理解，结合本国民族文化特点创作奥运会主题曲、设计会标和吉祥物、组织志愿者服务、安排开幕式，为奥运会增添色彩和美感，但有的需提交国际奥委会执委会批准。

(一)奥运会主题曲

《手拉手》——奥运会最经典的主题曲 。在汉城奥运会开幕式上，由 4 名韩国女歌星在细雨蒙蒙中，用四重唱演唱的奥运主题歌——《手拉手》，以舒缓、圣洁的旋律，打动了全场所有的观众，并为奥林匹克运动这种执着追求洒下感动之泪。后来，这首由著名作曲家莫罗德尔作曲，汤姆·怀特洛克作词的主题曲，被国际奥委会前主席——萨乌兰奇——称为现代奥林匹克音乐史上的经典之作。

(二)奥运会吉祥物

“吉祥”一词最早源于法国的普罗旺斯语，19 世纪才正式在法国词典上出现。奥运会设吉祥物旨在增添喜庆与和谐，当然也有经济收入方面的考虑。自 1972 年 第 20 届慕尼黑奥运会开始，国际奥运会正式批准允许设置的吉祥物是名叫“瓦尔迪”的小猎狗，后来奥运会设计的吉祥物，大都为夸张和拟人化的动物形象。

(三)奥运会志愿者

早在 1896 年第一届雅典奥运会上，就出现为数不少的志愿者。根据奥林匹克主义和宗旨，要求志愿者必须发扬利他精神。最初的志愿者只是帮助奥运会的组织者做些简单的工作。随着奥运会规模的扩大，志愿者不仅要充当比赛设施的维护者、观众的导游、外国宾客的翻译、摄影师的助手，还必须做出利他的承诺，为运动员提供周到的服务，抚慰运动员的心灵，不收取金钱奖励。

(四)奥运会火炬接力

2000 年悉尼奥运会上演绎了最美的火炬接力。

悉尼奥运会的火炬传递新颖独特，曾获得国际奥委会的一致好评。整个过程不仅运用了水、陆、空各种运输工具，采用了所有能够想到的传递方式，可谓上至天、下至地、翻雪山、越沙漠，几乎无处不见火炬手的身影。其中令人惊叹的是，由澳大利亚海洋生物学家邓森手持经过特殊化学处理的火炬，在海底完成了 3 分钟的水下火炬接力，创造了火炬接力神圣又极其完美的形象。

（五）奥运会开幕式

2004 年雅典奥运会开幕式——展示古希腊爱琴海的文明。在黑色夜空中，从远处飞来的一支火箭，落在主会场中央象征爱琴海的蓝色水池中，顷刻间燃起的熊熊火焰，形成光彩夺目的五环标志，揭开了雅典奥运会的序幕。希腊人似乎一扫 1996 年申奥失败的遗憾，仿佛在自豪地告诉所有人：奥运会就发源于此，我们有理由用这种方式来告慰宙斯，雅典终于圆了奥运百年的回归之梦。

## 第二节　中国与奥林匹克运动

翻开中国奥运的历史篇章，可谓走过了一条“令人悲伤—几经坎坷—充满希望—倍感骄傲—实现梦想”的漫长之路。之所以要简要介绍中国奥运，就是想让大家认识：“国运衰，奥运也衰；国运兴，奥运则盛”这样一个简单的道理，以便让我们通过总结中国奥运由衰到盛的历史教训与经验，增添中华民族对未来的自信、自强和奋斗勇气。

### 一、中国奥运的悲怆之旅

1895 年，顾拜旦曾致电，劝说中国参加首届雅典奥运会；雅典奥运会也于 1895 年 8 月 16 日通过各国驻外使馆转发邀请书，但当时慈禧太后和满朝文武都搞不懂什么叫奥运会，也不知“田径”为何物，所以根本未予理会。

1922 年，国际奥委会才正式承认“中华业余运动联合会”为中国奥委会组织。王正廷成为第一位代表中国参加奥运会的人。1924 年，第 8 届奥运会在法国举行，吴仕光、韦荣洛、徐恒参加了网球表演，奥运赛场第一次出现龙的传人的身影。1928 年，中国派奥运考察团赴荷兰阿姆斯特丹考察，宋如海回国后发表了考察感言。

**刘长春——被誉为中国奥运第一人**

1932 年，中国短跑选手刘长春，在东北大学校长张学良的慷慨资助下，参加了第 10 届洛杉矶奥运会。尽管费尽周折，几经辗转，才到达赛会，但他毕竟向世界宣告了奥林匹克运动在中国的存在，也挫败了日本侵略者想把伪满洲国塞进奥运会的企图；所以刘长春的名字也以“中国奥运第一人”被载入史册。

在 1932 年洛杉矶奥运会上，中国派出一个由刘长春、沈嗣良、宋君复、刘雪松、申国权和托平 6 人组成的代表团，仅运动员刘长春参加了 100m 和 200m 比赛，但未能晋级。

1939 年、1947 年，孔祥熙、董守义分别被选为国际奥运会委员，国民政府也曾派代表参加 1936 年第 11 届、1948 年第 14 届奥运会。

1948 年,国民政府派出 32 名男运动员参加第 14 届伦敦奥运会,仅拨给中国代表团 1.2 万美元,后在大教育家张伯苓的努力下筹到 3 万美元,才勉强成行。为了能到达伦敦,一路经印尼、菲律宾、新加坡等国,并通过与当地一些球队比赛挣出场费,才勉强弥补了开支不足的问题。到了伦敦后,中国队是唯一无钱住进奥运村的代表队,只能挤在一所条件极差的学校里。中国运动员报名参赛的有篮球、足球、田径、游泳、自行车 5 个项目,但没进入决赛。最后在当地华侨的资助下,才勉强坐上回国的飞机。至此,旧中国仍不免以"零"的纪录结束了悲怆中的奥林匹克之旅。

**悲怆中也曾发出正义的呼声**

1938 年 7 月,国际奥委会在开罗举行会议,中国奥委会代表在会上义正词严地列举了日本法西斯的罪行,反对日本成为奥运会主办国。国际奥委会在听取了中国奥委会代表的意见后,终于将第 12 届奥运会主办权交给了芬兰的赫尔辛基,但却因第二次世界大战而被迫停办。

## 二、中国奥运的坎坷之旅

1949 年 10 月 1 日中华人民共和国成立,由于国际奥委会亲台势力的阻挠,直到赫尔辛基奥运会前夕,国际奥委会第 48 届年会才通过了中国参加奥运会的资格。当中国代表团到达赫尔辛基,比赛已临近尾声,只有吴传玉参加了百米仰泳比赛。

1954 年,国际奥委会在雅典召开会议,保留了台湾在国际奥委会的席位,遂使中华全国体育总会于 1956 年 1 月发表声明,宣布拒绝参加第 16 届墨尔本奥运会,次年中国又断绝了与奥委会的一切联系。

## 三、中国奥运的希望之光

中国于 1984 年重返洛杉矶奥运舞台,当中国代表团在《三大纪律八项注意》的乐曲声中,迈着整齐的步伐入场,那嘹亮的军歌和自信的笑容,给全世界留下了极其深刻的印象,全场观众自发地站起来鼓掌,欢迎中国回归奥运大家庭。射击运动员许海峰一枪打破了中国奥运会金牌"零"的纪录。在此次奥运会中,中国队取得 15 金、8 银、9 铜的优异成绩,位居奖牌榜第 4 名,终于点燃了中国奥运的希望之光。

1992 年,在第 25 届巴塞罗那奥运会上,中国派出 200 多人组成的代表团,参加了 23 个项目的比赛,有 15 个项目获得奖牌,在 7 个项目中夺得 16 枚金牌、22 枚银牌和 16 枚铜牌,由此结出的丰硕之果,使中国当仁不让地成为奥运会奖牌榜上第二军团的骨干力量。

## 四、中国奥运的世纪之梦

1991 年 2 月 13 日,中国国家体委、外交部、财政部、北京市委联合向国务院递交《关于申请在北京举办第 27 届奥运会》的报告。1993 年国际奥委会正式投票,在前三轮都一直领先的大好形势下,未料最后一轮被悉尼逆转,而痛失举办权。1999 年 4 月,北京再次向国际奥委会递交了申请书，2001 年 7 月 13 日进行投票，在第二轮投票中，北京凭借超过半数的票数，终于在等待 8 年之后，成为 2008 年奥运会的主办城市。

## 五、辉煌的北京奥运会

2008 年 8 月 8 日，中国人民渴望的奥林匹克圣火，终于在古老文明的中华大地点燃。为广泛传播奥林匹克精神，北京奥运会在和谐的氛围中，以鲜明的主题、宗旨和完美的组织，为世界体育与和平事业做出了贡献，也让辉煌永载史册。

（一）同一个梦想——奥运会永恒的主题

如果说，在我们的星球上，有一个可以让全人类欢乐地走在一起的节日，那么这个节日只能是奥林匹克；如果说，在我们的一生中，有一项能够以自己顽强的精神与强健的体魄赢得荣誉的事业，那么，一定是奥林匹克；如果说，在我们的时代里有一个不同种族、不同国家的人民，借以寄托和平进步的同一个梦想，那么正是奥林匹克。

**北京奥运会吉祥物的寓意**

2008 年北京奥运会设计的吉祥物为 5 个“福娃”，象征东、南、西、北、中欢聚一堂，着装颜色也与奥运五环相一致。蓝色的叫贝贝，似鱼和水的化身；黑色的叫晶晶，似熊猫一样憨态可掬，象征着人与自然的和谐共存；红色的叫欢欢，似火焰的化身，代表全世界欢聚一堂；黄色的叫迎迎，似可爱的小藏羚羊，将健康和美好祝福传向世界；绿色的叫妮妮，似一只飞翔的燕子，把春天和喜悦带给人们。

（二）人文奥运、科技奥运、绿色奥运——2008 年北京奥运会宗旨

**1. 人文奥运**

根据中国北京的历史与文化特点，体现了北京举办奥运会的人文色彩和“以人为本”的思想，并提出“开放的北京欢迎你”的口号，表达了中国人民的热情好客，愿为东西文化交流构建相互了解的舞台。

**2. 科技奥运**

采用了更多的高科技手段，如建设宽带移动通信、采用电子识别系统、研制语言翻译系统，为初次来北京的游人服务，把先进的技术装备投入奥运会的比赛中。

**3. 绿色奥运**

通过投入相当大的人力、物力和财力，改善北京的自然环境，为北京奥运会创造一个蓝天、碧水、绿草、鲜花和空气清新的绿色环境，表达中国人民决心积极参与世界环境保护，并履行职责的良好愿望。

# 第三节　2022 年北京-张家口冬季奥运会

2022 年北京-张家口冬季奥运会，即第 24 届冬季奥林匹克运动会，简称北京-张家口冬奥会，于 2022 年 2 月 4 日至 2022 年 2 月 20 日在中华人民共和国北京市和河北省张家

口市联合举办。这是中国历史上首次举办冬季奥运会，北京也因此成为奥运史上第一个既举办过夏季奥运会，又举办过冬季奥运会的城市。

## 一、2022 年北京-张家口冬季奥运会申奥过程

为了申办本届冬奥会，中国政府打造了沿北京—张家口—延庆一线，分三个区域布局竞赛场馆和非竞赛场馆，建设三个相对集聚的场馆群。北京市区北部的奥林匹克中心区，将主要承办冬奥会五个冰上项目；北京市西北部的延庆区，将用作雪车、雪橇大项和滑雪大项中的高山滑雪比赛场地；河北省张家口市，将承办除雪车、雪橇大项和高山滑雪以外的所有雪上比赛。北京申办冬奥会的“三大理念”高度契合了奥运精神。

2013 年 6 月 6 日，国际奥委会宣布启动 2022 年第 24 届冬季奥林匹克运动会的申办程序。整个申办程序包括两个阶段：第一个阶段为报名阶段。有意申办的城市所在的国家或地区奥委会可以在 2013 年 11 月 14 日之前向国际奥委会报名。并于 2014 年 3 月 14 日之前提交申办文件。国际奥委会执委会将在报名城市中筛选出数个候选城市。第二阶段，最终申办文件必须于 2015 年 1 月提交。国际奥委会专家组此后对候选城市进行考察，并发布评估报告。2015 年 7 月 31 日，在马来西亚吉隆坡举行的国际奥委会全会投票选出 2022 年冬季奥林匹克运动会的举办城市。2013 年 11 月 3 日，中国奥委会正式致函国际奥委会，提名北京市为 2022 年冬奥会的申办城市。国际奥委会宣布：中国的北京-张家口、波兰的克拉科夫、挪威的奥斯陆、乌克兰的利沃夫、哈萨克斯坦的阿拉木图，五个城市正式申办 2022 年的冬奥会。

2014 年 7 月 7 日，国际奥委会在瑞士洛桑宣布完成对 2022 年冬奥会申办城市的初选，并根据规则选出三个候选城市：中国的北京-张家口、挪威的奥斯陆和哈萨克斯坦的阿拉木图。2014 年 10 月 2 日，由于挪威政府投票拒绝提供财政支持，奥斯陆市不得不宣布放弃申办 2022 年冬奥会。候选城市仅剩北京-张家口和阿拉木图。2015 年 1 月，北京冬奥申委和阿拉木图冬奥申委先后向国际奥委会提交 2022 年冬奥会申办报告。2015 年 3 月 28 日下午 4 点，国际奥委会评估团在北辰洲际酒店举办新闻发布会，国际奥委会委员、评估委员会主席亚历山大·茹科夫，奥运会执行主席克里斯托弗·杜比出席了发布会。茹科夫称，在 5 天的考察工作中评估团问了 150 多个问题，与北京冬奥申委进行了热烈讨论。所有评估成员都非常赞赏北京冬奥申委充分吸收了国际奥林匹克 2020 年规程的精神，非常高兴看到 2008 年的奥运遗产在申奥规划中发挥的重要作用。2015 年 6 月初，国际奥委会评估委员会经实地考察后，公布了对候选城市的评估报告。2015 年 6 月 9 日，北京-张家口和阿拉木图代表在奥林匹克博物馆向国际奥委会委员做技术陈述。

2015 年 7 月 30 日，国际奥委会第 128 次全会在吉隆坡会展中心开幕。马来西亚总理纳吉布发表致辞并宣布全会开幕。北京申办冬奥会代表团团长、国务院副总理刘延东率团出席开幕式。国际奥委会委员在 31 日上午依次听取 2020 年第三届冬季青年奥林匹克运动会申办城市布拉索夫（罗马尼亚）、洛桑（瑞士）和 2022 年冬奥会申办城市阿拉木图（哈萨克斯坦）代表、北京-张家口（中国）代表的陈述，17 时 57 分，

进行不记名投票表决。在国际奥委会委员参加的不记名投票中，北京-张家口获得了85张选票中的44张，而阿拉木图获得了40张，弃权1张，北京-张家口以4票战胜对手阿拉木图，赢得2022年第24届冬季奥林匹克运动会的举办权。时任北京市市长王安顺，中国奥委会主席、国家体育总局局长刘鹏，张家口市市长侯亮与国际奥委会主席巴赫签订了《主办城市合同》。

2015年7月31日晚，中国国家主席习近平致信申办冬奥会代表团，祝贺他们申奥成功，并勉励他们在全国各族人民大力支持下，把2022年冬奥会办成一届精彩、非凡的奥运盛会。2017年12月15日20时22分，中国首都北京的国家游泳中心水立方，这座北京2008年奥运会和北京2022年冬奥会标志性“双奥”场馆，又一次见证了奥林匹克历史性时刻:2022年北京-张家口冬奥会会徽“冬梦”和冬残奥会会徽“飞跃”，在此揭开了神秘面纱，正式亮相。

## 二、2022年北京-张家口冬季奥运会会徽

2022年北京-张家口冬奥会会徽以汉字“冬”为灵感来源，运用中国书法的艺术形态，将厚重的东方文化底蕴与国际化的现代风格融为一体，呈现出新时代的中国新形象、新梦想，传递出新时代中国为办好北京-张家口冬奥会，圆冬奥之梦，实现“三亿人参与冰雪运动”目标，圆体育强国之梦，推动世界冰雪运动发展，为国际奥林匹克运动做出新贡献的不懈努力和美好追求。会徽图形上半部分展现滑冰运动员的造型，下半部分表现滑雪运动员的英姿。中间舞动的线条流畅且充满韵律，代表举办地起伏的山峦、赛场、冰雪滑道和节日飘舞的丝带，为会徽增添了节日喜庆的视觉感受，也象征着北京-张家口冬奥会将在中国春节期间举行。会徽以蓝色为主色调，寓意梦想与未来，以及冰雪的明亮纯洁。红黄两色源自中国国旗，代表运动的激情、青春与活力。

北京-张家口冬奥会会徽“冬梦”在“BEIJING 2022”字体的形态上汲取了中国书法与剪纸的特点，增强了字体的文化内涵和表现力，也体现了与会徽图形的整体感和统一性。

## 三、2022年北京冬季奥运会吉祥物

2019年9月17日晚，2022年北京-张家口冬奥会吉祥物在北京市石景山区首钢园区国家冬季运动训练中心冰球馆揭开神秘面纱！北京冬奥会吉祥物名为“冰墩墩”，形象来源于国宝大熊猫。熊猫是世界公认的中国国宝，形象友好可爱、憨态可掬，深受各国人民尤其是青少年的喜爱。“冰墩墩”以熊猫为原型进行设计创作。将熊猫形象与富有超能量的冰晶外壳相结合，体现了冬季冰雪运动和现代科技特点。头部外壳造型取自冰雪运动头盔，装饰彩色光环，其灵感源自北京冬奥会的国家速滑馆——“冰丝带”，流动的明亮色彩线条象征着冰雪运动的赛道和5G高科技；左手掌心的心形图案，代表着主办国对全世界朋友的热情欢迎。整体形象酷似航天员，寓意创造非凡、探索未来，体现了追求卓越、引领时代，以及面向未来的无限可能。

## 四、2022年北京-张家口冬季奥运会比赛项目

（一）2022年北京-张家口冬季奥运会冰上项目

北京主办：短道速滑、速度滑冰、花样滑冰、冰球、冰壶。

（二）2022年北京-张家口冬季奥运会雪上项目

张家口主办、延庆协办：自由式滑雪、冬季两项、越野滑雪、跳台滑雪、北欧两项（越野滑雪、跳台滑雪）、无舵雪橇、有舵雪橇、钢架雪车（俯式冰橇）、单板滑雪、高山滑雪。

（三）2022年北京-张家口冬季奥运会新增小项

2018年7月18日，国际奥委会宣布，2022年北京-张家口冬奥会新增7个比赛小项，届时总共将产生109枚金牌。同时女性运动员的参赛比例进一步提高，参赛运动员的男女比例更趋于平衡。在瑞士洛桑举行的国际奥委会执委会会议通过了有关北京-张家口冬奥会项目设置的方案。新增的7个小项为女子单人雪车、短道速滑混合团体接力、跳台滑雪混合团体、自由式滑雪大跳台（男子、女子）、自由式滑雪空中技巧混合团体和单板滑雪障碍追逐混合团体。

# 实践篇

# 第四章

# 职业体能

1. 了解发展职业体能的重要性，学习职业体能锻炼知识。

2. 基本掌握职业体能的锻炼方法，能够制订出个人的职业体能锻炼计划，科学地进行锻炼。

3. 通过职业体能的锻炼，已达到提高身体机能，适应职业发展需要。

职业体能又称体适能，是指身体各部位或各系统对突发状况的应变能力，包括的范围较广，如速度、反应、耐力、肌力、平衡性、柔软性、协调性和敏捷性等。职业体能是与职业（劳动）有关的身体素质以及在不良劳动环境条件下的耐受力和适应能力，是经过特定的工作能力分析后所需具备的身体活动能力。

## 第一节　职业素质与职业体能分类

### 一、职业素质

职业素质是劳动者对社会职业了解与适应能力的一种综合体现，其主要表现在职业兴趣、职业能力、职业个性及职业情况等方面。影响和制约职业素质的因素很多，主要包括：受教育程度、实践经验、社会环境、工作经历以及自身的一些基本情况（如身体状况等）。一般说来，劳动者能否顺利就业并取得成就，在很大程度上取决于本人的职业素质。职业素质越高的人，获得成功的机会就越多。

### 二、职业体能分类

依据《中华人民共和国职业分类大典》和教育部高等教育司《中国普通高等学校高职高专教育指导性专业目录》（简称《目录》）分类，以产业、行业或职业岗位（群）为主要依据，兼顾学科性质，对高职专业的类别进行划分。《目录》分为 19 个专业大类，下设 78 个二级类，分为532个专业。高等职业教育基本上是职业岗位教育，结合各个职业岗位劳动（工作）时的主要身体姿态和所需的体能进行了相对的分类，基本分为五大类：

坐姿类职业体能，主要针对会计、文秘、行政办事职员、银行职员、金融行业职员、司机、控制台操作员等。

站姿类职业体能主要针对车间车工、铣工、切削工、钻工、流水线操作工、营业员、银行前厅接待等。

变姿类职业体能主要针对职场指导、营销（推销）员、导游、外卖人员、无线电安装员、搬运工等。

特定类职业岗位姿态类职业体能，主要针对警察、保安、空中乘务、海乘、高铁乘务员、安检员、野外作业人员等。

# 第二节　职业体能的锻炼方法

## 一、坐姿类职业

### （一）坐姿类职业岗位简介

随着信息科技的飞速发展，久坐“伏案型”为很多职业的主要工作方式。调查表明，如会计、文秘、行政办事职员、银行职员、金融行业职员、司机等，该类员工每个工作日的8小时劳动中，坐的时间可达6小时以上。坐姿是一种静态姿势。静态姿势下完成单一工作，极易引起疲劳，从而会使工作效率下降，容易引起机体许多功能和结构的改变，进而导致职业疾病。

### （二）锻炼方法

久坐容易造成颈椎、腰背部肌肉疲劳酸胀，臀部、腿部肌肉萎缩，使大脑供血受到影响。职业体能锻炼的重点是颈部、肩部、腰部和背部位肌肉的耐力。可采用简易拓展的体育运动和锻炼方法，如慢跑步、健身操、腰腹背部伸拉练习、负重练习等方式来提高身体各部位的主要受力肌肉群的力量和弹性，促进血液循环，改善肌肉组织，增强新陈代谢，降低机体各组织的疲劳和损伤。

介绍几种锻炼方法，如图4-1～图4-4所示。

10～15次1组　3～5组　间歇3分～5分钟

图4-1　卷腹练习

5～8次1组，3～5组　间歇5分～6分钟

图4-2　负重练习

8～10 次 1 组　5～8 组　间歇 3～5 分钟

图 4-3　哑铃弯举练习

8～10 次 3 组　5～8 组　间歇 3～5 分钟

图 4-4　屈体哑铃臂屈伸练习

## 二、站姿类职业

### (一)站姿类职业岗位简介

良好的站姿是自信的重要因素。站姿岗位多为服务行业。这类人员工作(劳动)时长时间站立,容易使人体协调机能和器官的负荷加重,躯干部位的重量经过腰椎向下传导,人体维持某种姿势,均需要一定的肌张力。但长时间保持站立不动,更易使腰、腹、背部、腿部肌肉组织负担加大,造成肌肉紧张,腰椎负荷加大,容易出现腰酸背痛,会令下肢血液循环欠佳,导致下肢肿胀,甚至导致下肢静脉曲张。

### (二)锻炼方法

从事不同的职业需要不同的身体素质。从事久站型工作(劳动),身体长时间处于站立状态,对下肢力量、腰腹和耐力要求较高。慢跑、游泳、骑自行车、健美操、爬山、背腹肌练习、拓展练习等项目,可以发展下肢力量及腰、腹、背部力量,改善身体的肌力,适应职业岗位的需求。

介绍几种锻炼方法,如图 4-5～图 4-9 所示。

图 4-5　骑自行车

图 4-6　爬山

图 4-7　拓展练习

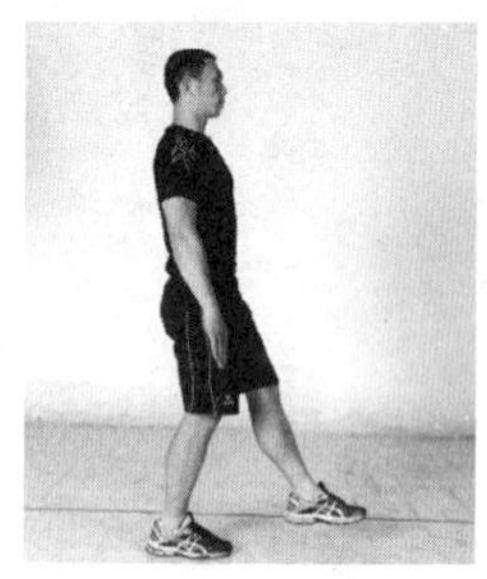

5～8次1组　5～8组

图4-8　单腿蹲起练习

10～15次1组8～10组

图4-9　背腹肌练习

## 三、变姿类职业

### (一)变姿类职业岗位简介

时站时坐,体力与脑力交替,工作时间、工作地点不固定是变姿类职业的特征。该类人员工作(劳动)时常常坐、站、快速行走、乘车等交替进行,须具备综合性的体能。

### (二)锻炼方法

变姿类职业人员基本上没有固定工作时间、工作地点,往往多项工作交替进行,高强度的工作,随时还可能要应对突发应急事件,所以这类职业工作(劳动)必须要具备较强的身体机能、充沛的体力和耐力、快速的反应能力、良好的心里素养以及能在特殊环境和不利条件中保持职业性的工作能力。为此在教学过程中可多选择跑步、越野跑、障碍跑、爬山、跳绳、攀登、健身操、游泳等项目。

介绍几种锻炼方法,如图4-10～图4-17所示。

图4-10　障碍跑

图4-11　跳绳

图4-12　攀登

图4-13　越野跑

图 4-14　双手抛实心球练习

图 4-15　双臂屈伸走练习

图 4-16　高抬腿跑练习

图 4-17　跨跳练习

## 四、特定类职业

### （一）特定类职业岗位简介

该类主要是指警察、消防员、保安、空中乘务、海乘、高铁乘务员、安检员等职业。警察安保类职业，以健康体育课程为学习基础，应具备擒拿格斗技能、防暴与缉拿技能等，需要的力量、速度、耐力、灵敏性、柔韧性等素质都有赖于运动体能训练获得。空中乘务、海乘、高铁乘务员等职业发展需要具有相应职业身体素质的人才，体能训练的目的是尽可能缓解和减少乘务工作者身体机能的承受能力与不适应症状，增强乘务工作者遇到突发事故的身体应急能力，以便更好地完成乘务工作。

### （二）锻炼方法

做好安全保卫工作必须有超强的体魄，而高水平的服务需要有高体能保证。在从事特殊职业的工作劳动中，对身体能力、身体姿态、工作环境、注意力等要求比较高，不但要有良好的职业技能，还必须有超强的职业体能，才能胜任自己的特殊职业。特殊的职业体能是通过运动训练获得的。

特定类职业体能训练方法，如图 4-18～图 4-23 所示。

在训练时要根据自己的身体情况，可以适当增减。不同专业岗位对从业人员的职业体能的要求有所不同，高职院校的学生应根据将来从事的专业岗位发展自我的职业体能素质，有针对性地进行锻炼和训练，提高自身的职业体能。

图 4-18 空姐平衡能力练习

图 4-19 消防员负重跑练习

图 4-20 蛙跳

图 4-21 擒拿格斗

图 4-22 徒手平衡练习

图 4-23 背腹肌练习

健康是人类生存、发展的基本条件，是事业的资本。因此必须通过网络、校企合作等渠道，结合企业文化大力宣传职业体能对企业人才可持续发展的重要性，使学生从思想上重视职业体能训练对将来就业、个性发展和企业可持续发展的重要意义，从思想根源上解决学生对职业体能训练的认识，使学生参与职业体能训练的观念从“要我练”向“我要练”转变，逐步培养学生自觉锻炼的习惯。

## 复习与思考

1. 简述体力劳动者健身的原则。
2. 你准备如何在将来的职业劳动中保持与增进自己的健康？
3. 结合所学的专业，制订适合自己的职业体能训练计划。

# 第五章

# 田径运动

## 一、田径运动概述

田径运动是由走、跑、跳与全能所组成的运动项目。以时间计算成绩的竞走和跑的项目称为“径赛”，以距离或高度计算成绩的跳跃和投掷项目称为“田赛”。“田赛”和“径赛”合称为田径运动。

由于各国对田径运动的理解和分类不同，不同国家对田径有不同的命名。田径运动是一项十分古老的体育运动，在世界现代体育中也同样占有相当重要的地位。“田径运动是多项体育运动的基础”“田径是多项体育运动之母”“得田径者得天下”等体育格言，都表明了田径运动在奥运会和世界体育运动中的重要地位。

短跑是一项要求用最快速度跑完全程的比赛。其人体生理负荷量极大，无氧代谢，在起跑、途中跑、终点冲刺的全过程中，运动员步幅大、步频快、上下肢协调配合，神经高度紧张，力量处在高度激发的状态中。所以，短跑完全是以沸腾般的动势显示着崇高。

中长跑兴起于 19 世纪的英国，其比赛距离有 800 米、1500 米、3000 米。这是一项对运动员的速度、耐力有较高要求的竞技项目，为了适应持续的高水平奔跑，运动员在跑动中，心跳、呼吸等生理节奏与步幅、摆臂等动作节奏合成了同一节拍，于是，运动员在排遣来自内脏器官的惰性时，在不断努力向前迈入新的时空进程时，仍能使整个身体在支撑期和腾空期相交替的起伏运动中保持高质量的力度和速度，显得舒展、矫健和自由。

长跑一般指马拉松跑，跑距为 42.195 公里。公元前 490 年，希腊战士菲迪皮茨为尽快传达击败波斯入侵者的消息，从马拉松镇跑到雅典后随即力竭身亡。为纪念该事件，现代第一届奥运会上设立马拉松赛跑这个长距离比赛的项目。长跑虽然是以速度作为衡量的标尺，但实际上更是身体能力和精神意志的较量。

接力跑是考验每一棒接力队员的，第一棒要快速起跑，第二棒要奋勇争先，第三棒要形式变换，第四棒要一决雌雄。在传接棒时表现出行云流水，每次传接棒就是一个个狂潮的起始，并且一浪高过一浪。

跳跃是运动员经过快速跑动，积聚起一股巨大的弹跳力，然后突然爆发，人的身体便腾空而起，或者跨越沙坑，或者飞越横杆。这种力的冲动正是人的生命力的表现。

投掷运动中，铁饼运动员的旋转、铁饼的平衡飞行，构成了铁饼项目的美丽画面；铅球运动员的迅速滑步，力拔千钧的出手，伴随着声震全场的大吼，铅球如炮弹一样射出；标枪运动员出手前身体如满弓，标枪在空中像飞机一样超长距离飞行，这些都是观众关注的重点。链球运动员以身体的快速旋转、强有力的技术动作将链球抛向空中，以此证明自身力量的充沛和强大。

田径是一项伟大的体育运动，它能带给人类一种崇高感。其速度、力量、节奏、平衡和姿态体现出动作技术的完美，并符合生物力学的科学性，而且能充分展现出人体在运动空间形成各种美妙的弧度和曲线，显露出美的韵味。

田径运动比赛按每个单项成绩从国际统一的“全能评分表”中查出得分，以得分总和的多少评定全能运动的比赛名次。田径全能要求运动员具有全面发展的身体素质，掌握多种单项运动技能，并善于综合运用这些单项技术。

## 二、田径运动的起源与发展

远在上古时代，人们为了获得生活资料，在和大自然及禽兽的斗争中，不得不走或跑相当远的距离，跳过各种障碍，投掷石块和使用多种捕猎工具。在劳动中不断重复这些动作，便形成了走、跑、跳和投掷等各种技能。随着社会的发展，人们有意识地把走、跑、跳跃和投掷变为竞技的形式，并出现了各种比赛。

公元前 776 年，在古希腊奥林匹克村举行了第一届古代奥运会。从那时起，田径运动便成为正式的比赛项目之一。因此，古希腊人非常爱好跑步，认为这是最基本的运动。早在 2500 年前，古希腊阿尔菲斯河岸的一处山崖上就已刻有这样的铭文：“如果你想强壮，跑步吧！如果你想健美，跑步吧！如果你想聪明，跑步吧！”这几句带有哲理的名言反映了古希腊人对跑步的深刻理解。1896 年在希腊举行了第一届现代奥运会，田径的走、跑、跳和投掷被列入奥运会的主要项目。而女子田径比赛到 1900 年第二届奥运会才被列入比赛项目。

我国田径运动也有着悠久的历史，从文献记载、考古出土的古墓砖画和秦汉简牍中就有关于走、跑、跳、投的珍贵资料。而现代田径运动是于 20 世纪初传入中国的。中华人民共和国成立后，我国田径运动得到了很快的发展。1956 年，女子跳高运动员郑凤荣以 1.77 米的成绩打破了世界纪录。1983 年在上海举行的第五届全运会上，跳高运动员朱建华以 2.38 米的成绩打破了由他自己保持的 2.37 米的世界纪录。20 世纪 90 年代，我国优秀中长跑选手王军霞等创造了多项世界纪录。2004 年 8 月，希腊雅典奥运会比赛中，我国跨栏选手刘翔在 110 米栏的决赛中，以 12.91 秒的成绩夺得金牌并追平了世界纪录，引起了世界体坛的关注。

# 第一节　竞走、跑的教学与练习

## 一、竞走

竞走起源于英国。19 世纪初，英国出现步行比赛活动。19 世纪末，部分欧洲国家盛行从一个城市到另一个城市的竞走旅行。1866 年，英国业余体育俱乐部举行首次冠军赛，距离为 7 千米。竞走分场地竞走和公路竞走两种。场地竞走设世界纪录；公路竞走因路面起伏等不可控因素较多，成绩可比性差，故仅设世界最好成绩。1908 年竞走首次进入奥运会，当时的距离是 3500 米和 10 千米。此后几届奥运会距离有所不同，有过 3000 米、10 千米等。从 1956 年奥运会起定为 20 千米、50 千米（1932 年列入）。女子竞走于 1992 年才被列入奥运会，距离为 10 千米，2000 年奥运会将其改为 20 千米。

竞走是一项由单脚支撑与双脚支撑相交替，两腿不断交互前进的周期性运动，是田径运动中的耐力项目。竞走是在普通走的基础上发展起来的，但又有所不同，主要表现在步幅大、步频高，骨盆沿人体三个轴转动，特别是沿垂直轴转动的幅度较大，支撑腿在垂直部位时膝关节伸直和后蹬迅速有力。竞走时，步长和步频是决定走速的主要因素。

### （一）竞走技术

腿部动作是竞走技术的主要环节，此外，竞走时，练习者应做到步幅大、步频高、省力而无多余动作，两脚落地的足迹应保持在一条直线上。练习者躯干要自然伸直或稍前倾。两臂屈肘约 90°，在体侧做前后有力的摆动，两臂配合下肢动作调节。

### （二）常见错误与纠正方法

（1）双脚离地腾空较高。

（2）竞走时躯干左右摇摆过大。

（3）髋绕垂直轴转动幅度小。

## 二、短跑

短跑是 400 米以下距离的田径运动项目，比赛项目包括 60 米、100 米、200 米、400 米跑。短跑是田径运动的基础项目，在其他运动项目练习中也占有重要地位。短跑全程技术包括起跑、起跑后的加速跑、途中跑、弯道跑和终点冲刺。现代短跑技术的特点是动作幅度大、步频快、蹬地积极、摆腿高、上下肢协调配合。短跑全程跑的时间取决于练习者的起跑效果、途中跑的速度以及速度耐力等。

短跑是人体向前运动中单脚支撑与腾空相交替、蹬与摆相配合的周期性运动。一个周期由两个单步即两个支撑时期和两个腾空时期构成。短跑的比赛项目包括 100 米、200 米、400 米跑及 110 米、100 米跨栏跑，是人体在无氧状态下的极限运动。

### （一）短跑技术

**1. 起跑**

起跑的目的是使身体快速摆脱静止状态，为起跑后的加速跑创造条件。田径规则规定，起跑必须采用蹲踞式起跑姿势，使用起跑器。目前，起跑器安装方式主要有“普通式”“接近式”“拉长式”三种。

起跑过程包括“各就位”“预备”“鸣枪”（或“跑”）三个阶段，动作如图 5-1 所示。

图 5-1 起跑器安装方式及起跑

**2. 起跑后的加速跑**

起跑后的加速跑是指前脚蹬离起跑器到进入途中跑这一段，这一阶段的任务是逐渐加快速度，调整动作转入途中跑。

起跑后的加速跑动作要点：上体逐渐抬起，步幅逐渐加大，两脚落点逐渐接近一条直线（图 5-2）。

图 5-2 起跑后的加速跑

**3. 途中跑**

途中跑是全程中距离最长、速度最快的跑段，任务是保持和发挥最大跑速。

其技术特点为协调性、直线性、向前性、高重心和平稳性。跑动中要求头部正对前方，颈部放松，躯干稍前倾（前倾角 8°～12°），两臂以肩为轴前后摆动（图 5-3）。

图 5-3 途中跑

**4. 弯道跑**

200 米和 400 米有一半的距离是在弯道上跑，掌握合理的弯道跑技术是取得优异成绩的关键。

弯道起跑与直道起跑不同，弯道跑应将起跑器安放在靠近跑道外侧的分道线上，并对着内侧分道线的切线方向（图 5-4）。

图 5-4　弯道跑

弯道跑时身体有意向内倾斜，左脚以前脚掌外侧着地，右脚以前脚掌内侧着地，右臂摆动幅度和力量大于左臂(图 5-4)。

**5. 终点冲刺**

此阶段的任务是尽可能保持途中跑的最大速度。要求保持途中跑的身体动作，加快摆臂，在最后 15～20 米，迅速冲过终点，以胸或肩撞线(图 5-5)。

图 5-5　终点冲刺

### (二)短跑练习中常见错误与纠正方法

**1.“坐着跑”**

产生原因：腿部力量差，支撑腿缺乏足够的支撑力；腰腹肌松弛，髋关节前送幅度不够。

纠正方法：加强腰腹肌、腿部力量，提高支撑腿支撑能力；后蹬时摆动腿同侧的骨盆前送。

**2. 前踢小腿**

产生原因：摆动腿上抬不够，造成前摆伸膝时踢小腿。

纠正方法：加强高抬腿和车轮跑练习，提高摆动腿大小腿折叠和高抬能力。

**3. 起跑后加速跑时上提抬起过早**

产生原因：起跑后头部上抬以及支撑腿力量差；起跑器安装位置不合理。

纠正方法：加强腿部力量练习，提高支撑能力；调整起跑器与起跑线之间的距离。

## 三、中长跑

中长跑运动是一项需要速度和耐力的综合性项目，一般把 800～10000 米跑统称中长跑项目。需要人体在较长时间内，保持较大速度跑步。

经常参加中长跑锻炼，不但可以发展耐力素质，培养坚毅的意志品质，还可以增强心肺功能，预防疾病。因为参加中长跑锻炼不受场地、器材、性别、季节等条件的限制，所以，中长跑越来越受到广大群众的喜爱和推崇。

（一）中长跑运动的技术特点

（1）由于中长跑为耐力性运动项目，运动员在跑步时既要有良好的耐力，又要保持足够的速度，因而，中长跑的技术既要充分体现身体重心的稳定性，减少上下起伏，又要注意跑的节奏，以达到实效性和经济性的结合。

（2）在保持适宜步长的基础上，提高步频。

（3）着地缓冲速度快，着地点近。

（二）中长跑技术的内容

中长跑技术包括起跑及起跑后的加速跑、途中跑、冲刺跑三个过程。

## 第二节　跳跃的教学与练习

跳跃成绩表现在运动员在腾空中所克服的垂直高度与水平距离上，这决定了跳跃项目的特点：练习者在快速助跑起跳后，身体有一个明显的腾空阶段。腾空中身体重心的移动轨迹呈抛物线，抛物线的高度是决定跳高成绩的基础，抛物线的远度是决定跳远成绩的基础。跳高运动员的抛物线轨迹形状像陡峭的山峰，跳远运动员的抛物线轨迹形状较平缓。三级跳运动员身体重心的轨迹为三个相连的平缓抛物线，其轨迹的总远度是决定三级跳远成绩的基础。

### 一、跳高

跳高是田径运动的田赛项目，由有节奏的助跑、单脚起跳、越过横竿落地等动作组成，是以越过横竿上沿的高度来计算成绩的比赛项目。跳高是以运动征服高度的运动项目，它不仅能增强人的腿部力量，提高弹跳能力，发展协调性，还能培养人们勇敢、坚定、沉着、果断的意志品质。

跳高技术经过跨越式、剪式、俯卧式到背越式的发展过程。而现代跳高一般采用背越式姿势，其最大的优越性能是充分发挥人体潜能，利用快速弧线助跑起跳，有效降低和提高身体重心，为身体重心运动方向提早转变和垂直速度提早积累增大创造了有利条件。

（一）背越式跳高技术

背越式跳高是目前普遍采用的一种姿势。它是人体经过一段直线与弧线助跑后，以远离横竿的脚起跳，摆动手臂、头、肩、腰、髋、大腿与脚依次仰卧旋转过竿，用肩、背的上部着垫的一种跳高技术。跳高成绩取决于身体重心离地时的高度、腾空前身体重心的高度至腾空最高点的垂直高度、过竿时身体重心与横竿的垂直距离三者之和，其中，身体腾起的高度是决定跳高成绩的主要因素。

背越式跳高技术分为助跑、起跳、过竿和落地。

**1. 助跑**

助跑的目的是获得必要的水平速度，在起跳前及时地调整动作结构和节奏，并取得合理的身体内倾姿势，为起跳和顺利地越过横竿创造条件。

(1)助跑的方法

背越式跳高采用直线加弧线助跑。大多采用 8～12 步。

直线助跑采用逐渐加速的方式,要求提高身体重心,支撑腿充分后蹬,跑 3～4 步。进入弧线后,以外侧脚的前脚掌内侧、内侧脚的前脚掌外侧着地,脚着地点靠近身体重心投影点,整个身体外侧的摆动幅度大于内侧,身体呈内倾姿势。助跑最后一步两脚的连线与横竿垂直面成 20°～30°夹角。

(2)助跑弧线的丈量方法

助跑弧线的丈量可采用最简单的走步丈量法。即从起跳点开始,沿横竿平行线向助跑起点走 5 步,然后转 90°向助跑起点走 6 步,将此点作为直线与弧线的交点,接着再向前走 7 步,作为助跑的起点。将助跑起点与直弧线交点连接起来就是助跑的直线段,大约跑 4 步;将直弧线交点与起跳点连起来,形成助跑弧线,大约也是 4 步。助跑路线丈量好后,还要经过反复的助跑调整后,才能确定出适合的助跑路线。

**2. 起跳**

起跳的任务是迅速改变人体的运动方向,起跳是跳高技术的关键环节。

助跑最后一步摆动腿支撑过垂直部位后,起跳脚积极踏向起跳点,起跳腿以大腿带动小腿积极下压做向下的扒地动作。着地时以起跳脚的外侧脚跟部接触地面,继而通过脚外侧滚动至全脚掌,脚尖朝向弧线的切线方向,随着身体由内倾转为垂直,迅速地完成缓冲和蹬伸动作。蹬伸动作依次由髋、膝、踝顺序用力。蹬伸结束时,三关节充分蹬直。即借助于弧线助跑和身体由内倾转为竖直的作用,提高起跳的向上效果和身体攻向横竿。

在起跳过程中,摆动腿和两臂应协调摆动,在起跳腿进行有力蹬伸的同时,两臂配合腿部积极摆动,提肩拔腰,使身体向上腾起。

**3. 过竿和落地**

过竿是最终决定跳高成败的重要环节。人体腾空后,身体转为背对横竿的姿势,当头和肩越过横竿后,及时仰头、倒肩和展体,两小腿稍后收,积极挺髋,两手放在体侧,身体形成背弓姿势。当臀部过竿后,及时低头含胸,上甩小腿,使身体依次越过横竿。过竿后,用肩、背依次落于海绵包上。这时注意不要做大的团身抱膝动作,以免两腿撞击脸部。

(二)背越式跳高技术的掌握

**1. 学习和掌握助跑与起跳技术**

(1)原地练习:起跳腿在前蹬地,双臂向上摆起,同时摆动腿屈膝上提,提肩拔腰。

(2)上步练习:

①摆动腿在前,起跳腿沿弧线上一步起跳,摆动腿和两臂配合起跳腿的动作积极摆动向上跳起。

②沿弧线助跑上步起跳。

(3)助跑练习:

①沿不同半径的圆圈练习助跑;

②由直线跑入弧线练习;

③助跑全程练习。

背越式跳高完整技术如图 5-6 所示。

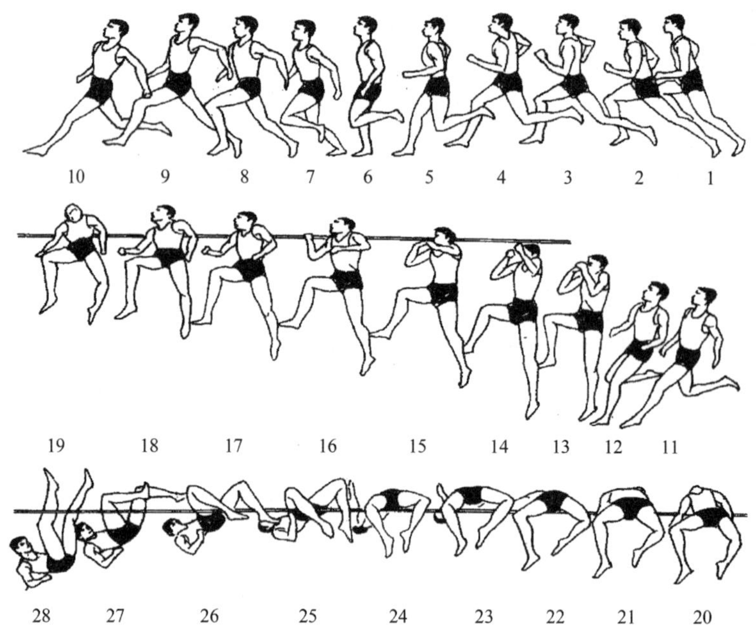


图 5-6 背越式跳高完整技术

**2. 学习过竿技术**

(1)站在海绵包一侧,做原地倒肩挺髋练习。

(2)原地双脚起跳,做挺髋倒肩练习(图 5-7)。

图 5-7 过竿技术

(3)助跑 3～5 步起跳做倒肩挺髋练习。

(4)助跑 3 步做起跳过竿练习。

(5)全程助跑做过竿练习。

## (三)常见错误与改进方法

**1. 团身过竿**

这是初学者最易出现的问题,因此,在学习中要注意练习原地跳起展体挺髋的动作,由简单到复杂,循序渐进,打好过竿的基本功。

**2. 在没有跳起的情况下，急于后倒身体**

这种错误可采用通过弧线助跑跳起，手触或头顶悬空物体的方法来改进。

**3. 助跑节奏较乱，步幅忽大忽小**

可采用固定步点，反复练习助跑的方式加以改进。

## 二、跳远

跳远运动是人类跨越能力的体现，也是一种对极限的挑战。良好的身体素质，尤其是良好的速度和力量素质是取得优异成绩的基础。经常参加跳远练习不但可以发展速度、下肢力量，增强身体的灵敏性，而且可以培养勇敢、顽强的精神和勇于克服困难的信心，形成良好的心肺功能。

(一)跳远技术

由于"走步式"跳远技术难度大，对参加者的身体素质要求特别高，因此，在一般的学校教学和练习中多采用挺身式跳远技术(图 5-8)。完整的跳远技术主要分为助跑、起跳、腾空、落地四个部分。

图 5-8 挺身式跳远技术

**1. 助跑**

助跑的目的是获得更快的水平速度，为准确踏板和快速有力地起跳做准备。助跑的启动方式有两种：一种是由静止状态开始，这种方式有利于准确掌握助跑的准确性，适合于初学者；另一种方式是由行进开始，先走或跑几步，待踏上起跑点后再逐渐加速，这种方式可以使身体放松，有利于助跑速度的发挥，但需要较高的助跑稳定性，以便能完成准确踏板。

助跑距离：跳远的助跑距离根据运动员的速度、力量来定，优秀跳远运动员的助跑距离，男子一般在 35～45 米，跑 18～24 步；女子在 30～40 米，跑 16～22 步。初学者由于身体素质一般，跑 20 米左右，约 12 步。

助跑的技术：跳远的助跑技术与短跑的加速跑基本相同，身体由前倾逐渐过渡到上抬。关键是最后几步助跑，步长相对缩短，加快步频，形成快速上板的技术特征。最后一步步长稍短于倒数第二步。

**2. 起跳**

起跳时，应充分利用助跑所获得的水平速度，在较短的时间内创造尽可能大的腾起初速度和适宜的腾起角度。起跳的技术分为起跳脚的着地、缓冲和蹬伸。

(1)起跳脚的着地：起跳脚应积极、主动着地，既可减少着地时的冲撞力，又为着地后快速前移身体做准备。着地时，起跳腿几乎伸直上板。

(2)由于助跑速度的惯性和身体重力的作用，迫使起跳腿的髋、膝、踝很快形成弯曲缓冲，它能为快速蹬伸起跳创造有利条件，缓冲的适宜角度为 135°～145°。

(3)蹬伸阶段是由起跳腿膝关节形成最大弯曲时开始,到起跳腿蹬离地面结束。起跳蹬伸时,整个身体快速向上伸展,起跳腿的髋、膝、踝关节充分伸展,上体和头部保持正直,摆动腿的大腿上抬至水平或高于水平位,小腿自然下垂。双臂前后摆起,肩、腰向上提起。

**3. 腾空**

起跳腾起后,身体形成跨步姿势向前上方腾起,摆动腿的大腿积极下压,小腿随之向下、向后摆动,在后边的起跳腿向前与之靠拢,当身体腾空至最高点时,充分伸展,挺胸展髋,两臂上举或后摆,最后收腹举腿,双腿前伸形成落地动作。

**4. 落地**

落地前,双臂快速向后方摆动,有利于双腿向上抬起和双脚前伸。双脚着地以后,及时屈膝缓冲,髋部迅速向前移动,双臂前摆,使身体快速移过落地点。

(二)挺身式跳远技术的掌握

**1. 助跑结合起跳练习**

(1)两脚前后站立,摆动腿在前,起跳腿前迈积极蹬地,摆动腿屈膝向前上方摆起,同时双臂上提,肘至肩部时制动,起跳腿充分蹬伸,在空中形成"腾空步"姿势。反复练习。

(2)面向沙坑,助跑 2～3 步,起跳成腾空步后摆动腿先着沙坑。

(3)半程助跑,起跳成腾空步后落入沙坑(摆动腿先着地)。

(4)全程助跑练习。

注意事项:

助跑起跳练习时,重点是利用起跳腿的充分蹬伸动作,使身体尽可能地向前上方腾起,因而,在起跳时,起跳脚要快速积极蹬地,腿部要充分蹬伸,以免水平前冲,没有足够的腾空角度,而是身体提早落地。

**2. 空中挺身练习**

(1)原地模仿空中挺身动作。原地向上做好腾空步姿势,接着摆动腿大腿积极下压,小腿向后下方摆动,与起跳腿并拢,双臂配合腿的动作做绕环摆动成挺身动作。

(2)站在沙坑边,双脚原地起跳,在空中做挺身展髋和两臂摆动动作,双脚落地。

(3)面向沙坑,助跑 3～4 步起跳,下方摆动腿成挺身动作,双脚落地。

**3. 落地技术练习**

(1)原地跳起屈膝团身。

(2)站在沙坑边做立定跳远。落地前收腹,大腿上举,两臂后摆,接着小腿前伸,脚跟先落沙坑,然后迅速屈膝,两臂前摆使身体中心移过落点。

## 第三节　投掷的教学与练习

### 一、投掷

(一)入门阶段

(1)动作主要由肘部发出。

(2)投掷手臂的肘部始终保持在身体前方,动作跟推相似。

(3)手指放松地展开。

(4)跟随动作向前,向下。

(5)身体和目标保持垂直,投掷过程中有轻微的旋转动作。

(6)双脚保持不动。

(7)在准备投掷之前双脚经常毫无目的地移动。

### (二)基础阶段

(1)在准备阶段,手臂向上、向侧面、向后摆动,以达到肘部弯曲的位置。

(2)球放在头的后部。

(3)手臂向前晃动,高过肩部。

(4)在动作准备阶段身体向投掷的方向旋转。

(5)肩向投掷的方向旋转。

(6)身体随着手臂向前弯曲。

(7)身体重心向前有明显的移动。

(8)脚迈出的方向与投掷手臂的方向一致。

### (三)成熟阶段

(1)手臂向后晃动,为投掷做准备。

(2)为投掷手臂的预备动作做准备,另一手臂肘部举起以保持平衡。

(3)投掷手臂的肘部伸展时水平向前移动。

(4)前臂旋转,大拇指指向下方。

(5)准备阶段身体明显向投掷的方向旋转。

(6)投掷时肩部稍向下降。

(7)投掷时臀部、臂部、脊柱和肩部有明显的旋转。

(8)随着身体重心的移动,另一只脚向前迈一步。

### (四)存在的困难

(1)向前移动的脚与投掷手臂在一侧。

(2)后摆动作不够舒展。

(3)投掷手臂向前时不能转动胯部。

(4)投掷手臂另一侧的脚迈不出去。

(5)手臂与身体的运动不能有节奏地协调好。

(6)不能按照预期的轨迹把球送出。

(7)投掷时不能保持平衡。

(8)手臂向上旋转。

## 二、铅球

铅球作为田径项目,始于19世纪60年代,是田径运动的投掷项目之一。铅球是世界田径赛场上的传统项目,在1896年第一届现代奥运会上,男子铅球被列入正式比赛项目,从1948年第14届奥运会开始,铅球比赛中又增加了女子铅球比赛。铅球呈圆球形,表面光滑,用硬于铜的铁、钢或其他金属做外壳，通过内部灌铅或其他金属制成。正式比赛中男子铅球的重量为 7.26 千克，直径为 11～13 厘米；女子铅球的重量为 4 千克，直径为 9.5～11 厘米。

### （一）铅球的起源与发展

在古代，人们就开始用石块猎取禽兽或防御攻击，后来逐渐演化为一种投远比赛。自从 14 世纪 40 年代有了炮兵，士兵们为了增加臂力，在日常训练中用同炮弹重量大小相当的石头练习，并进行比赛。后来又用废弃的铅制炮弹代替石头进行模拟训练，由于当时的炮弹重量正好为 16 磅（7.257 千克），形状也为圆形，于是后来就按照这个标准制成了比赛用的铅球。后又将铅球的重量定为 7.26 千克（男子），并一直延续至今。

铅球运动的发展史也是铅球技术的变革史。铅球技术从最初的原地推铅球技术，发展到侧向滑步推、半背向滑步推、背向滑步推等。1972 年，苏联运动员巴雷什尼克夫发明了旋转推铅球这种新的技术后，才造就了 1990 年美国运动员兰迪·巴恩斯以 23.12 米的成绩创造了新的世界纪录，并保持至今。

### （二）铅球技术（以右手投掷为例）

铅球技术过去多采用原地推球、侧向滑步推球，后来发展为背向滑步推球、旋转推球等。其中背向滑步推球为大多数优秀运动员所采用。它的基本技术由持球、预备姿势、滑步、最后用力、维持身体平衡 5 个动作阶段组成。

**1. 持球**

五指自然分开，把球放在食指、中指和无名指的指根上，拇指和小指扶在球的两侧，将球放在锁骨窝处，贴着颈部和下颚，肘部稍外展略低于肩，躯干保持正直。

**2. 预备姿势**

滑步前的预备姿势分为高姿势和低姿势两种。

高姿势：持球后，背对投掷方向，站在圈内靠近后沿处，两脚前后站立，相距 20～30 厘米，右脚尖靠近投掷圈内沿（脚也可稍向内转），左腿在后并自然弯曲，以前脚掌或脚尖着地，上体保持正直放松，左臂自然上举，身体重心落在伸直的右腿上（图 5-9）。

图 5-9 预备姿势

低姿势：持球后，背对投掷方向，站在圈内靠近后沿处，两脚前后站立，相距 50～60 厘米（根据身高和下蹲的程度而定）。左脚在后，以前脚掌或脚尖着地，右脚尖贴近圆圈指向投掷相反方向（脚也可稍内转）。左臂自然下垂，左肩稍向内扣，两腿弯曲，上体前屈（图 5-10）。

①

②

图 5-10 低姿势

**3. 滑步**

完成滑步前的预备姿势后，身体重心向后平移的同时，左大腿向抵趾板方向有力摆插，右腿积极有力地向投掷方向蹬伸，躯干仍保持很好的后倒姿势。当右腿蹬直，右脚跟或右脚掌即将离地时，积极收拉右小腿，边收边转约 90°落在圆心附近，同时，左小腿积极向后插，脚掌稍外展落在抵趾板内沿约 15 厘米处，完成滑步动作。

**4. 最后用力**

滑步结束时，右脚比左脚先着地。右脚着地后，右腿积极蹬伸，推动右髋向投掷方向转动。上体在转动中逐渐抬起，同时躯干的肌群积极收缩。左臂和左肩高于右肩，铅球尽可能保持较低位置，体重大部分仍在弯曲而压紧的右腿上。

右腿蹬伸，进一步将右髋向投掷方向送出，右臂迅速而有力地将球推出。铅球快出手时，手腕稍向内转，同时屈腕，快速而有力地拨球，将铅球推出，完成最后用力动作。

**5. 维持身体平衡**

铅球推离手后为了避免犯规，获得有效的运动成绩，左右腿及时换步，降低身体重心，维持身体平衡。在铅球落地和人体稳定后，从投掷圈的后半部走出。

**风云人物**

杰西·欧文斯

杰西·欧文斯，美国男子田径运动员，于 1913 年生于一个贫困的黑人家庭，1980 年去世。在 1935 年的全美大学生运动会上，23 岁的欧文斯以在 45 分钟内打破 5 项世界纪录、平 1 项世界纪录的惊人表现轰动体坛，其中他在跳远项目中创下的 8.13 米的世界纪录，直到 25 年后才被人打破。

1936 年，在柏林第 11 届奥运会上，他在 11 万观众面前夺得 100 米、200 米、跳远和 4×100 米接力 4 枚金牌。当时正值第二次世界大战爆发的边缘，欧文斯是黑奴的后裔，他在大肆宣扬“种族优劣”的希特勒的眼皮底下赢得了 4 枚金牌，为人类向纳粹的种族主义政策发出了正义的呐喊。

这次比赛，欧文斯赢得的不仅是 4 枚闪光的金牌，还有道义——良好的体育道德和运动家风度，以及为人友善的品质，都使他成为全世界运动员的偶像。

欧文斯曾获得奥林匹克银质勋章。1980 年，他被欧洲、美国各体育报记者评为 20 世纪最佳运动员。1990 年，欧文斯在去世 10 年之后，被追授美国国会金质勋章。

为了纪念欧文斯对世界体育运动的贡献，美国体育机构特以他的名字设立“杰西·欧文斯奖”，每年评选一次，奖给在田径运动中成绩卓著的各国运动员。

卡尔·刘易斯

卡尔·刘易斯，1961 年 7 月 1 日出生于美国伯明翰一个体育世家。在 1984 年第 24 届奥林匹克运动会中，刘易斯夺得了 100 米(9 秒 99)、200 米(19 秒 8)、跳远(8 米 54)和 4×100 米接力(37 秒 8、破世界纪录)4 枚金牌。这位“神奇小子”重演了 1936 年由杰西·欧文斯在柏林奥运会的壮举，成为第二个在一届奥运会上一人夺得 4 枚金牌的英雄。刘易斯连续参加了洛杉矶、汉城(后更名为首尔)巴塞罗那和亚特兰大四届奥运会，共获得 9 块金牌，是奥运历史上 4 位赢得 9 枚奥运金牌的运动员之一，也是在同一个项目上 4 次获得金牌的选手之一。

1981 年，刘易斯获美国体育最高奖——沙利文奖，1999 年被评为 20 世纪最佳运动员。同时，国际奥委会官方杂志《奥林匹克杂志》评选他为 20 世纪 5 名最佳运动员之一，堪称当今世界田坛最具传奇色彩的运动员。

刘翔

刘翔，中国田径(110 米跨栏)运动员，1983 年出生在上海市普陀区。2004 年雅典奥运会上，刘翔获得 110 米跨栏金牌，并以 12 秒 91 的成绩平了世界纪录。2006 年 7 月，刘翔以 12 秒 88 的成绩获得瑞士洛桑田径超级大奖赛金牌，并打破沉睡 13 年之久由英国名将科林·杰克逊创造的 12 秒 91 的世界纪录。

尤塞恩·博尔特

尤塞恩·博尔特，牙买加田径短跑运动员，1986 年出生，世界男子 100 米短跑世界纪录及男子 200 米短跑世界纪录保持者。他于 2008 年 8 月 16 日在北京奥运会上创出 9 秒 69 的 100 米新世界纪录，其后于 8 月 20 日创出 19 秒 30 的 200 米新世界纪录，再于 8 月 22 日代表牙买加创出 37 秒 10 的 4×100 米接力新世界纪录，是田径赛场上当之无愧的“闪电侠”。2009 年，他凭借在 2008 年北京奥运会上不可思议的精彩表现，获得劳伦斯奖最佳男子运动员奖。

格里菲斯·乔伊纳

格里菲斯·乔伊纳，她是当代世界优秀的女子短跑运动员。1959 年生于美国洛杉矶，1998 年去世。在 1988 年汉城(后更名为首尔)奥运会上，乔伊娜获得了 100 米、200 米、4×100 米接力三枚金牌和 4×400 米接力银牌，并以 21 秒 34 的成绩创造了 200 米世界纪录，这个世界纪录同样也保持到了现在。1988 年获世界十佳运动员奖，1989 年获欧文斯奖。由于她健美的体格，披肩的长发，漂亮的容貌，比赛时身着单袖筒的高领长袖紧身衣，以及涂成彩虹颜色的长指甲，为女子田径运动增添了史无前例的魅力，又获得“世界上跑得最美的女人”的美誉。

# 第六章

# 球类运动

现代球类运动的发展，仅短短一百年左右的历史，就以非常快的速度经历了多种变迁，以至它已大大超越了纯粹游戏和纯粹以力量取胜的水准，而达到了以科学化的训练产生出高水平的技战术的境界。尤其是第二次世界大战后，这种发展势头随着世界体育的频繁交往，在和平的环境里，更呈现出一派勃勃的生机。

由于环境、人种、文化结构和民族心理等因素，球类运动有统一的规则，但仍在世界各地发生了许多变迁，并形成了不同的流派和风格。例如，20 世纪 50 年代的排球快攻战术是专人定位；60 年代是有掩护的平拉开；70 年代就是时间差、空间差、位置差；到 80 年代则强调整体型的立体进攻。20 世纪 50 年代匈牙利足球以四前锋打法冲破了风靡 20 年之久的“WM”型，紧接着巴西人的“四二四”型和荷兰人的“全攻全守”型打法又掀起了新的革命，到 80 年代，球坛巨星克鲁伊夫又提出了“核时代足球战术”。篮球不仅出现了扣篮、空中接力、胯下运球等高难度技术，还创造了层出不穷的战术。羽毛球则有着快、狠、准、活的比赛特点。快是强调击球速度和移步法要快；狠是发力时，下手要凶狠；准是击球的落点准确；活是多变的战术和球路。网球更是一种扣人心弦的竞赛项目，也是一种对艺术的追求和享受。网球技术的双手反拍大大加强了反拍的攻击力，攻击性上旋高球现已发展为反拍攻击性上旋高球，提高了防反能力。鱼跃截击球技术、用快速起跳高压来对付进攻性上旋高球等高难度技术不断出现。由此可见，演进是层层见新、多姿多彩的，虽然在总的过程中仍有起伏，仍需不断地实践和探求，但整个球类运动的发展无疑是朝着美的方向，因为它将更讲究层次，更讲究组合，更讲究变化，更讲究艺术化的技巧和智慧化的独创。笼统地说，从流派来看，足球有拉美技术型与欧洲力量型；排球有亚洲快速多变型与欧洲高打强攻型；乒乓球有亚洲速度快攻型与欧洲力量旋转型等之分。很明显，前者以拉美、亚洲人为主，后者以欧洲人为主；前者更以灵巧、变化见长，后者更以勇猛、强击著称。具体以足球为例：拉美派突出高超的个人技术，动作细腻、灵敏，变化神奇、巧妙。贝利说：“我们的足球队员是力图把比赛作为戏剧来表演的。”所以它充满着一种舞蹈般的艺术气息。欧洲派则强调速度和力量的结合，动作朴实简练，配合精确、实用，所以它充满着一种大刀阔斧式的崇高气势。

实际上，这些不同的流派和风格意味着，每一方都要取人长、补己短，从而在一个更高的境界中交汇、互补、融合。例如，前中国女排博采众长，既有令人眼花的快打，又有令人瞠目的强攻，在世界排坛上糅合了两派技术，成为高度加速度、力量加技巧、前沿加纵深新式打法的典范。可见，这种融合不仅是技术的进步，其观赏的美学价值也得到了很大的充实、丰富和提高。这是因为它对技术和风格的选择，总是在不断地摈弃烦琐和粗笨，创造快捷和灵巧，从而使两方面有利于运动美发展的优势结合起来，形成冲突更激烈、技巧更优美的攻守结构。当然，确立起综合型的技术标准和运动美学风格，并非说所有球队都应去模仿、照搬，恰恰相反，在追求先进打法的同时，必须与自身特点相结合。只有这样，球类运动才会有更大的发展和更大的创造，球类运动的美才会在一个更高的层次上向人们展示出绚烂多彩的风姿。

由此，球类运动才涌现出许许多多的精巧绝美的战术配合。例如，众多美国篮球明星魔术师般的控球技术令人叫绝，他们常常出其不意地将球抛向空中，全场惊疑之时，前锋却突插篮下，腾身而起，在飞行中将球扣入篮筐；至于足球的中场队员以及由他们制造出的种种配合，因为难度较高，一旦成功更使人津津乐道，回味无穷。从一定意义上说，这就是一种美妙的创造，就是一件件美妙的作品。而且这些精巧的配合又都是从困难重重的对抗中超脱而出的，加上这些配合充分利用了时间、空间和人的运动变化，点线飞动、结构精妙，全然是一幅幅韵味无穷的立体画面。

## 第一节　篮球的教学与练习

篮球是用球向悬在高处的目标进行投准比赛的球类运动。现代篮球运动是一项将巧妙的技术和变化多端的战术相结合的团队竞赛活动。从事篮球运动能促使人体的力量、速度、耐久力、灵活性等素质全面发展，并能增强内脏器官、感觉器官和神经中枢的功能。

### 一、篮球的起源与发展

篮球是 1891 年由美国体育教师奈史密斯发明的。起先他将两个桃子筐分别钉在健身房内看台的栏杆上，用足球作为比赛工具，向篮内投掷。每次投球进篮后，要爬梯子将球取出再重新开始比赛。后来为了方便，人们逐步将竹篮改为活底的铁篮，再改为铁圈下面挂网。到 1893 年，随着篮球游戏内容的充实与改进，近似于现代的篮板、篮圈和篮网出现了。

最初的篮球比赛，只规定双方人数要相等。1892 年，奈史密斯制定了 13 条比赛规则，主要规定是不准持球跑，不准有粗野动作，不准用拳击等。1893 年，定为每队上场 5 人。

1904 年，第 3 届奥运会第一次举行了篮球表演赛。1908 年，美国制定了全国统一的篮球规则。

1936 年，第 11 届奥运会将男子篮球列为正式比赛项目，并统一了世界篮球竞赛规则。1976 年，女子篮球在第 21 届奥运会上被列为正式比赛项目。1992 年，美国篮球“梦之队”首次参加奥运会。1995 年，女子职业篮球俱乐部诞生。

## 二、篮球技术

篮球技术是指在篮球比赛中所运用的各种专门动作的总称，分为进攻和防守两大部分。进攻技术包括脚步移动、传接球、运球、投篮、突破和抢篮板球；防守技术包括脚步移动、防持球队员、防无球队员和抢篮板球。攻守共有10项技术，上百个技术动作。运动员必须掌握其动作要领和方法。下面重点介绍脚步移动、传接球、运球、投篮。

### （一）脚步移动

脚步移动是通过各种快速、突然的脚步动作，在篮球比赛中变换运动员的位置、方向和速度，达到进攻时摆脱防守，防守时防住对手，以便在攻守对抗中争取主动的重要手段。最重要、最常用的进攻脚步动作有起动、急停、转身、侧身跑、变向跑；防守脚步动作有各种滑步和后撤步。

**1. 基本姿势**

基本站立姿势是篮球运动员在起动前的准备姿势。正确的基本姿势，对更好地发挥进攻和防守技术起着重要的作用。

**2. 起动**

起动是从基本站立姿势开始，快速获得位移初速度而超越对手的一种方法。

动作要点：在基本站立姿势的基础上，身体重心向跑动方向移动，用后脚或异侧脚的前脚掌短促有力地蹬地，利用反作用力迅速向跑动方向迈出。起动后的前两三步短促而有力，使之能在最短的距离内发挥有效的速度。

**3. 急停**

急停是队员在跑动中突然制动的一种动作方法。急停不仅能够摆脱防守，而且可以衔接脚步动作的变化，从而更有效地完成攻守任务。急停的动作包括跨步和跳步两种。

（1）跨步急停

跨步急停是在跑动中突然制动的一种方法。急停时一只脚先落地，成为中枢脚，后落地的另一只脚在着地时要用脚掌内侧蹬地，两膝弯曲，两臂屈肘微张，以保持身体平衡。

（2）跳步急停

跳步急停是在移动中用单脚或双脚起跳，上体稍向后仰，两脚同时平行落地。它是一个单脚起跳、双脚落地的跳步急停动作。“跳”时要短促、低平。落地时两腿微屈，减缓冲力。重心保持在两脚之间，眼睛平视前方。

**4. 侧身跑**

侧身跑是队员向前跑动中为观察球场上的情况或预接传球，侧转身体，进行攻守行动的一种跑动方法。

**5. 变向跑**

变向跑是在跑动中突然改变方向并加快速度来摆脱防守的一种方法。

**6. 后退跑**

后退跑是由进攻转入防守时背对移动方向的一种跑动方法。

**7. 转身**

转身是队员以一只脚蹬地向前或向后跨出的同时，另一只脚作为中枢脚进行旋转来改变身体方向的一种动作方法，分为前转身和后转身。

**8.滑步**

滑步是队员防守时运用的主要移动技术之一，其作用是易于保持身体平衡，及时起动抢占有利位置。

（二）传接球

传接球是进攻队员有目的地实施攻击战术的重要手段，是组织进攻的纽带。快速、巧妙、准确和多变的传接球既可以有效调动对方的防守，又可以培养队员之间的团队意识。传接球主要包括传球技术和接球技术。

**1.传球技术**

(1)双手胸前传球(图 6-1)

双手胸前传球是一种最基本、最常用的传球方法。这种传球方法可用于不同方向、不同距离，有力、速度快、方向准确，而且便于同运球、投篮、突破等动作结合运用。

动作方法：由基本站立姿势开始，双手持球于胸腹之间。传球时，后脚蹬地发力，身体重心前移，向前伸臂，拇指下压，手腕翻转，用食、中指拨球，将球传出，同时两手心向下，略向外翻。

图 6-1　双手胸前传球

练习方法：

①单人对墙练习，可在不同距离进行。

②两人组在不同方向、不同距离做体前传球，结合突破投篮等动作练习。

③两人组的移动传球练习。

(2)双手头上传球(图 6-2)

动作方法：双手持球把球置于头上，两肘弯曲。近距离传球时，手腕前屈，用拇指、食指和中指用力拨球，将球传出。双手头上传球适用于向内侧中锋供球，或被对手封阻时的挑起传球。

练习方法：

①近距离对墙练习。

②两人组近、远距离传球练习。

③两人组跳传球练习。

(3)体侧传球

动作方法：传球时双手持球引向体侧，变传球手单手持球于球的侧后方，弧线引球，拨

图 6-2　双手头上传球

腕指将球传出。体侧传球是近距离传球中一种隐蔽性较强的传球方法。

练习方法：

①近距离对墙练习，体会单臂向前方用力以及腕指快速抖动的用力方法。

②两人一组近、远距离对传练习。

③两人一组行进间传接球练习。

**2. 接球技术**

接球是进攻队员获得球的动作，也是衔接下一个进攻技术的准备动作。接球有双手和单手接球两种，不论哪种接球，它们都是由伸臂迎球和缓冲握球动作组成的。

(1)双手接球

接球时，两眼注视来球，两臂伸出迎球，手指自然分开，两拇指成“八”字形，两手成半圆形。当手接球的瞬间，双臂随球后引缓冲来球力量，成双手持球姿势。

练习方法：

①原地对墙或篮板击球练习，自传自接反弹球练习。

②两人一组近距离 4～5 米传球练习。

③结合移动、突破动作做各种传接球练习。

④两人一组行进间传接球练习。

(2)单手接球

伸手迎向来球，当手接触球的同时迅速借来球惯性将球后引至胸前，成双手持球姿势。

练习方法：

①原地对墙或篮板击球，接不同高度的反弹球。

②不同距离的传球练习。

③结合移动、突破动作做各种传接球练习。

④两人一组行进间传接球练习。

(三)运球

运球是篮球比赛中个人进攻的重要技术，它不仅是运动员摆脱、吸引、突破对手进行攻击的方法，而且是组织全队进攻的桥梁，对发动快攻、组织战术配合起着重要的作用。

**1. 高低运球**

动作方法：运球时，两腿微屈，上体前倾，两目平视。以肩关节为轴，上臂发力带动前臂，五指自然分开，手心空出。高运球时，球的落点在身体的侧前方，球的反弹高度在胸腹之间。低运球时，两腿深屈膝，重心迅速降低，上体前倾，用手短促地拍按球，使球的反弹高度在膝关节以下，以便更好地控制球。

练习方法：

（1）原地运球练习。

（2）行进间高低运球练习。

（3）两手交替往返高低运球练习。

**2. 运球转身**

动作方法：以右手运球为例，左脚在前为轴，做后转身的同时，右手将球拉至身体的左侧前方，然后换左手运球并加速前进。常用于遇对手紧逼而又不能运用体前变向时。

练习方法：

（1）徒手做向后转身运球的练习。

（2）原地做单手吸拉运球变向的练习。

（3）原地做后转身运球的练习。

（4）行进间做过障碍的转身变向运球练习。

**3. 胯下运球**

动作方法：以右手运球为例，运球变向时，跨出左脚，右手按拍球的右侧上方，使球从右腿侧穿过两腿之间，离地反弹到左脚侧，右脚向左前方迅速跨步，换左手运球继续前进。

练习方法：

（1）原地做左右换手胯下运球练习。

（2）行进间做左右换手胯下运球练习。

（3）行进间做过障碍的左右换手胯下运球练习。

### （四）投篮

投篮是篮球运动中主要的进攻技术，是篮球比赛唯一的得分手段，是一切篮球技战术运用的最终目的和篮球比赛的焦点。由于跳起投篮突然性强，出手点高，稳定性好，较难防守，所以发展很快。投篮有急停跳投、转身跳投、侧跨步跳投、后仰跳投等。

**1. 单手肩上投篮（图 6-3）**

单手肩上投篮是现代篮球比赛中应用较广的一种投篮方法，是行进间单手肩上投篮和跳投的基础。

图 6-3　单手肩上投篮

动作方法:以右手投篮为例,两脚左右或前后开立,两膝微屈,重心在两脚之间。右手持球于同侧头或肩的前上方,左手扶球的左侧。投篮时,下肢蹬地发力,右臂抬肘向前上方伸直,手腕前屈,食、中指用力拨球,通过指端将球投出。球出手后,身体自然伸展。

练习方法:

(1)原地做自投自抢练习,体会动作要领。

(2)原地对篮板做投篮动作练习。

(3)原地做篮下投擦板球练习。

(4)做不同距离、角度的投篮练习。

**2. 跳起投篮**

跳起投篮统称跳投,投篮出手动作和原地单手肩上投篮相同,只是投篮动作是在空中完成。

动作方法:以右手投篮为例,双手持球于胸腹之间,两脚前后或左右开立,两膝微屈,重心在两脚之间。跳起时两膝弯曲,脚掌用力蹬地向上跳起,双手举球至肩上,左手扶球的左侧。当身体到达或接近最高点时,左手离球,右手向前上方伸直,手腕前屈,食、中指拨球,通过指端将球投出。球出手后,屈膝缓冲,准备下一个动作。

练习方法:

(1)原地做跳起自投自抢练习,体会动作要领。

(2)原地对篮板做投篮动作练习。建立概念和掌握动作顺序。

(3)原地在篮下做跳起投擦板球练习。

(4)做不同距离、角度的跳起投篮练习。

(5)结合其他技术做跳投练习。

**3. 行进间单手肩上投篮**

这种投篮可在篮下或中距离运用,是快速移动到篮下的一种方法。

动作方法:以右手投篮为例,右脚跨出一大步的同时进行接球,接着左脚跨出一小步并用力蹬地起跳,举球至肩上,跳起后身体接近最高点时,右臂向前上方伸直,手腕前屈,食、中指用力拨球,通过指端将球投出。

练习方法:

(1)徒手模仿接球或运球,右脚跨出一大步,左脚跨出一小步,做行进间的投篮练习。

(2)做运球行进间跑的投篮练习,体会跑动投篮的方法,提高动作的连贯性和协调性。

(3)结合实战,进行有防守的运球突破行进间跑的投篮练习。

**4. 行进间单手低手投篮(图 6-4)**

行进间单手低手投篮是快速移动到篮下的一种投篮方法。它具有速度快、起跳后伸展距离远、易于超越防守的优点。

动作方法:以右手投篮为例,右脚跨出一大步的同时进行接球,接着左脚跨出一小步并用力蹬地起跳,右腿提膝,双手向前上方举球。当身体接近最高点时,左手离球,右手外旋,掌心向上,并充分向球篮方向伸展,接着屈腕,食、中指用力拨球,通过指端将球投出。

练习方法:

(1)徒手模仿接球或运球,右脚跨出一大步,左脚跨出一小步,做起跳练习。

图 6-4 行进间单手低手投篮

(2)做运球行进间低手投篮练习,体会低手投篮的方法,提高动作的连贯性和协调性。

(3)结合实战,进行有防守的运球突破行进间低手投篮练习。

**篮球风云人物**

威尔特·张伯伦

威尔特·张伯伦(Wilt Chamberlain),1936 年 8 月 21 日出生,身高 2.16 米,体重 113 公斤,场上编号为 13。他是唯一单赛季斩获 4000 分的美国职业篮球比赛球员,他保持着联盟单场得分纪录(100 分)、连续进球纪录(18 个)和单场篮板纪录(55 个)。1967 年和 1969 年他两次获得美国职业篮球比赛总冠军,7 次成为美国职业篮球比赛得分王,11 次成为篮板王。1962 年 3 月 2 日他创下了一场独得 100 分的 NBA 纪录,是篮球历史上第一位全才明星。1978 年,张伯伦入选美国篮球名人堂。他的篮球天赋惊人,是第一位突破 3 万分得分大数的 NBA 球员。他在 14 年的美国职业篮球比赛生涯中,共得到 31 419 分,后来贾巴尔用了 16 个赛季才突破这一纪录。他以完美的表现赢得了球迷的热爱,是美国篮球史上第一位全才明星。

乔丹

乔丹是一个在 20 世纪 90 年代具有强烈新闻效应的超级体育明星,是篮球运动的天才。他有着惊人的表演才能和强烈的感染力。乔丹一生共获得 6 次美国职业篮球比赛总冠军,5 次当选美国职业篮球比赛常规赛最有价值球员,10 次入选美国职业篮球比赛最佳阵容,10 次获得“得分王”称号。1999 年 1 月,乔丹宣布正式退役。

姚明

姚明,1980 年 9 月 12 日出生于上海,是目前国内身高最高的中锋,高而灵活,防守意识好,篮下能用多种方式进攻。1998 年,姚明作为上海队的主力获全国男篮甲 A 联赛第五名。2002 年 6 月,他被美国职业篮球球队休斯敦火箭队选中并为球队效力。

## 第二节　排球的教学与练习

排球是用双手做发球、垫球、传球、扣球和拦网等动作,以组织进攻和防守的球类运动项目之一。

## 一、排球运动的场地与用球

排球比赛场地(图 6-5)包括比赛场区和无障碍区。场地地面必须平坦、水平,不得有任何可能伤害队员的隐患。不得在粗糙、湿或滑的场地上进行比赛。正式国际排联世界性比赛场地的地面只能是木质或合成物质的,场地界线为白色。比赛场区和无障碍区分别为另外不同颜色。

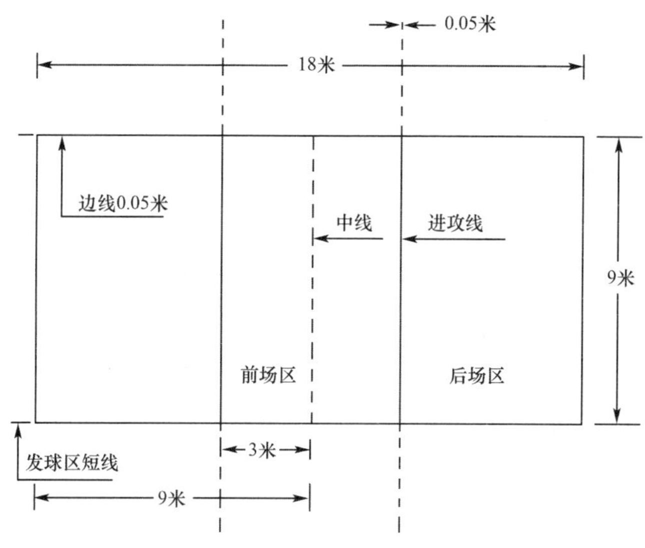


图 6-5　排球比赛场地示意图

比赛场区为长 18 米×9 米的长方形。中线把它分为面积相等的两个场区。两条长线是边线,两条短线为端线。端线后两条边线间的区域为发球区。所有界线的宽为 5 厘米,线的宽度均包括在场区内。中线与进攻线构成前场区,中线与进攻线相距 3 米。前场区向边线外的无障碍区无限延长。进攻线与端线构成后场区。男子网高为 2.43 米,女子网高为 2.24 米。比赛用球可以是一色的浅色球或国际排联批准的多色球,圆周为 65～67 厘米,重量为 260～280 克,气压为 0.30～0.325 公斤/平方厘米。

## 二、排球运动的起源与发展

排球运动于 19 世纪末始于美国。1895 年,美国马萨诸塞州(麻省)霍利奥克城的基督教青年会的体育干事威廉·摩根(William Morgan)首创了这项运动。

1896 年,美国斯普林费尔德体育专科学校举行了世界上最早的排球比赛。1897 年,摩根制定了排球规则,有力地推动了排球运动的发展。1900 年排球运动传入印度,1905 年传入中国。亚洲最早的排球比赛于 1913 年在菲律宾马尼拉举行。1947 年 4 月,国际排球联合会在巴黎成立,协会统一了六人制排球的比赛规则,并在此后举办了一系列国际性排球比赛,促使排球运动逐渐演变为有巨大影响的世界性体育项目。1964 年,排球项目首次亮相奥运会赛场。时至今日,国际排联已成为世界上最大的单项体育协会。

## 三、排球运动基本技术

排球技术是指在排球规则允许的前提下,运动员采用的各种合理的击球动作和其他配合动作的总称。垫球、传球、发球、扣球、拦网等技术称为有球技术,而各种准备姿势与移动称为无球技术。

排球技术主要由手法和步法两部分组成。手法是指击球时手指、手腕、手臂用力和控制球的动作手法;步法是指快速灵活的脚步移动和助跑起跳动作。

### (一)准备姿势

准备姿势和移动是排球运动中各项技术的基础技术。准备姿势是移动的基础,只有准备姿势正确,才能及时、快速向各个方向移动。依据完成各项技术动作的需要,可分为一般准备姿势(稍蹲)、后排防守准备姿势(半蹲)和前排保护准备姿势(低蹲)。移动的目的是迅速接近球,找好人与球的合理位置。它是完成好各项技术的重要条件,同时也是连接攻防技术的重要环节。常用的移动步法有并步、跨步、垫步(跨跳步)、滑步、交叉步、跑步和后退步等。

技术要点:两脚左右开立与肩同宽,一脚在前,两膝微屈,身体重心位于两脚之间,并稍靠近前脚,后脚跟稍提起,上体稍前倾,两臂放松,自然弯曲置于腹前。两眼注视球并兼顾场上各种情况,两脚保持微动状态。

### (二)移动步法与技术要领

并步。前脚向来球方向跨出一步,后脚迅速蹬地跟上,并做好击球前的姿势。特点是容易保持身体平衡,便于做击球动作。并步可向前、后、左、右各方向移动。

滑步。连续并步就是滑步。

交叉步。两脚左右开立。向右侧交叉步移动时上体稍向右转,左脚从右脚前向右交叉迈出一步,然后右脚再向右侧方向跨出一大步,同时重心移至右脚,身体转向来球方向,保持击球前的姿势。交叉步的特点是步子大,动作快,便于制动。

跨步。跨步前膝部弯曲,上体前倾,身体重心移至跨出脚上。跨步时,一脚用力蹬地,另一脚向来球方向跨出一大步,后脚随重心前移自然跟上,两臂做好迎球动作。跨步的特点是,跨距大,便于向前、斜前方降低重心进行低点击球。

跑步。跑步时一脚蹬地起动,另一脚迅速向前迈出,两脚交替进行,两臂配合摆动,不要过早做击球动作的准备,以免影响跑步速度。球在侧方或后方时,应边转身观察球边跑,跑步的特点是移动速度快,便于随时改变方向。

### (三)垫球

利用双臂或单臂及身体的其他各部位将来球击出的方法称为垫球。垫球是组织战术的基础技术,也是夺回发球权的重要技术环节。垫球要求准确地、平稳地把排球接递给二传队员或扣手,尽量减少失误,以便组成有力的进攻战术。垫球分为正面双手垫球、体侧垫球、跨步垫球、背垫球,以及前扑、鱼跃等垫球动作。

正面双手垫球(图 6-6)是指运动员用双手在腹前将球垫起的动作方法。它是最基本的垫球方法,是各项垫球技术的基础,适合于接各种发球、扣球和拦回球,有时也用于垫二传。

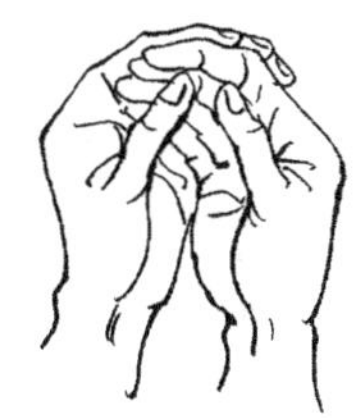

图 6-6　正面双手垫球

**1. 技术要点**

垫球时面对来球，成半蹲或稍蹲姿势站立，两手掌根相靠，两手手指重叠，手掌互握，两拇指平行向前，手腕下压，两前臂外翻成一个平面。当球飞到腹前约一臂距离时，两臂夹紧前伸，插入球下，同时配合蹬地、跟腰、提肩、顶肘、压腕、抬臂等全身协调动作迎向来球，身体重心随着击球动作向前上方移动。用前臂的手腕关节以上 10 厘米左右的两小臂桡骨内侧所构成的平面击球的后下部。在击球瞬间，两臂要保持稳定，身体重心继续协调地向抬臂方向传送球。垫击动作结束后，立即松开双臂，做好下一动作的准备。

**2. 动作要领**

两臂夹紧插球下，抬高送臂腕下压。蹬地跟腰前臂垫，轻球重球有变化。

（四）传球

传球是在额前上方通过利用全身协调力量并通过手指手腕的弹力，将球传至一定目标的击球动作。一个队的进攻能力能否充分发挥，在很大程度上取决于该队的传球水平。传球分为正面传球、背传球、侧传球和跳传球。现代排球比赛中，各种传球技术的广泛灵活采用，使各种进攻战术丰富多彩，防不胜防。二传手被现代排球推崇为全队的“核心”“灵魂”。正面上手传球是最基本的传球技术（图 6-7）。

**1. 技术要点**

当来球接近额前时，开始蹬地、伸膝、伸臂，手指微张，从脸前向前上方迎出，全身各部位动作应协调一致。手触球时，十指应自然张开，使两手成半球状，手腕稍后仰，以拇指内侧、食指全部、中指的二三指节触球的后下部，无名指和小指在球两侧辅助控制球的方向。两拇指相对近似“一”字形。在迎球动作的基础上，当手和球即将接触时，手腕和手指要有前屈迎球的动作，当手和球接触时，各大关节应继续伸展，最后用手指手腕的弹力将球传出。

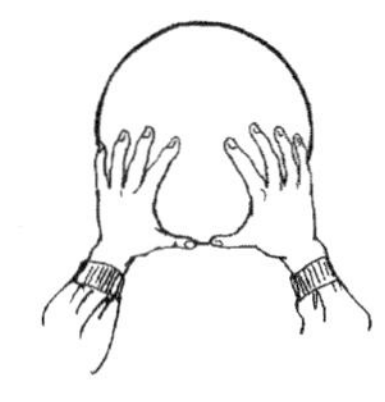

图 6-7　正面上手传球

**2. 动作要领**

额前击球较适当，触球手型半球状。蹬地伸臂指腕弹，指腕缓冲控方向。

（五）发球

队员在发球区用一只手将自己抛起的球直接击入对方场区的技术动作称为发球。发球是比赛的开始，也是排球技术中唯一不受他人制约的技术。攻击性强的发球不仅可以直接得分，还能破坏和削弱对方的进攻，在心理上给对方造成威胁。发球按动作结构分为正面下手发球、侧面下手发球、正面上手发球、勾手发球、跳发球等。不论采用哪种发球，都必须做到：第一，抛球稳。单手或双手将球向上平稳地把球抛起，每次抛球的高度和身体的距离应基本固定。第二,击球准。用力方向必须和所要发出球的方向一致。第三,发球手法正确。击球的手法不同,发出球的性能也不同。如发旋转球时,要使手掌包住球,在击球时有推压动作,如发飘球时,手触球瞬间的动作方向要通过球的重心。

**1. 正面上手发球技术要点**

面对球网,两脚自然开立,左脚在前,左手托球于体前;左手将球平稳地抛于右肩的前上方,高度适中,同时右臂抬起,屈肘后引,肘与肩平,上体稍向右侧转动,抬头,挺胸,展腹,手掌自然张开;利用蹬地,使上体向左转动,同时收腹,带动手臂向前上方快速挥动,在右肩前上方伸直手臂的最高点处,用全掌击球的后中下部(图 6-8)。击球时,手指和手掌要张开,与球吻合,手腕要迅速做推压动作,使击出的球呈上旋飞行。击球后,随着重心前移,迅速入场。

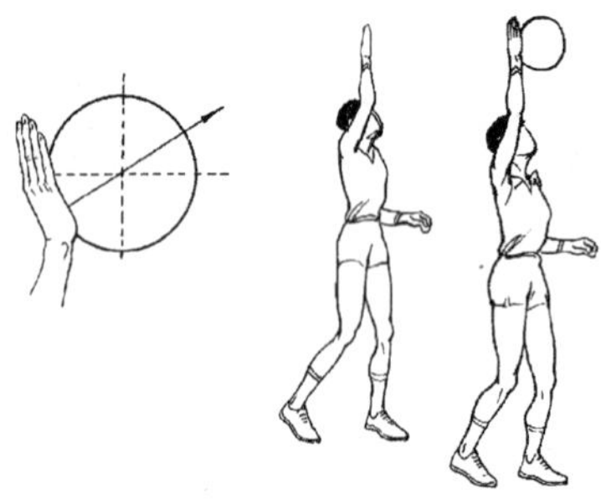

图 6-8　全掌击球

动作要领:

手托上抛约一米,同时引臂右旋体;转体收腹带挥臂,弧形鞭甩应加速;全掌击球中下部,手腕推压要积极。

**2. 正面下手发球技术要点**

两脚前后自然开立,左手在身体右前侧方向上抛球,高度适中,右臂以肩关节为轴向后摆动,击球时右脚蹬地,身体重心随摆臂击球方向移动,在腹前以全掌或半握拳的拳面或虎口处击球的后下部,用力方向朝前上方。

(六)扣球(图 6-9)

队员跳起在空中,用一只手臂做弧形挥动,将本方场区的球从两标志杆内的球网上空击入对方场区的技术动作叫扣球。扣球是完成战术配合的最后一击,是攻击性最强、最有效的进攻手段。扣球是在二传配合的基础上,完成进攻战术的最后关键一环,是得分和夺取发球权的重要技术。一个球队如能熟练地掌握多种强有力的扣球技术,就能较好地掌握比赛的主动权,为争取比赛的胜利打下良好的基础。现代扣球的威力应体现在速度、力量、高度、变化、技巧等方面。扣球分为正面扣球、勾手扣球、单脚起跳扣球、扣快球和调整扣球等。成功的扣球必须有良好的一传和二传(或拦网、防守)的密切配合,而扣球的成败表现了这一战术配合的质量和效果。

图 6-9　扣球

**1. 技术要点**

助跑前采用稍蹲姿势，两臂自然下垂，站在离网 3 米左右处，身体转向来球方向，观察来球，做好向各个方向助跑起跳的准备。助跑开始时，左脚先向前迈出一步，紧接着右脚再快速跨出一大步，左脚及时并上，踏在右脚之前，两脚尖稍向右转。两臂绕体侧向上引摆。在助跑跨出最后一步（第二步），左脚并上踏地制动的同时，两臂自后积极向前摆动，双脚蹬地向上起跳，两臂配合起跳，有力地向上摆动。起跳后，挺胸展腹，上体稍向右转，右臂向后上方抬起，身体成反弓形。挥臂时，以迅速转体、收腹动作发力，依次带动肩、肘、腕各部位关节，向前上方成鞭甩动作挥动。击球时，五指微张，以掌心为主，全掌包满球，在手臂伸直的最高点的前上方击球的后中部，同时主动用力屈腕屈指向前推压，使扣出的球呈上旋。落地时，以两脚前脚掌先着地再迅速过渡到全脚掌着地，同时顺势屈膝、收腹，以缓冲下落的力量，立即做好下一个动作的准备。

**2. 动作要领**

助跑节奏由慢到快，一步定向二步迈；后步跨上猛蹬踏，两臂配合向上摆；腰腹发力要领先，协调挥臂如甩鞭；击球保持最高点，全掌击球要上旋。

**排球扣球技术的发展**

随着排球技术和战术的发展，扣球技术也在不断创新，水平不断提高。20 世纪 70 年代后，各国排球队掌握了短平快、位置差、时间差等新的扣球技术。之后，我国排球运动员又创新了不少扣球技术，如空间差和单脚起跳扣快球及快抹技术等。目前，扣球技术无论是男子排球还是女子排球，都向着“高、快、狠、变、巧”的方向发展。

**短平快**

短平快是多变扣球方法之一，为 20 世纪 70 年代日本男排运动员所创造，现在为各国运动员所广泛运用。其动作为：扣球人在二传队员前面 2 米左右跳起，二传手将球既平又快地传到扣球手手上，后者挥臂击球过网。

**位置差**

扣球队员在助跑后假装起跳，但并不跳起，待对方拦网队员起跳时，扣球队员突然向体侧跨出一步，用双脚或单脚起跳扣球，造成自己扣球与对方拦网位置上的明显错位，这种扣球称为“位置差”扣球，也称为“错位”扣球。

**时间差**

扣球队员以逼真甚至夸张的动作，做快球或短平快球的起跳，但实际并不起跳，以欺骗对方拦网队员起跳，待拦网者下落时，再迅速原地起跳扣半高球或小弧度球，造成佯装扣球和实际扣球时间上的差异，即为“时间差”扣球。而佯装扣球和实际扣球时间上差异的结果是扣球拦网之间时间上的差异，从而使扣球人成功地摆脱拦网。

（七）拦网（图 6-10）

拦网是队员在网前以腰部以上身体任何部位，主要是手臂、手掌，在球网上阻挡对方击球过网的技术动作，一般是单人拦网和双人拦网两种形式。拦网是破坏对方进攻并组织反击的重要手段。有效的拦网可将对方有力的扣杀拦起，减轻后方防守的压力，为本方组织反攻创造条件，并对扣球者造成心理上的威胁，削弱对方进攻的锐气和信心。拦网技术应贯彻“快、准、狠”的原则。

单人拦网技术要点:队员面对球网,两脚左右开立,约与肩同宽,距网 30～40 厘米,两膝微屈,两臂屈肘置于胸前。常用的步法有一步、并步、交叉步、跑步等。无论采用哪种移动步法,都要做好制动动作,以保证向上起跳,避免触网和冲撞同队队员。原地起跳时,两腿屈膝,重心降低,随即用力蹬地,两臂以肩发力,在体侧近身处,做划弧前后摆动,帮助身体迅速跳起。移动后的起跳,其起跳动作与原地起跳一样,但要注意制动并使移动与起跳动作紧密衔接。起跳时,两手从额前沿球网向上方伸出,两臂伸直并保持平行,两肩上提。拦网时,两臂应伸过网去接近球。两手自然张开,屈指屈腕成半球状。当手触球时,两手要突然紧张,手腕下压盖在球的前上方。拦球后,要做含胸动作,以保持身体平衡。手臂要先后摆或上提,从网上收回至本方上空,再屈肘向下收臂,以免触网。与此同时,屈膝缓冲,双脚落地,随即转身面向后场,准备接应来球或做下一个动作准备。

图 6-10 拦网

**排球风云人物**

郎平

郎平是 20 世纪 80 年代世界女子排球界“三大主攻手”之一,有“铁榔头”之称。她身体素质好,弹跳力强,摸高可达 3.17 米,快攻变化多,网上技术突出,以四号位高点强攻著称,是队里的核心人物。郎平数次当选全国十佳运动员,数次荣获体育运动荣誉奖章,2002 年入选排球名人堂,成为亚洲排球运动员中获此殊荣的第一人。曾为中国女排国家队主教练。

汪嘉伟

汪嘉伟,1976 年入选国家队,其所在的中国男子排球队曾获第二届亚洲男子排球锦标赛冠军,第三、四届世界杯男子排球赛第五名,第十届亚运会男子排球比赛冠军。曾获第二届亚洲男子排球锦标赛、第四届世界杯男子排球预选赛最佳运动员奖。汪嘉伟的身高、弹跳、爆发力、滞空能力很强,以此为基础发明了排球界非常有名的“前飞”“背飞”战术,震撼了世界排坛。他被誉为“世界排坛第一飞人”和“世界最佳快攻手”,入选由世界杯组委会评出的“世界明星队”,这也是亚洲球员在世界排坛获得的为数不多的殊荣。

朱婷

朱婷,1994 年 11 月 29 日出生于中国河南省周口市郸城县,中国女子排球运动员,现效力于中国国家女子排球队,担任中国女排队长。

2013 年正式入选郎平执教的中国国家女子排球队。在 2015 年的女排世界杯比赛中,中国女排时隔 11 年再获冠军,朱婷首次获得三大赛 MVP 称号。

2016 年 8 月 21 日,中国女排时隔 12 年再获奥运冠军,朱婷加冕里约奥运会女排 MVP 与最佳主攻。

2019 年 9 月，中国女排十一连胜，获得世界杯冠军，中国女排队长朱婷获得 2019 年女排世界杯 MVP 和最佳主攻奖项。

2016 年，朱婷加盟土耳其瓦基弗银行俱乐部，开始留洋之路。2016、2017、2018 年，连续三年蝉联 World of Volley 年度最佳女排运动员奖项。2019 年，以她为队长的中国女排以十一连胜的骄人战绩夺得世界杯冠军，她蝉联最有价值球员和最佳主攻。

## 第三节　足球的教学与练习

足球运动是以脚支配球为主，两支队伍在同一场地内进行相互对抗，互有攻守，且将球攻入对方球门多者为胜的体育运动项目。现代足球运动是世界上最受人们喜爱、开展最广泛、影响最大的体育运动项目之一，被誉为“世界第一运动”。足球运动在比赛中采用规则所允许的各种动作，包括奔跑、急停、转身、倒地、跳跃、冲撞等。足球比赛时间之长、观众之多、竞赛场地之大，是其他任何运动项目所不及的。经常从事足球运动能促进人体的速度、力量、耐力、灵敏性、柔韧性等素质的全面发展，并能使人的高级神经活动得到改善，尤其能增强人体心血管系统、呼吸系统等内脏器官的功能，从而促进人体健康发展。

### 一、足球的起源与发展

足球运动是一项古老的体育活动。世界足球起源于中国古代的蹴鞠。“蹴鞠”一词最早被记载在《史记·苏秦列传》里，汉代刘向的《别录》和东汉班固的《汉书·枚乘传》里均有记载。到了唐宋时期，“蹴鞠”活动已十分盛行，成为宫廷之中的高雅活动。

现代足球形成于 1863 年。当时英国的学校和俱乐部开始盛行此项运动，并制定了“剑桥规则”。1863 年 10 月 26 日，英国人在伦敦皇后大街弗里马森旅馆成立了世界上第一个足球运动组织——英国足球协会。会上除了宣布英国足协正式成立以外，还制定和通过了世界上第一部较为统一的足球竞赛规则。英国足球协会的诞生，标志着足球运动的发展进入了一个崭新的阶段。1904 年 5 月 21 日，国际足球联合会（简称国际足联）在法国巴黎圣奥诺雷街 229 号法国体育运动联盟驻地的后楼正式成立，法国等 7 个国家的代表和代理人在有关文件上签了字。1904 年 5 月 23 日，国际足联召开了第一届全体代表大会，推选法国的罗伯特·盖林为第一任主席。

考古发现和历史文献的记载证明了中国是世界上“球类游戏”起源最早的地区。2005 年国际足联主席布拉特向世界正式宣布了“足球起源于中国”这一历史事实。

### 二、足球技术

足球基本技术是指运动员在足球活动和比赛中，有目的、有意识地运用脚和规则允许的身体各个部位合理地支配球的动作的总称。随着足球运动的发展，尤其是在现代足球比赛攻守速度不断加快、对抗争夺日趋激烈的条件下，运动员只有熟练地掌握技术，才能在比赛中有目的地采取行动和合理地处理球，以达到战术上的要求。它是完成战术配合、决定战术效果的前提和保证。

足球基本技术包括踢球、控球、头顶球、抢截球、掷界外球等。

（一）踢球

踢球是运动员有目的地用脚把球击向预定目标的技术。它是完成战术配合的基础和主要手段，主要用于传球和射门。传球是比赛中组织进攻，变换战术和创造射门机会的主要手段，也是踢球技术在集体配合中的实际运用。射门是运用各种方法将球射入对方球门。它是一切技战术配合的最终目标，也是决定比赛胜负的关键。

踢球的方法很多，动作要领也有所不同，但是每一种踢法都是由助跑、支撑脚站位、踢球腿的摆动、脚触球和踢球后的随前动作五个环节组成。主要有脚内侧踢球、脚背正面踢球、脚背内侧踢球、脚背外侧踢球等。

**1. 脚内侧踢球**

脚内侧踢球是用脚内侧部位触击球的一种踢球方法。其特点是脚接触球面积大，出球准确平稳，且易控制触球方向。要求大腿前摆到一定程度时需要外展且屈膝，故大腿与小腿的摆动都受到限制，因此出球力量相对较小。它适用于近距离传球配合和射门。

踢定位球时，直线助跑，支撑脚站在球的侧面约 15 厘米处，膝关节微屈，脚尖指向触球方向，踢球腿以髋关节为轴由后向前摆动，在前摆过程中大腿外展，脚底与地面平行，踝关节功能性地紧张使脚型固定，小腿做爆发式前摆，用脚内侧触击球的后中部（图 6-11）。

**2. 脚背正面踢球**

脚背正面踢球是用脚背正面部位触击球的一种踢球方法。其特点是摆幅相对较大，加之用脚背踢球接触面（与球）相对较大，因而踢球力量也大，准确性也较强，适用于中长距离传球和射门。比赛中经常使用脚背正面踢定位球、空中球、反弹球及倒钩球。

踢定位球时，直线助跑，最后一步稍大，支撑脚积极着地，在球的侧面 10～15 厘米处，脚尖指向出球方向，膝关节微屈，踢球腿屈膝后摆，支撑脚着地的同时，踢球腿以髋关节为轴，大腿带动小腿由后向前摆动。当膝关节摆至接近球的正上方时，小腿做爆发式的摆动，脚趾紧扣，以脚背正面部位击球的后中部（图 6-12）。

图 6-11　脚内侧踢球

图 6-12　脚背正面踢球

**3. 脚背内侧踢球**

脚背内侧踢球是用脚背内侧部位触击球的一种踢球方法，适用于中、远距离传球和射门。比赛中经常用脚背内侧踢定位球、过顶球或转身踢球。

踢定位球时，斜线助跑，要与出球方向约成 45 度，最后一步稍大，支撑脚积极着地，距球内侧后方 20～30 厘米处，膝关节微屈，脚尖指向出球方向。支撑脚着地的同时，踢球腿以髋关节为轴，大腿带动小腿由后向前摆动，当大腿摆至与支撑腿接近同一平面时，小腿做爆发式前摆，此时脚尖外转，脚背绷

图 6-13　脚背内侧踢球

直，脚趾紧扣，脚尖指向斜下方，以脚背内侧触击球的后中下部。击球后踢球腿及身体继续随球向前（图 6-13）。

**4. 脚背外侧踢球**

脚背外侧踢球是用脚背外侧部位触击球的一种踢球方法。这种踢法难度大，但运用范围广、变化多、突然性强，适用于中、短距离传球和射门。

踢定位球时，助跑、支撑脚站位及踢球腿摆动均与脚背正面踢球技术的三个环节相同，只是在踢球的瞬间，摆动腿的膝关节和脚尖内转，脚背绷紧，脚趾紧扣，以脚背外侧触击球的后中下部（图 6-14）。

图 6-14　脚背外侧踢球

（二）控球

控球是运动员有目的地运用身体的各个部位，对整个球进行立体控制，并把球控制在自己的范围内。在现代足球比赛中，谁能较长时间地控制球，谁就赢得了场上主动权，而控球能力的优劣又是衡量一个队整体实力的基本标志。控球包括接球、运球、护球三部分。

**1. 接球**

运动员有目的地用身体合理部位，把运行中的球接控在所需要的控制范围内，为更好地传球、运球过人和射门所使用的动作。

接球方法：脚底、脚内侧、脚背外侧、大腿、胸部接球等。

（1）脚底接球。由于脚底接触球的面积大，易将球接稳，一般用于接正面地滚球和反弹球。

（2）脚内侧接球。由于脚触球面积大，动作简单，较易掌握，比赛中经常使用这种技术接各种地滚球、反弹球、空中球（图 6-15、图 6-16、图 6-17）。

（3）脚背外侧接球。脚背外侧接球常与假动作结合起来做，具有隐蔽性。一般用于接地滚球和反弹球（图 6-18）。

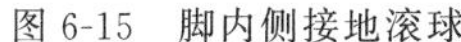

图 6-15　脚内侧接地滚球

图 6-16　脚内侧接反弹球

图 6-17 脚内侧接空中球

图 6-18 脚背外侧接地滚球和反弹球

(4)大腿接球。一般可以用来接抛物线较大的高空球和略高于膝的低平球。

(5)胸部停球。胸部由于面积大、有弹性、位置高,常用于接高球。

**2. 运球**

运球指运动员在持球跑动中用脚的推、拉、拨、扣,使球保持在自己控制范围内的连续触球动作。运球技术从狭义上讲,仅是指运球的方法,即指用身体的某一部分触球,使球能随运球者一起运动;从广义上讲,则不仅让球随人运动,还必须越过对方的防守,也就是说如何使用这些运球方法达到越过对方防守的目的。

运球方法:脚内侧、脚背正面、脚背外侧、脚背内侧运球。

(1)脚内侧运球。要求在运球前进时支撑脚始终领先于球,位于球的侧前方,肩部指向运球方向,支撑腿膝关节微屈,重心放在支撑腿上,另一条腿提起屈膝,用脚内侧推球前进,然后运球脚着地。

(2)脚背正面运球。运球时身体持正常跑动姿势,上体稍前倾,步幅不宜过大,运球腿提起,膝关节稍屈,髋关节前送,提踵,脚尖下指,在着地前用脚背正面部位触球后,中部将球推送前进。此方法常用于快速带球。

(3)脚背外侧运球。运球时身体持正常跑动姿势,上体稍前倾,步幅不宜过大,运球腿提起,膝关节稍屈,髋关节前送,提踵,脚尖绕矢状轴向内旋转,使脚背外侧正对运球方向,在运球脚落地前用脚背外侧部位推拨球的后中部。常用于快速奔跑和改变运球方向(图6-19)。

图 6-19 脚背外侧运球

(4)脚背内侧运球。身体稍侧转并自然协调放松,步幅小,上体前倾,运球腿提起外展,膝微屈外转,提踵,脚尖外转,使脚背内侧正对运球方向,在运球脚落地前用脚背内侧推拨球,使球随身体前进。此方法多用于向支撑脚一侧的转动变向运球。

**3. 护球**

当持球队员不能转身时,则利用身体把球与对手隔开。常用的护球方法有背身护球和侧身护球。

（三）头顶球

头顶球是指运动员有目的地用前额将球击向预定的目标的动作，是处理高空球的最重要手段，是一项重要的基本技术，是进攻与防守的有效手段。因此，必须熟练地掌握头顶球技术，并能灵活运用。它包括前额正面头顶球与前额侧面头顶球、原地顶球和跳起顶球、鱼跃顶球等。

各种头顶球技术都是由移动选位、身体的摆动、头触球、触球后的身体平衡四个环节组成。头触球的部位和触球的时间是头顶球的重要环节，头顶球时要养成目迎目送的习惯。

（四）抢截球

抢截球技术是指运动员在规则允许的范围内，使用身体的合理部位将对手的控球权夺过来或破坏掉。它是转守为攻的积极手段，是防守技术的综合体现。

抢截球的方法：抢球、截球、封堵、铲球。

**1. 抢球**

(1)正面跨步堵抢

抢球者两脚前后开立，面向对手，两膝微屈，身体重心下降并置于两脚间，当运球者与抢球者间的距离缩小到一定范围(抢球者上前跨一大步可能触及球)，运球者脚触球即将着地或刚刚着地时，抢球者后脚用力蹬地并跨步向前，以脚内侧去堵截球，抢球者应将另一只脚迅速前移作为支撑脚。如双方脚同时触球时，抢球脚要迅速向上提拉，使球从对手脚面滚过，身体重心也迅速跟上并将球控制住(图 6-20)。

图 6-20 正面跨步堵抢

(2)合理冲撞抢球

在与对方带球队员并肩跑动时，防守者身体重心稍下降，靠近对手一侧的手臂紧贴身体，利用对方同侧脚离地的过程，用肩以下、肘关节以上的部位，用适当的力量去冲撞对手相应的部位，使对手身体失去平衡而离开球，并迅速将球控制在自己脚下(图 6-21)。

**2. 截球**

截球是把对方队员传出的球(空间运行或地面滚动)抢截下来或破坏掉。

选择恰当的位置和时间，从对方侧后方突然插上，果断、快速地利用踢、顶、铲球或接球等技术动作完成。

**3. 封堵**

封堵是在没有把握抢截球的情况下运用的一种手段。在比赛中应采用“照应”的方法先判断传球角度，然后边判断边封堵，看准时机，出脚抢球。两脚前后开立，两膝稍弯曲，

图 6-21 合理冲撞抢球

身体重心下降并置于两腿之间，面向对手，两眼注视对手的下肢动作，随球的变化，迅速调整防守重心。

**4. 铲球**

铲球是倒地抢球的一种技术。常常在对手接球前或带球过程中，来不及用其他方法抢球时采用。

当对方拨出球的一刹那或对方在接球时，左脚用力蹬地成跨步，以抢球脚(右脚)的外侧沿地面向前内侧滑出，用脚掌将球蹬出，或者用脚背或脚尖将球踢或捅出。然后小腿外侧、大腿外侧和臀部依次着地(图 6-22)。

图 6-22 铲球

(五)掷界外球

掷界外球时由于接球人不受越位规则的约束，因此，掷界外球不仅用于恢复比赛，而且可以为进攻创造有利条件。尤其是在前场 30 米内掷界外球，将球直接掷入门前，可以给对方造成很大威胁。掷界外球包括原地掷界外球和助跑掷界外球。

**1. 原地掷界外球**

面向出球方向，两脚前后或左右开立，站立在边线上。膝关节弯曲，上体后仰成背弓，重心移到后脚上(左右开立时，重心在两脚间)，两手自然张开，拇指相对，持球的侧后部，屈肘将球置于头后。掷球时，后脚用力蹬地(或两脚用力蹬地)，两腿迅速伸直，身体重心由后脚移到前脚，收腹屈体，同时两臂急速前摆。当球摆到头上时，用力甩腕，将球掷入场内。掷球时，后脚可沿地面向前滑动，两脚均不得离地。

**2. 助跑掷界外球**

两手持球放在胸前，在助跑迈出最后一步时，上体后仰成背弓，同时将球上举至头后，掷球时的动作与原地掷界外球动作相同。将球掷出后，后脚可在地面上向前滑行，但不得离地。

### （六）足球的实战技术

足球的实战技术是根据比赛的实际需要提炼出来的。足球实战技术包括进攻技术和防守技术两部分。进攻技术包括接控、传球、运过、射门四大类，防守技术包括断球、封堵、抢球、铲球与争顶球五大类（表 6-1）。

**表 6-1　足球实战技术简表**

| | | |
|---|---|---|
| 进攻技术 | 接控 | 比赛中综合运用的一项富有攻击性的技术 |
| | 传球 | 是组织进攻、变化战术、渗透突破、创造射门的重要手段，也是比赛中应用最多的一项技术 |
| | 运过 | 不仅是维持控球权的重要手段，也是破坏防守组织与平衡、创造以多打少的锐利武器，还是控制比赛节奏、构成更好的传球机会与射门得分的重要方法 |
| | 射门 | 是比赛胜负的关键因素，是各种进攻技术的期望归宿。常用的射门方式有直接射、运射、接趟射、过人射和直接踢任意球五种 |
| 防守技术 | 断球 | 是抢球技巧中最积极、最主动的方法，也是难度最大的抢球手段 |
| | 封堵 | 是在没有把握抢截球的情况下运用的一种防守手段。可分为正面封堵和背身封堵两种 |
| | 抢球 | 是比赛中运用最多的防守技术。可分为正面抢、侧面抢、背身抢三种 |
| | 铲球 | 倒地抢球的一种技术，是防守技术的最后一招。铲球技术一般可以分为脚内侧铲和脚外侧铲两种 |
| | 争顶球 | 可控制比赛的制空权，是进攻与防守的有效手段 |

**足球风云人物**

贝利，16 岁时代表巴西队参加了他人生中的第一场国际比赛。在其长达 22 年的职业足球生涯中，他赢得过世界杯冠军、洲际俱乐部杯赛冠军、南美解放者标赛冠军，几乎赢得了国际足坛上一切成就，被人们誉为“一代球王”。1987 年国际足联授予贝利金质勋章，1994 年贝利被巴西政府任命为体育大使。2000 年，第一届劳伦斯体育大奖贝利获得了劳伦斯终身成就奖。2001 年贝利被国际足联评为“20 世纪最佳球员”。

马拉多纳，16 岁代表阿根廷队开始了自己的国际足球生涯。马拉多纳在他的职业足球生涯中多次转会，其中两次创造了当时转会价格最高纪录，同时他的职业生涯又备受药品之害，曾两次因滥用药品而停赛。马拉多纳最闪光的仍是 1986 年率领阿根廷队一举夺得了世界杯，同年他还当选为世界足球先生。2001 年马拉多纳被国际足联评为“20 世纪最佳球员”。

克鲁伊夫，荷兰足坛传奇人物，最具创造力的球员，克鲁伊夫获得的荣誉包括三次欧洲冠军杯冠军，还在 1971 年、1973 年和 1974 年三次当选为欧洲足球先生。退役后，克鲁伊夫在阿贾克斯和巴塞罗那的执教经历也给他带来了无数荣誉和骄傲。2006 年，克鲁伊夫获得了劳伦斯终身成就奖。

贝肯鲍尔，是德国足球荣誉的象征，在 1974 年作为球员赢得了世界杯，1990 年作为教练再次赢得世界杯，成为历史上作为球员和主教练都获得过世界杯冠军的第一人。贝肯鲍尔的其他荣誉还有三次欧洲冠军杯冠军和一次欧洲优胜者杯冠军，还获得过一次欧锦赛冠军和一次世界俱乐部杯冠军，1972 年和 1976 年两次当选欧洲足球先生。2007 年，贝肯鲍尔获得了劳伦斯终身成就奖。

# 第四节 羽毛球、乒乓球、橄榄球的教学与练习

## 一、羽毛球

### (一)羽毛球的起源与发展

羽毛球是在室内外均可进行的小型球类运动。比赛时,一个人或两个人为一方,中间隔一网,以球拍击打用羽毛和软木托制成的球,经网上往返,使球落在对方场地上或使对方击球失误而得分。这项运动,器材设备简单,便于开展,男女老少都可以选择作为自己休闲和锻炼身体的项目。

羽毛球最早于14～15世纪源于日本,球拍是木制的,球用樱桃核插上羽毛制成。18世纪,印度的普那出现了一种与早年日本的羽毛球运动极相似的游戏,印度称此项游戏为"普那"。19世纪60年代,一批退役的英国军官把印度的"普那"带回英国,并加以改进,完善了规则,逐渐成为现代的羽毛球运动。1873年,英国公爵鲍弗特在格拉斯哥郡伯明顿镇的庄园里举行了世界上第一次羽毛球比赛,后来,"伯明顿"即成了羽毛球的名字,英文的写法是"badminton"。

现代羽毛球运动诞生于英国,约在1800年由网球派生而来。我们可以看到,现今的羽毛球场地和网球场地十分相似。那时的羽毛球场地是葫芦形,两头宽中间窄,窄处挂网,直至1901年才改为长方形。

1893年,在英国成立了世界上第一个羽毛球协会。1934年成立了国际羽毛球联合会,总部设在伦敦。

### (二)羽毛球运动场地与器材

**1. 场地**

标准的羽毛球场地呈长方形,长度为13.4米,单打球场宽5.18米,双打球场宽为6.10米。球场外面两条边线是双打场地边线,里面的两条边线是单打场地边线,双打边线与单打边线相距0.64米。距球网1.98米与网平行的两条线为前发球线,离端线0.76米、与端线相平行的两条线为双打后发球线。前发球线中点与端线中点连起来的一条线叫中线,它把羽毛球场地分为左、右两个发球区。场地上各条线宽均为0.04米,场地上空12米以内及四周4米内不应有障碍物(图6-23)。

**2. 器材**

(1)羽毛球(图6-24)

羽毛球所用的球可由天然材料、人造材料或用它们混合制成。检验羽毛球的方法:在端线外用低手向前上方全力击球,球的飞行方向应与边线平行,符合标准速度的球,应落在离对方端线外沿530～990毫米的区域内。

(2)羽毛球拍(图6-25)

羽毛球拍由拍柄、拍弦面、拍头、拍杆、连接喉构成。

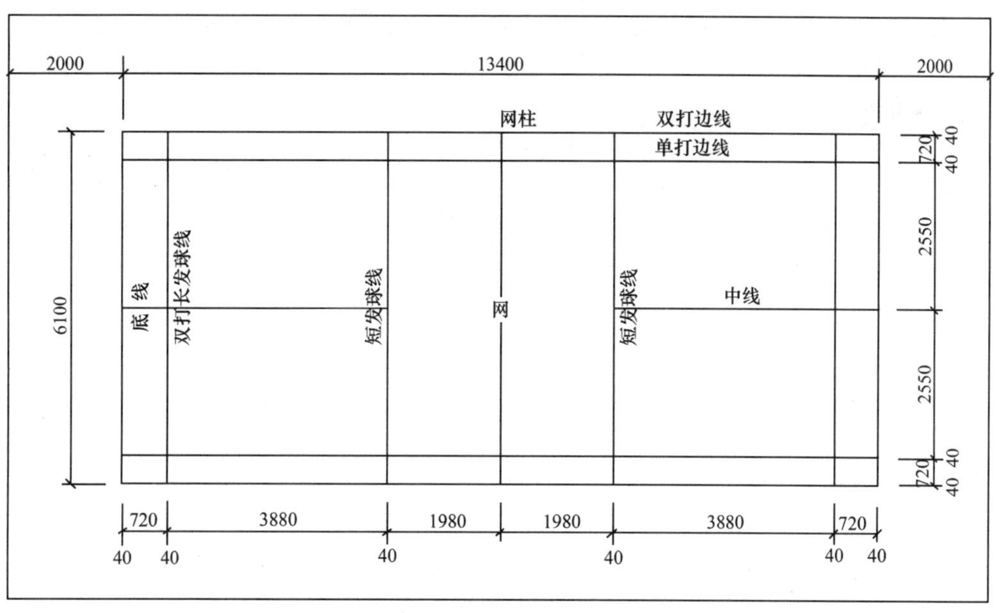


图 6-23 羽毛球场地示意图

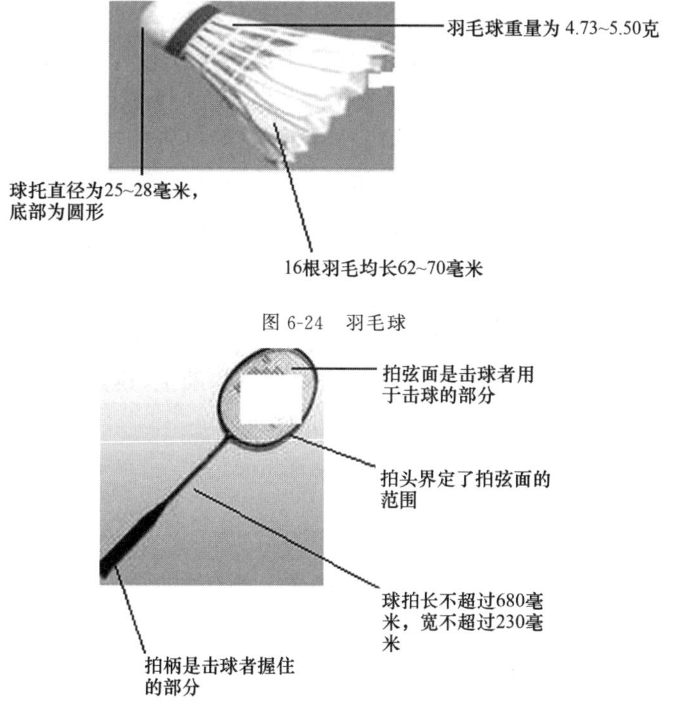


图 6-24 羽毛球

图 6-25 羽毛球拍

## (三)羽毛球的主要打法

(1)中国式打法。此法最全面,既是持久战术,消耗对方的体力,同时,又要发挥猛攻快打的特点。它要求运动员机敏、准确、情绪稳定。

(2)印尼式打法。追求高超的技术和速战速决,不愿消耗体力。要求运动员具有精湛的技术,许多运动员很难达到,许多国家和地区采用这种打法,例如,马来西亚、新加坡等国及中国香港等地区。

(3)欧洲式打法。比较注重体力,相对来说忽略战术,凭着猛打猛冲的力量来反击对方。这种打法容易被对方牵着鼻子走。

(4)韩国式打法。接近中国式打法,是从个人的经验和教训中创造出来的。这种打法流行于韩国、日本等国及中国台湾等地区。

### (四)羽毛球基本技术

羽毛球技术是指运动员在比赛中所采用的动作方法的总称。羽毛球的主要基本技术包括手法和步法两大类。基本手法有握拍法、发球法、接发球法和击球法;步法有基本步法和前后左右衔接步法。

#### 1. 羽毛球基本步法

羽毛球基本步法分为跨步、垫步、并步、交叉步、蹬跳步。

(1)跨步。跨步是指以一脚向来球方向跨出一大步,另一脚跟着移动的步法,多在球速快、角度大的情况下使用。其特点是移动范围较大,身体重心起伏也大,一般适用于打借力球。例如,接左右场区的杀球等。

(2)垫步。右脚先向来球方向迈出一步,紧接着左脚垫一小步,同时右脚抬起,利用左脚的蹬力蹬跨一大步,到位击球。例如,接网前球时多采用垫步。

(3)并步。击球前的身体重心偏向右腿,然后左脚向右侧蹬地,右脚向左侧蹬地,双脚腾空,当左脚落地后,右脚还在空中,此时左脚落地后的位置相当于起动前右脚的位置的右侧,蹬地的时候要尽量减小向上蹬的力量,否则身体向上的幅度过大,会导致重心不稳定。我们应该尽量保持身体的平稳,上身要前倾。并步的第二阶段是:当左脚落地后,身体已经基本移动到位。接后场高远球时多采用并步后退。

(4)交叉步。交叉步指离球远的脚朝来球方向跨出一大步,并从前面超过另一只脚形成交叉状,另一只脚再向来球方向移出一步的步法。上网和后退击球都可采用交叉步。

(5)蹬跳步。蹬跳步是指在对来球的准确判断的基础上,迅速蹬地扑向球网,以争取在球刚越过球网时立即进行还击的脚步移动方法。

#### 2. 羽毛球基本手法

(1)握拍法

①正手握拍法

左手拿拍,使拍框与地面垂直,然后张开右手 ,使右手大拇指斜贴在拍柄的左侧宽面上(即拍柄左侧垂直地面的面),食指第二指关节斜贴在拍柄右侧宽面(即拍柄右侧垂直地面的面),食指第一指关节扣回,其余三指自然缠绕在拍柄上,掌心空出,用近似握手的方法握住拍柄,其位置以球拍柄端靠近手掌的小鱼肌为宜(图 6-26)。

②反手握拍法

在正手握拍的基础上 ,将球拍柄稍向外旋 ,拇指顶贴在拍柄左侧宽面,食指稍向下靠,四指并拢(图 6-27)。

(2)发球法

发球是运动员在发球区将球由静止状态,用球拍击出,使之在空中飞行,落在对方的

图 6-26 正手握拍法

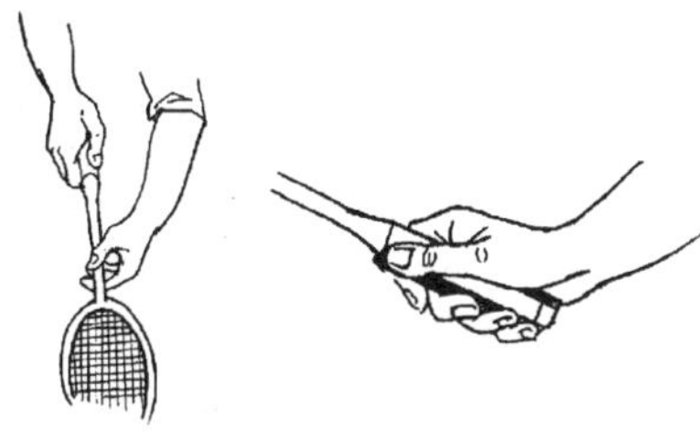

图 6-27 反手握拍法

接发球区的技术动作。

发球作为组织进攻的开始，其质量的好坏，直接关系到比赛的主动或被动，以至赢球得分或丧失发球权。

发球可分为正手发球和反手发球两种。若按球在空中飞行的弧线，又可分为发高远球、平高球、平快球和网前球等。

①正手发球（以右手握拍为例）

站在靠近中线一侧，离前发球线约 1 米左右的位置上。身体左肩侧对球网，左脚在前，脚尖向网，右脚在后，脚尖稍向右侧，两脚距离与肩同宽，身体重心放在右脚上。准备发球时，右手握拍向右后侧举起，肘部微屈，左手拇指、食指和中指夹住球，举在腹部右前方，然后放开球，挥拍击球。击球时，身体重心由右脚移至左脚上。用正手发不同的弧线球时，击球前的准备和前期动作是一致的，只是在击球时及击球后的动作有所不同。

a. 发高远球时，左手放开球使之下落，右手转拍由上臂带动前臂，自右后方沿身体向前左上方挥动。当球落到右臂前下方伸直能够接触到球的刹那，紧握球拍，并利用手腕屈收的力量向前上方发力击球，然后顺势向左上方挥动缓冲（图 6-28）。

图 6-28 发高远球时的动作

b. 发平高球时，动作过程大致与发高远球相同，只是在击球的一刹那，前臂加速带动手腕向前上方挥动，拍面要向前上方倾斜，以向前用力为主。注意发出球的弧线以对方伸拍击不到球的高度为宜，并应落到对方场区底线。

c. 发平快球时，要充分利用前臂带动屈腕的爆发力向前方用力击球，使球直接从对方肩部稍上高度越过，落到后场。关键是出手击球动作要小而快。

d. 发网前球时，握拍要放松，上臂动作要小，主要靠前臂带动手腕向前切送，球的弧线要贴网而过，落点在前发球线附近。注意手腕不能有上挑的动作。

②反手发球

a. 反手发网前小球

站位靠近前发球线，右脚在前，左脚尖侧后点地，重心放在右脚上，左手拇指、中指、食指握住球的羽毛处，置于腹前，右手弯肘稍向上提起，用反手握拍，以反拍面将球拍自然置于腹前持球手的后面，两眼正视前方，成发球前的准备姿势。击球时靠手腕和手指控制发球的力量，以斜拍面向前轻轻推送切击球托，使球尽可能低地沿网上方飞过并落入对方前发球线内。在发球的过程中，双脚均不能离开地面或移动。

b. 反手发平快球

发球时站位与网前球相同，只是在发力时要突然，并且球拍有反压的动作。

(3)接发球法

还击对方发过来的球叫接发球。接发球和发球一样，都是羽毛球最基本的技术，在比赛中同样起着重要的作用。发球方利用多变的发球来打乱接发球方的阵脚，争取主动。接发球方则是通过多变的接发球来破坏发球方的企图。因此，对初学羽毛球的人来说，接发球也是不可忽视的技术。

接发球的站位和姿势主要有以下两种：

a. 单打站位：单打站位时，离前发球线 1.5 米处。在右发球区要站在靠近中线的位置，在左发球区则站在中间位置，主要是防备对方直接进攻反手部位，一般左脚在前，右脚在后，双膝微屈，收腹含胸，身体重心放在前脚上，后脚脚跟稍抬起。身体半侧面向球网，球拍举在身体前方，两眼注视对方。

b. 双打站位：由于双打发球区比单打发球区短 0.76 米，发高远球易被扣杀，所以双打多发网前球。接发球时要站在靠近前发球线的地方。双打接发球准备姿势和单打的接发球姿势基本相同，只是双打的接发球身体前倾较大，身体重心可以随意放在任何一脚，球拍举得高些，在球来到网上最高点时击球，争取主动，但要注意右场区对方平快球突然打反手部位。

(4)击球法

①高远球

高远球是用较高的弧线把球击到对方底线附近。高远球分为正手、反手和头顶击高远球三种手法。

a. 正手高远球：首先判断好来球的方向和落点，侧身后退，使球处在自己的右肩稍前上方的位置。左肩对网，左脚在前，右脚在后，重心在右脚上。左臂屈肘，左手自然高举，右手持拍，手臂自然弯曲，将球拍举在右肩上方，两眼注视来球。击球时，右上臂后引，随之肘关节上提明显高于肩部，将球拍后引至头部，自然伸腕拳心朝上。然后在后脚蹬地、转体收腹的协调用力下，以肩为轴，上臂带动前臂速向前上方甩腕，在手臂伸直的最高点击球。击球后，持拍手臂顺惯性往前左下方挥动并收拍至体前，与此同时，左脚后撤，右脚向前迈出，身体重心由后脚移到前脚(图 6-29)。

b. 反手高远球：当对方将球击到己方左后场区时用反手击高球。首先判断好对方来

图 6-29　正手高远球

球的方向和落点，迅速将身体转向左后方，移动步伐，最后一步用右脚前交叉跨到左侧底线，背对网，身体重心在右脚上，使球处在身体右上方。击球前，迅速换成反手握拍法，持拍于右胸前，拍面朝上。击球时，以上臂带动前臂，通过手腕的闪动，自下而上地甩臂，将球击出。在最后用力时，要注意拇指的侧压力与甩腕的配合，以及两腿蹬地转体的全身协调用力（图 6-30）。

图 6-30　反手高远球

c. 头顶击高远球：动作要领与正手高远球基本相同，只是击球点偏左肩上方。准备击球时，身体偏左倾斜。击球时，上臂带动前臂使球拍绕过头顶，从左上方向前加速挥动，注意发挥手腕的爆发力击球。落地时左腿向左后方摆动幅度要大些。

②吊球

吊球是把对方击来的球从后场轻巧地还击到对方网前区域。吊球技术分为正手、反手和头顶三种手法，按球的飞行弧线和击球动作的不同分为劈吊、拦截吊和轻吊。

劈吊击球前动作和击高远球、杀球相似。击球时用力较轻，带有劈切动作，落点一般离网较远。拦截吊是把对方击来的平高球拦截回去，击球时用拍面正对来球，轻轻拦切或点击，使球以较平的弧线、较慢的速度越网垂直下坠。轻吊击球前动作和打高远球相似，击球时拍面正对来球，在触球的刹那，突然减速或轻切来球，使球刚一过网即下坠。

a. 后场正手吊球

后场正手吊球技术的准备姿势、引拍和击球后的动作及击球点的选择均与后场正手击高远球相同。击球时手腕由伸腕到屈收发力，并以手指转动拍柄，使球拍形成一定的外旋，用斜拍面“切击”球托后部的右侧。吊球技术主要靠手腕、手指控制击球的力量。吊直线球时，击球时拍面的“包切”动作要小一些，击球瞬间以斜拍面击球托后部右侧偏中的位置，并向前下方切压击球。吊斜线球时，击球时拍面的“包切”动作要大一些，几乎是向前下方侧击球托后部右侧的位置。

b. 后场头顶吊球

后场头顶吊球运用头顶后退步法向左后场区移动，其技术要领与后场正手吊球大致相同，所不同的是击球点选择在左肩头顶的上方。头顶吊直线球时动作同后场正手吊直线球。

③杀球(图 6-31)

杀球是把对方击来的球在尽量高的击球点上扣压下去。杀球分为正手杀球、反手杀球和头顶杀球。

图 6-31 杀球

a. 正手杀球(侧身起跳)

准备姿势和动作要领与正手击高远球大体相同。步子到位后，屈膝下降重心，准备起跳。侧身起跳时，往后上方提肩带动上臂、前臂和球拍上举，以便向上伸展身体。起跳后，身体后仰挺胸成反弓形，接着右上臂往后上摆起，前臂自然后摆，手腕后伸，前臂带动球拍由上往后下挥动，这时握拍要松。随后凌空转体收腹带动右上臂往右上方摆起，肘部领先，前臂全速往前上方挥动，带动球拍高速前挥。

当击球点在肩的前上方时，前臂内旋，腕前屈微收，闪腕发力杀球。这时手指要突然抓紧拍柄，把手腕的爆发力集中到击球点上。

b. 反手杀球：准备姿势和动作要领与正手击高远球大体相同。击球点略低于高远球的击球点，在击球瞬间手腕迅速向斜下方扣压下去。

c. 头顶杀球：准备姿势和动作要领与正手头顶击高远球大体相同。击球点在偏左肩上方，击球瞬间手腕全力向击球方向发力。

④搓球

搓球是用球拍搓击球的左或右侧下部与球托底部，使球向右侧或左侧旋转翻滚过网，搓球有正手搓球和反手搓球。

a. 正手搓球：侧身对右边网前，正手握拍。球拍随着前臂伸向前上方斜举，当球拍举至最高点时，前臂向外旋转，握拍手的食指和拇指夹住拍，中指、无名指和小拇指轻握拍柄，使球拍在手腕和手指的挥摆用力下，搓击来球的右下底部，使球旋转翻滚过网。

b. 反手搓球：击球前，前臂稍往上举，手腕前屈，手背约与网同高，而拍面低于网顶，反拍面迎球。搓球时，主要靠前臂的前伸外旋和手腕由内收至外展的合力，搓击球的右侧后底部，使球侧旋滚动过网。

⑤推球

推球是与网前假动作相配合，在引诱对手上网时，突然把对方击来的网前球推击到对方的后场两底角去，球飞行的弧线较低平，速度较慢。

a. 正手推球：站在右网前，球拍向右侧前上举。在肘关节微屈回收时，前臂稍外旋，手腕稍向后侧，球拍也随之往右下后摆，拍面正对来球。这时，小拇指和无名指稍松开，使拍柄稍离开鱼际肌，拇指和食指向外捻动拍柄，使拍面更为后仰。推球时，身体稍往前移，右前臂往前伸并带内旋，手腕和手指控制拍面角度，手腕由后伸至伸直并闪腕，食指向前压，小拇指和无名指突然握紧拍柄，拍子急速地由右经前上至左地挥动推球，使球沿边线飞向对方后场底角，在挥动过程中，拍子回收。

b. 反手推球：站在左网前，以反手握拍，前臂往前上方伸举。在前臂稍向左胸前收引，肘关节微屈，手腕外展时，变成反手推球的握拍法，球拍松握，反拍面迎球。前臂前伸并带外旋，手腕由外展到伸直闪腕，中指、无名指和小指突然握紧拍柄，拇指顶压，击球后，手臂回收，恢复击球前的准备姿势。

## 二、乒乓球

### （一）乒乓球的起源与发展

乒乓球运动于 19 世纪末起源于英国，是由网球运动派生而来的。最初，乒乓球运动仅仅是一种宫廷游戏，名字也不叫乒乓球，而是叫“佛利姆-佛拉姆”，又称“高希马”。后来一名叫海亚特的美国人发明了一种玩具空心球，将其叫作“赛璐珞”。大约在 1890 年，英国人吉姆斯·吉布去美国旅行时，见到了赛璐珞玩具球，带回英国，取代了原来的实心球。当时的球拍柄长，两面贴着羊皮纸，中间是空的，用这种球拍打赛璐珞球时发出“乒”的声音，球落台时发出“乓”的声音，由此，这种玩具球被称为乒乓球。

1900 年—1902 年，乒乓球运动传入日本；1904 年，乒乓球运动传入中国；20 世纪 20 年代，各国举行了多次乒乓球邀请赛，这项运动才逐渐引起人们的重视。20 世纪初，乒乓球运动在欧洲和亚洲蓬勃开展起来。1926 年，在英国伦敦举行了第 1 届世界乒乓球锦标赛，同时成立了国际乒乓球联合会。

乒乓球运动的广泛开展，促使球拍和球有了很大的改进。1903 年英国的古德发明胶皮球拍，随即旋转削球打法问世；20 世纪 50 年代，日本使用海绵贴面球拍，推出弧圈球、发球抢攻的打法；60 年代中国首创近台快攻打法；进入 70 年代，欧洲选手创造了弧圈球结合快攻和快攻结合弧圈球的两种新打法。

1988 年，乒乓球作为奥运会的正式比赛项目走进奥运大家庭，成为参与人数最多的体育项目之一。

### （二）乒乓球比赛场地规格与器材设施（图 6-32）

#### 1. 球台

球台台面呈均匀的暗色，无光泽，沿每个 2.74 米的比赛台面边缘各有一条 2 厘米宽的白色边线，沿每个 1.525 米的比赛台面边缘各有一条 2 厘米宽的白色端线。双打时，各台区由一条 3 毫米宽的白色中线划分为两个相等的“半区”。

**2. 球网装置**

球网装置包括球网、悬网绳、网柱及将它们固定在球台上的夹钳部分;球网应悬挂在一根绳子上,绳子两端系在高 15.25 厘米的直立网柱上,网柱外缘离开边线 15.25 厘米,整个球网的顶端距离比赛台面 15.25 厘米。

**3. 球**

正式比赛用球直径为 40 毫米,球用赛璐珞或类似的材料制成,呈白色、黄色或橙色。

**4. 球拍**

球拍的大小、形状和重量不限,但底板应平整、坚硬;比赛开始时及比赛过程中,运动员需要更换球拍时,必须向对方和裁判员展示其将要使用的球拍,并允许他们检查。

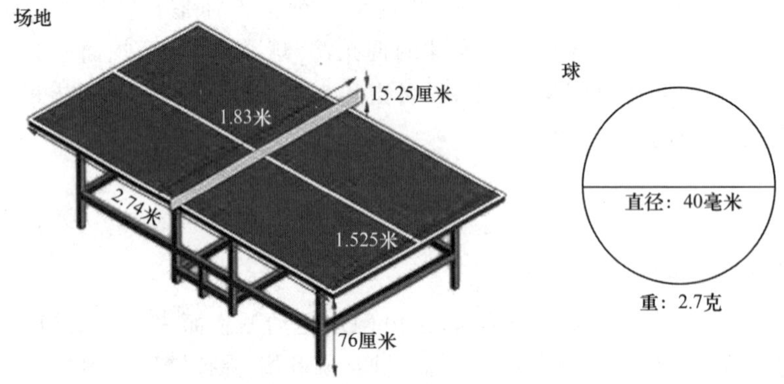


图 6-32 乒乓球比赛场地规格与器材设施

(三)乒乓球技术

**1. 球拍的握法**

直拍握拍法:特点是灵活、出手快,正手攻球快速有力,攻斜、直线球时,拍面变化不大,对手难以判断,反手既可挡又可直拍横打。(图 6-33)

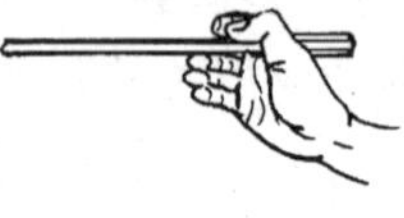

图 6-33 直拍握拍法

横拍握拍法:特点是正反手攻球力量大,攻削球时握法变化小,反手攻球容易发力也便于拉弧圈,但正反手交替击球时,需变换击球拍面,攻斜、直线球时调节拍形的幅度大,易被对方识破,不如直拍灵活,但照顾面大,处理台内球不如直拍灵活,相持能力强。(图 6-34)

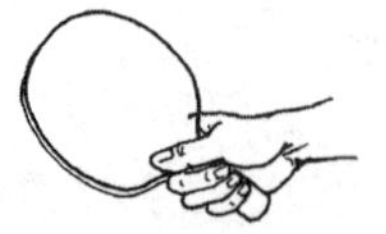
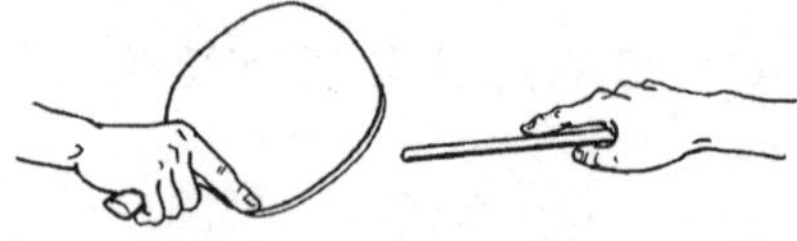

图 6-34 横拍握拍法

**2. 基本步法**

(1)单步：一脚为轴，另一脚向前、后、左、右不同方向移动，重心随之跟上。单步具有移步简单、灵活、重心平稳的特点，一般用于离身体不远的小范围移动，如接近网短球等。(图 6-35)

(2)跨步：一脚蹬地，另一脚向移动方向跨一大步，多用于进攻型选手左右移动击球。为了防止跨步后失去重心，蹬地脚应随后跟上半步或一小步。(图 6-36)

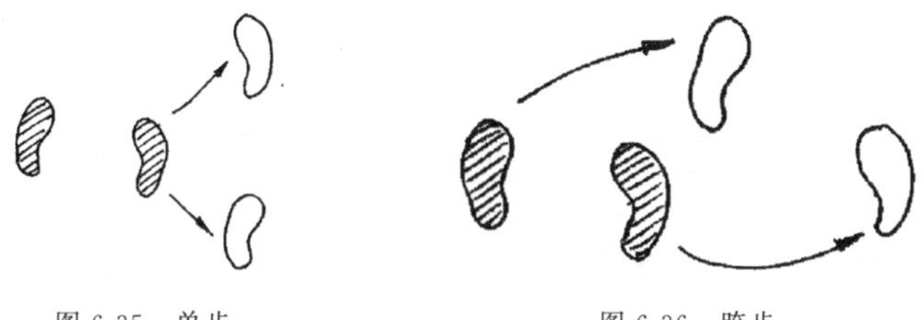

图 6-35　单步　　图 6-36　跨步

(3)并步：一脚先向另一脚并半步或一小步，另一只脚在并步脚落地后即向同方向移动。其特点是身体不腾空，重心起伏小，很稳定。一般为进攻型选手或削球选手在左右移动时运用。(图 6-37)

(4)跳步：以近来球方向的脚蹬地为主，双足有瞬间的腾空，离来球较远的脚先落地，另一只脚跟着落地。其特点是移动范围比跨步大，利于发力进攻。攻球选手在左右移动时常用。(图 6-38)

(5)交叉步：近来球方向的脚尖先转向移动方向，并略移半步或原地调整一下重心；远来球方向的脚向来球方向跨一大步，在身体前(侧)瞬间成交叉状态。身体随之向来球方向移动，另一只脚再跟上一步，身体重心随手臂挥动方向略转。当远来球方向脚跨出一步将落地时进行击球，另一只脚移动时击球已完成。(图 6-39)

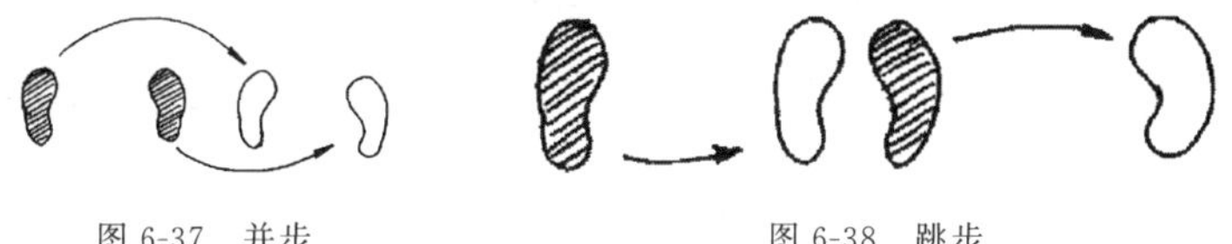

图 6-37　并步　　图 6-38　跳步

(6)小碎步：即较高频率的小垫步，主要适用于步法的调节，在步法移动到一定的位置时还没有找到合适的击球点，就要通过小碎步来调整，争取更好的击球点。小碎步是步法中尤为重要的步法，也是衡量一个人步法是否合理、协调的一个重要因素。

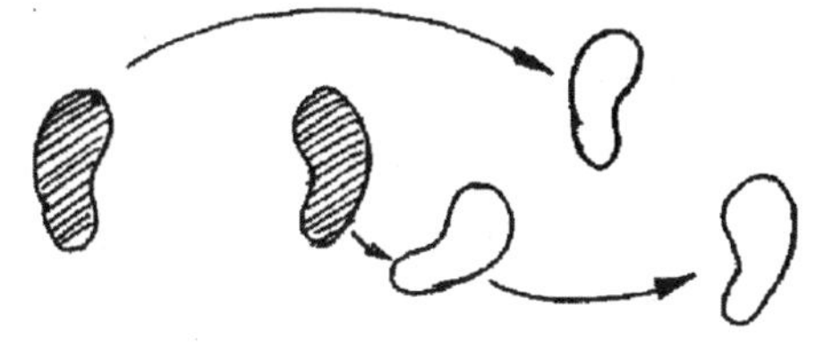

图 6-39　交叉步

**3. 发球技术**

乒乓球发球方法有正手发上旋奔球、反手发急下旋球、发短球、正手发转与不转球、正手发左侧上下旋球、反手发右侧上下旋球、下蹲发球、正手高抛发球等。

乒乓球发球应注意以下几点：注意发球动作要符合规则，注意发球的针对性，注意发球直接得分，注意为发球抢攻做准备，注意发球的力量，注意发球的旋转，注意发球的变化，注意发球的创新。

**4. 接球技术**

(1)接上旋奔球,正、反手攻球或推挡回接:拍面适当前倾,击球的中下部,调节好向前的力量。

(2)接下旋长球:用搓球、削球、提拉球回接,搓或削时多向前用力。

(3)接左侧上、下旋球:可采用攻球和推挡搓球或拉球回接,拍面稍前倾(后仰)并略向左偏斜,击球偏右中上(中下)部位,以抵消来球的左侧上(下)旋力。

(4)接右侧上下旋球:可采用攻球、推挡搓球或拉球回击,拍面稍前倾(后仰)并向右偏斜,击球偏左中(上下)部位。回接要点和方法与接左侧上、下旋球相同。

(5)接近网短球:用快搓、快点或台内突击回球,主要靠手腕和前臂的力量。

(6)接无法准确判断转与不转的球:可轻轻地托一板或撇一板,但要注意弧线和落点。

(7)接不同性能球拍的发球:长胶、生胶、防弧胶的发球基本属于不转球,用相应的方法回接。

(8)接高抛发球:如球着台后拐弯的程度大,应向拐弯方向提前引拍。

**5. 打法**

乒乓球打法可以分为六大类型:快攻打法、弧圈打法、弧圈结合快攻打法、快攻结合弧圈打法、以削为主的削球打法、削球和进攻结合的削球打法。

打法分类细致一点,可以分为许多类型,现在的国际乒坛上主要有以下几种打法:直拍左推右攻,如韩国的柳承敏;直拍横打弧圈结合快攻,如中国的马琳、王皓;横拍弧圈结合快攻,如中国的王励勤;横拍快攻结合弧圈,如中国的张怡宁;削攻结合,如韩国的朱世赫、中国的范瑛。

**6. 技术四要素**

乒乓球技术的四个基本要素是:力量、速度、旋转和落点。

力量作用于球,是通过球的前进速度和旋转强度表现出来的。如果你在进攻中猛力扣杀,使对方接不好,那么你就要打得有力量。如果你是在加强旋转的强度,无论是制造上旋或下旋,那么你一定要用力摩擦球。

**7. 乒乓球的基本技术**

(1)推挡

推挡技术的特点是站位近、动作小、速度快、变化多,是我国直拍打法的一项重要基本技术。比赛中通过落点变化来牵制调动对方,争取主动,为进攻创造有利时机,同时也能起到积极防御的作用。推挡主要包括快推、加力推、减力推、推挤、下旋推挡等。

①快推

击球前,上臂靠近身体适当后撤引拍,拍形基本与台面垂直,球拍略高于来球或与球同高,击球时,手臂迅速迎前,在来球的上升期触球,前臂手腕用力向前将球推出,触球的中上部,食指用力压拍(图 6-40)。

②加力推

动作幅度比快推大,当球弹至上升期或高点期,利用伸髋和转腰动作加大手臂向前的推击力,并用中指顶住球拍。(图 6-41)

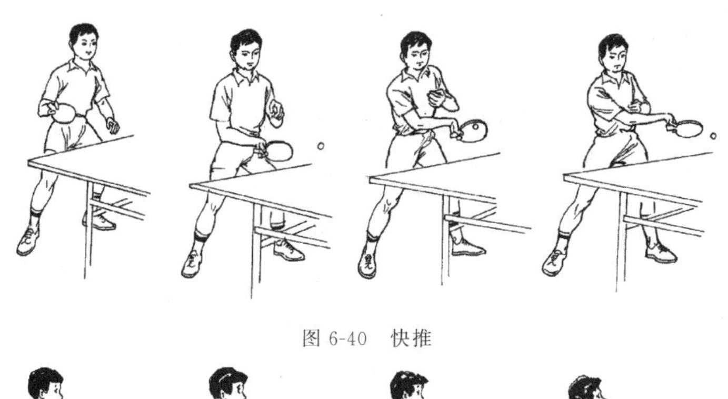

图 6-40　快推

图 6-41　加力推

③减力挡

击球前不用撤臂引拍，可稍屈前臂调整球拍位置，当球弹起时，手臂身体前移迎球，触球瞬间控制好拍形，不要向前用力撞球，应略有后缩动作，借来球力将球反弹回去。（图 6-42）

图 6-42　减力挡

④练习方法

a. 徒手做推挡模仿动作，体会动作要点。

b. 在台上两人互推斜线或直线，待熟练后逐渐增加力量和速度。一人攻球，另一人挡推。定点定线，二人轮换。

⑤注意事项

a. 上臂和肘远离身体右侧，否则影响前臂发力。

b. 左脚过于靠前或右脚在前，会难以运用腰髋发力。

c. 手臂不会后撤引拍，击球距离太短，不宜控制球和发力。

(2)攻球

攻球具有力量大、速度快等特点，是比赛中争取主动、克敌制胜的重要手段，各类打法都必须掌握攻球技术。攻球技术分为正手攻球和反手攻球，通常惯称为快攻、快点、快拉、快拨、突击、杀高球、中远台攻球等技术。

①正手攻球

成基本姿势,击球前身体稍向右转,腰带臂横摆(忌大臂后拉牵肘)引拍至身体右侧,重心落于右脚,身体与臂的夹角为35°～40°,前臂自然弯曲约120°,球拍略前倾,手腕自然放松。击球时,右脚稍用力蹬地,腰向左转带动手臂向前上方挥动迎球。触球瞬间,前臂用力收缩,触球的中上部,手腕辅以发力,身体重心由右脚移到左脚,球拍因惯性顺势至头左侧。球击出后,迅速还原,手臂放松,准备下一板击球。(图6-43)

图6-43　正手攻球

②直板反攻球

两脚平行开立或右脚稍前,上体稍左转,前臂后摆,引拍至腹前左侧,击球时前臂向右前上方挥动,肘部内收,食指控制好拍形,击球的中上部,手腕辅助发力。(图6-44)

图6-44　直板反攻球

③横板反攻球

两脚平行开立,腰、髋略向左转的同时,带动前臂向后引拍,手腕稍后屈,肘部略前出,击球时前臂手腕向右前方发力,触球的中上部,前臂和手的运行方向决定击球方向。(图6-45)

图6-45　横板反攻球

④练习方法

a. 原地徒手及持拍做模仿动作，注意身体重心的交换和腰、臂用力协调一致。

b. 结合步法，在移动中做攻球模仿动作。

c. 一人发平击球，另一人练习攻球，打一板后再重新发球。

d. 多球练习。一人喂球，另一人练习攻球。

e. 两人的一推一攻练习。要求固定落点和线路，先轻打，力求板数，随着技术质量的提高再增加力量。

f. 两人对攻（斜线、直线）力量由轻到重，反复练习，体会触球时的肌肉感觉。

g. 一点对两点或多点的连续攻，要求陪练方用推挡至对方的两点或多点，主练者攻到对方的一点。

h. 结合性技术。如左推右攻，推挡侧身及推挡侧身扑正手（开始应有规律，待到熟练后再到无规律）。

⑤注意事项

a. 引拍时，大臂直向后拉，出现牵肘，影响击球力量。

b. 手腕过分僵硬或上翘，影响手腕的灵活性。

c. 直板反手发力时，肘部支出横拉，攻球侧旋。

d. 横板反手攻时，手腕乱动，拍面角度不固定，影响命中率。

(3)搓球

搓球是一项过渡技术，用它应付下旋来球，常为进攻创造条件，也是初学者削球时必须掌握的入门技术，根据击球方位的不同分为正手搓球和反手搓球。根据击球时间、回球落点和旋转又分为快搓、慢搓、摆短、劈长、转与不转及侧旋搓球。

①反手搓球

站位近台，击球时，拍面后仰，屈臂后引，前臂向前用力为主，配合手腕动作。根据来球旋转的程度调节拍面角度和用力方向，如来球下旋强，拍触球的底部，向前用力大些；若来球下旋弱，拍触球的中下部，向下用力大些。（图 6-46）

图 6-46 反手搓球

②练习方法

a. 徒手模仿动作，注意前臂、手腕的发力方法。

b. 自抛球在台上，弹起后，将球搓过网，反复体会前臂、手腕发力摩擦的动作。

c. 搓接固定旋转、落点的发球。

d. 斜线或直线对搓，在熟练的基础上结合各种搓球。

e. 搓球和攻球结合练习。

③注意事项

a. 前臂、手腕僵硬，不会摩擦，只是碰击球，易吃旋转。

b. 滥用手腕，造成臂、腕用力脱节。

(4)弧圈球

弧圈球是一种上旋力非常强的进攻技术，它与攻球相比，在对付强烈下旋球低于网的来球时更加稳健，因此被广泛使用，它可分为加转弧圈、前冲弧圈和侧旋弧圈。

①正手弧圈

左脚在前，右脚稍后，身体略向右扭转，腹微收，髋稍向右后方压转，左肩略高于右肩。击球时，右脚掌内侧蹬地，以腰髋的扭转带动手臂向左上方挥动，击球瞬间，快速收缩前臂，直拍的中指、横拍的食指应加速手腕在触球瞬间的甩劲。

②反手弧圈

两脚基本平行开立，腰、髋略向左转，稍收腹，肘关节略向前出。前臂向左后方画一个小弧引拍，手腕下垂。击球时，两脚向上蹬伸，展腹，腰、髋略向右转，以肘关节为轴，前臂向前上方发力，手腕配合用力，摩擦球的中上部。

③练习方法

a. 徒手做模仿动作，认真体会动作要领。

b. 自抛自拉练习，体会腰、臂的协调用力。

c. 一人发平击球或下旋球至某一点，一人练习拉球。体会正确的击球点和触球瞬间的摩擦动作，可用多球进行。

d. 一人推挡，一人拉，定点定线。要求先轻，逐渐再增加力量和旋转。两点或三点对一点连续拉。要求拉者在左右移动中进行练习，范围由小到大，落点从有规律到无规律。

e. 对搓斜线球，其中一方侧身抢位或反手拉。

f. 一方一点搓两点，另一方搓中抢位。

④注意事项

a. 不会运用身体重心的力量，只靠手臂发力，影响击球的力量和旋转。

b. 手臂伸得过直，球拍沉得过低，整个动作向上太多，缺少向前的力量。

c. 撞击球力量过大，摩擦力小，易吃旋转。

d. 引拍时向上后拉过多，球拍离身体太近，不易发力。

(5)削球

削球是一种防御性的技术，具有稳健性好、冒险性小的特点。通过旋转和落点的变化，调动对手，伺机反攻，使对手被动，甚至失误。

①正手削球

右脚稍后，体略右转，双膝微屈，拍形近似垂直，引拍至肩高附近。在来球的下降期，前臂在上臂的带动下，随着身体重心的移动向下，向前、向左挥动，触球的中下部，手腕控制好拍形并有一摩擦球动作。(图 6-47)

②反手削球

左脚稍后，体略左转，拍形竖立，引拍至肩高。前臂在上臂的带动下，随身体重心的移

图 6-47 正手削球

动向下、向前、向右挥动，在来球下降前期触球的中下部，手腕控制好拍形并有一摩擦球动作。(图 6-48)

图 6-48 反手削球

③练习方法

a. 徒手模仿动作，做好引拍、挥拍等动作。

b. 用正手或反手削对方发来的平击球。

c. 斜线对斜线或直线对直线。用正手或反手削对方拉过来的球。

d. 一点削多点，或多点削一点，从有规律到无规律。

e. 削与攻、挡结合练习。

④注意事项

a. 拍形过分后仰，易出高球或出界。

b. 引拍不到位，限制了前臂的下切动作。

c. 懒于移搓攻步选位，形成用手够球，难以控制球和加转。

**乒乓球风云人物**

**杨·奥韦·瓦尔德内尔(瑞典)**

瓦尔德内尔右手横握球拍，被誉为乒坛常青树，与中国几代选手抗衡了 20 多年，是世界乒坛的一位标志性人物。瓦尔德内尔对世界乒坛做出的贡献：一是将中国的近台快攻打法与欧洲中远台两面拉弧圈打法融为一体，把各种技术不断地重新组合，形成全方位的攻防转化、攻守结合的新的技术风格。二是创造性地使用了横拍直握的发球法，发球技术在世界乒坛首屈一指，同时也极大地推动了欧洲运动员的前三板技术的提高。

在一项一直被亚洲运动员雄霸的体育项目上，瓦尔德内尔是过去亚洲之外最好的乒乓球选手之一。他于 1989 年和 1997 年获得世乒赛冠军，1992 年获得巴塞罗那奥运会冠军。他是唯一在历史上同时获得奥运会冠军、世乒赛冠军和欧洲锦标赛冠军的男子选手。2000 年他获得第 27 届奥运会男单亚军，第 45 届世乒赛男团冠军。2004 年，39 岁的他在半决赛中不敌最后的冠军柳承敏，以完美的表现在奥林匹克赛场谢幕。2006 年退役，时年 41 岁。

**邓亚萍(中国)**

邓亚萍，1973 年生，是乒乓球历史上最伟大的女子选手之一。她 5 岁起就随父亲学打球，1988 年进入国家队，先后获得 14 个世界冠军头衔，在乒坛世界排名连续 8 年保持第一，成为第一位蝉联奥运会乒乓球金牌的运动员，共获得 4 枚奥运会金牌，其中包括单打和与乔红组合的双打。

1997 年后，她先后到清华大学、英国诺丁汉大学和剑桥大学进修学习，并获得英国专业学士学位、中国当代研究专业的硕士学位和经济学博士学位；2002 年，邓亚萍在国际奥委会道德委员会以及运动和环境委员会两个委员会担任职务；2003 年，邓亚萍成为北京奥组委市场开发部的一名工作人员；2008 年，邓亚萍任北京奥运会奥运村部副部长。

**刘国梁(中国)**

刘国梁，1976 年生，是中国第一位世乒赛、世界杯和奥运会“大满贯”获得者，曾经包揽了乒乓球团体和单项的所有世界冠军头衔。

刘国梁 6 岁开始学打球，13 岁进入国家青年队，1991 年破格晋升到国家队。刘国梁的技术特点是右手直握球拍，两面近台快攻。他出色的发球结合革新的直拍横打以及反面发球技术，使直拍型打法获得新生。

刘国梁于 2002 年退役，2003 年 6 月 23 日出任中国国家乒乓球队男队教研组组长兼男队总教练。2004 年 3 月 7 日，他率领中国男子乒乓球队夺得第 47 届世乒赛男团冠军；2005 年第 48 届世乒赛上带领中国男队夺得男单和男双冠军；2007 年第 49 届世乒赛上再次带领中国男队获得男子项目的金牌；2008 年北京奥运会中带领中国男队包揽了全部项目金牌；2009 年第 50 届世乒赛上带领中国男队包揽了男子项目的冠亚军。刘国梁是名副其实的“冠军教练”。

**张怡宁(中国)**

张怡宁，1981 年生，6 岁开始打球，1991 年进入北京队，1993 年进入国家队，右手横握球拍，使用两面反胶球拍，采用弧圈结合快攻打法。张怡宁球风硬朗，打法凶狠，是继王楠后中国女子乒乓球的领军人物。她在 2008 年北京奥运会女子单打及团体比赛中获得两枚金牌，在 2009 年第 50 届世界乒乓球锦标赛上获得女子单打冠军，从而实现了乒乓球世锦赛、奥运会和世界杯的两轮“大满贯”。

## 三、橄榄球

橄榄球因球形似橄榄而得名，是双方队员在橄榄球场上进行对抗的球类竞赛活动。橄榄球可以用脚踢、手传，也可以抱住奔跑。对持球队员可采用各种抓、摔、抱(搂)以及合理冲撞等方法，阻止其前进。将球踢过对方球门横杆上方或在对方得分区内首先触地为得分，得分多者胜。

### (一)橄榄球运动的起源与发展

拉格比本是英国中部的一座城市，拉格比学校是橄榄球运动的诞生地。1823 年该校学生艾利斯在一次足球比赛中因踢球失误，情急之下抱球就跑，引得其他球员纷纷效仿，这虽是犯规动作，却给人以新的启示。后来逐渐被人们接受，于是一项具有很高锻炼价值的运动项目——橄榄球运动诞生了。

英式橄榄球分每队场上 15 人和 7 人两种比赛形式，而美式橄榄球每队场上 11 人，19 世纪 80 年代从英式橄榄球派生而来，盛行于美国。英式、美式橄榄球在球场、规则和记分方法上均有所不同。1886 年国际橄榄球理事会成立，1900 年第二届奥运会至 1924 年第八届奥运会曾多次将橄榄球列为比赛项目。

### （二）英式橄榄球

英式橄榄球有“软式橄榄球”之称。在英式橄榄球比赛中，运动员不戴护具，基本上采用足球运动员的服装，比赛中不得冲撞或阻挡不持球队员。对持球队员可以采用抓、抱、摔等方法阻碍其前进，并可进行合理冲撞。橄榄球协会杯赛每一方 15 名球员，是流行范围较广的运动，最常见于英国、法国、南非、新西兰、澳大利亚。

英式橄榄球比赛分时间相等的两个半场，每半场 40 分钟，中间休息 20 分钟。运动员可用脚踢球、用手传球、抱球跑，而防守队员则可抱住并绊倒对方持球奔跑的队员。持球队员带球越过对方球门线并置球于地面时，得 4 分；然后再有一次踢任意球的机会，踢任意球如越过对方球门横木，再增加 2 分；其他情况下踢球越过对方球门横木均得 2 分。最后以得分多者为胜。比赛无替补队员，即使队员受伤也不允许替补。

### （三）美式橄榄球

美式橄榄球是美国的全国性运动，又称“硬式橄榄球”，是一项非常猛烈的运动，有猛烈的身体碰撞，所以球员要戴上有面罩的头盔和穿上有衬垫的运动服来保护自己。美式橄榄球职业球队一般由 45 人组成，但只允许 11 人上场。

美式橄榄球用球较英式橄榄球小一些。比赛分 4 节，每节 15 分钟。半场休息 15 分钟，第 1、2 节间和 3、4 节间分别休息 2 分钟。比赛结束时，如两队得分相等，延长比赛时间 15 分钟，以先得分者为胜，如两队均未得分则为平局。防守队员为阻止对方持球队员的前进，可以搂抱其腰部或腿部，将其摔倒。

# 第七章

# 体操舞蹈运动

体操要求技术质量和形态质量达到高度的统一，即技术准确而娴熟、形态潇洒而飘逸；技术提供厚实的基础，形态赋予美妙的气韵。尤其是体操是以人体动作的连续变化构成过程，所以它的姿态即它的符号体，也就在不断流动中展示新的结构和样式。这种腾跃，这种飞动，产生的流畅、变幻的美，使人目不暇接。体操就是用身体动作，即它的体型、姿态，用生命活力，即它的节奏、旋律来显现人的运动美。

## 第一节　形体、健美操

美学家认为，人体美是世界万物中最协调、最均衡的一种美，是最经典的美。人体美包括健康美、体型美、姿态美、动作美、气质和风度美。体育是塑造人体美和培养学生审美能力的最有效的手段和途径。早在古希腊时期，人类就利用身体锻炼使人体更强健、更富有力度、更完美。古希腊哲学家苏格拉底认为：力量与肉体的美只有通过身体锻炼才能达到，衰弱是耻辱。米隆的“掷铁饼者”、波利克利特的“投标枪者”都表现了人体的健康美、运动美和力量美。现代“健美体育”是以身体练习为基本手段，增强体质，塑造体型，从而达到人体更臻完美的一种综合性体育活动，对于培养和塑造大学生气质和审美能力具有重要意义。

形体与健美课是展现人体自身美的体育实践课，它是使人体姿态变换美的展现，是艺术与个体体态美的结合。形体与健美课运用舞蹈的韵律、健美的力度，音乐的不同节奏以及造型艺术、东西方人体文化等，以人为载体，充分展现在实践之中。由此可见，形体与健美课具有较高的艺术含量。

由于历史原因，旧的传统观念束缚和压抑着青少年的审美意识，致使青少年学生不敢正视自身的生长发育，走路低头缩肩，造成上体弯曲不挺拔、缩脖收胸等。形体与健美教育，就是让练习者认知和感知人体美，并通过采取练习手段和实践，达到自身形体美。例如，站立的正确姿态应是双脚并拢，脚尖开立 45°～60°。双膝伸直，双腿夹紧，紧臀，立腰，收腹，立背，挺胸，双肩后张下沉，头端正上顶，脖颈自然挺直，两眼平视前方。再如健美练习，通过负重练习，发展全身大小肌肉群和肌肉力量，改善身体成分，即通过有氧耐力锻炼减去多余的脂肪，提高骨矿物含量，增强肌体抗疲劳能力和精神状态，达到体格健美匀称和良好的身体活动能力。另外，在形体与健美教学中，配合负重、韵律操、舞蹈、造型组合等，提高学生审美能力。

## 一、形体

### (一)形体训练的概念

形体训练是进行美育教育，培养正确姿态，塑造优美形体，陶冶美的情操的训练过程，是以改变人的形体动作的原始形态，提高灵活性，增强可塑性为目的的训练。形体训练以提高人体表现力为目的，是一种以徒手体操和舞蹈基本动作及力量柔韧素质为基础的综合性练习。

### (二)形体训练的意义及作用

追求一个健美的身体形态，是全人类共同的心愿。向往、追求形体美是人类不断发展、进步、文明的象征。同时，追求形体美的程度也反映了每个人的文明水平和整个国家的文明程度。

形体训练能全面地发展和增强心血管系统、呼吸系统、神经系统和运动系统，对于形成正确的身体姿势及塑造优美、健康的形态，以及提高形体控制能力具有很高的价值和作用。

形体训练不仅塑造了优美的身体形态，丰富了人们的想象力、表现力，而且提高了美学素养，对意志品质的培养也有着特殊的意义和作用。

### (三)形体训练的特点

形体训练大多采取静力性活动和控制能力的练习，也就是通过肌肉的收缩使身体固定在某一姿势上不动。在形体训练中肌肉的运动偏重于等长收缩，具有高密度、低强度的特点。形体训练包括力量、柔韧性、控制能力及人体的协调性、灵活性和耐力等素质的训练。训练中每个动作都与增强形体专门素质的能力有密切的联系。如想要有好的站立形态，必须加强腿部和膝关节的支撑力量及腰、背和腹部肌肉的力量。因此，可通过把杆的压腿、踢腿、蹲等动作练习，加强肌肉力量，做到髋关节固定不动，增强腰、背的力量和控制能力，保证站立姿势的稳定优美。

图 7-1　形体训练

### (四)形体训练的内容与方法

本节主要以基本形态控制练习为主要内容，重点介绍基本站立姿势及头、手臂、腰部、腿部、脚的姿态与练习方法。(图 7-2)

(1)基本姿势；

(2)头部基本姿势；

(3)手的基本姿势；

(4)手臂基本姿势；

(5)腰部基本姿势；

(6)腿部基本姿势；

(7)脚的基本位置。

(五)形体美的评价

图 7-2 形体训练的内容

形体美应该是体型美、姿势美、动作美及风度美的高度结合。什么是体型美？长久以来，人们一直在探索体型美的标准。古希腊人提出了人体各主要部分呈黄金分割比例，文艺复兴时期意大利著名画家达·芬奇提出了绘画中人体各部位的最佳比例关系，他认为：人的头长与胸背最厚处一样，是身高的八分之一；人的肩膀最宽处为身高的四分之一，平伸两臂原宽度等于身长；两腋的宽度与臀宽相同；乳部和肩胛骨在同一水平面上；大腿正面厚度等于脸宽；人跪下时高度减少四分之一，卧倒时剩九分之一等。也有人提出了妇女的正常体型标准，认为女子的胸围、腰围、大腿围和小腿围之间的比例最好是 80：62：50：30，而且肩宽应超过骨盆宽，肩弓小于肩宽；体重、身高指数在 300～350 g/cm[体重(g)/身高(cm)]。我国有人综合了各家对人体美的见解，根据中国的实际情况提出：骨盆发育正常，关节不粗大凸出。肌肉发达均匀，皮下脂肪适当。五官端正，与头配合协调，双肩对称(男宽女圆)，脊柱正视垂直，侧视曲正常，胸部隆起，正、背面略呈"V"形；女性胸部轮廓丰满，有明显曲线。腰细而结实，微呈圆柱形，腹部扁平，男子腹部有肌垒隐现。臀部圆满适度，腿修长，大腿的曲线柔和，小腿腓肠肌稍突出，足弓高的结论。这些都是理想化的体型标准，不是每个人都能具备的。形体美应该是体型、姿势、动作和风度美相结合，因此，除了体型美之外，人的姿势、动作的美也显得很重要。人在自己思想的支配下，有各种静态的姿势，有各种动态的动作，这些姿势和动作联合起来构成了风度。稳健、优雅、端正的姿势，敏捷、准确、协调的动作等，发展成为人的风度，或潇洒翩翩，或稳健持重，或举止文雅，或谈吐不俗。

## 二、健美操(图 7-3)

(一)健美操的概念

健美操是一项深受广大群众喜爱的、普及性极强，集体操、舞蹈、音乐、健身、娱乐于体的体育项目。它源于英文"Aerobics"，意思是"有氧运动""有氧舞蹈"，我们称为"有氧健美操"，它既是增进健康、培养良好体态、塑造美的形体、陶冶美的情操的一种有效手段，又是现代竞技运动的项目之一。在 2009 年版健美操的规则中，健美操的定义为"在音乐伴奏下，以身体练习为基本手段、以有氧运动为基础，达到增进健康、塑造形体、改善气质、娱乐休闲的目的一项运动"。

(二)健美操的起源和发展

古代人对健身和健美的追求，以及提倡体操与音乐相结合的主张是现代健美操运动形成和发展的基础。现代健美操运动实际上是从 20 世纪 60 年代初开始兴起的，最早是美国太空总署所设计的体能练习，医学博士 Coper 潜心研究有氧体操，并发表了《新有氧体操》《有氧体操有利于大众》等著作，促使这一运动很快风靡世界，而 Coper 博士也因此

图 7-3　健美操

被称为“健美操之父”。还有一位值得一提的代表人物——美国女电影明星简·方达，她根据自己的健身体会编写出版了《简·方达健身术》，介绍了自己所编健美操动作及锻炼成效，现身说法。

在 20 世纪 70 年代末，健美操热潮传到我国。1984 年原北京体育学院和上海体育学院分别成立了健美操研究室，率先开设了健美操课程。一些大中专院校也根据国家教委对学校体育教学的要求，相继开设了健美操选修课和必修课。目前，健美操已经成为各级各类学校体育课程的主要内容之一，受到广大师生的欢迎和认可。1992 年，随着国务院《全民健身计划纲要》的颁布实施，健美操成为全民健身的重要项目之一。1999 年，国家体育总局颁布了大众健美操锻炼标准六套等级动作，并设立了国家级和一级、二级、三级健美操等级指导员制度。随着时代的发展，大众健美操锻炼等级标准也在不断更新版本。

（三）健美操的分类

健美操的内容丰富，种类繁多，因此，关于健美操的分类也有不同的见解，根据参加者和运动本身的侧重点不同，可将其分为健身健美操和竞技健美操。

**1. 健身健美操**

健身健美操，也称为大众健美操，是集健身、娱乐、防病为一体的群众性、普及性健身运动。健身健美操的主要目的在于健身，因此，其运动强度和动作难度相对较低，可为社会不同年龄、层次、性别、职业的人所选用。根据不同的需要，健身健美操还可从不同的角度进一步分类和命名。

(1)按年龄结构可分为老年健美操、中年健美操、青年健美操、少年健美操、儿童健美操、幼儿健美操等。

(2)按人体解剖结构活动部位可分为头颈健美操、肩部健美操、胸部健美操、臂部健美操、腹部健美操、髋部健美操、腿部健美操等。

(3)按练习的目的和任务可分为热身健美操、姿态健美操、形体健美操、减肥健美操、节奏健美操、活力健美操、跑跳健美操、表演性健美操等。

(4)按练习形式可分为徒手健美操、持轻器械健美操(哑铃、小杠铃、健身球、小球、彩球、花环、绳、橡皮筋、手鼓等)、专门器械健美操(垫上健美操、踏板健美操、水中健美操、健骑机健美操等)。

(5)按人名、动作特色可分为简·方达健美操、瑜伽健美操、迪斯科健美操、搏击健美操、拉丁健美操、爵士健美操、肚皮舞等。

**2. 竞技健美操**

竞技健美操是根据竞赛规则与规程的要求组编的一套具有较高艺术性、以比赛取得优异成绩为主要目的的健美操。竞技健美操只进行自编动作的比赛,必须符合规则要求,有特定的比赛规则和评分方法,需完成一定的难度动作,对人体的心肺功能、身体素质、技术技能和艺术表现能力有较高要求。一般较适合于青年人,而且要有专业的训练和指导。竞技健美操比赛共设五个项目:男子单人、女子单人、混双、混合三人、混合六人健美操。

### (四)健美操的特点

**1. 高度的艺术性**

健身健美操同属健美体育的范畴,其艺术性主要体现在其"健、力、美"的项目特征上。健美操的动作多变、协调、流畅,具有节奏感和弹性,能充分体现青春和活力,能满足人们追求"健康、力量、美丽"的心理需求。在动作的内容和组合中,处处表现出青春和活力,包含高度的艺术性因素,使其不同于其他运动项目,这也正是人们热爱健美操运动的原因之一。

**2. 强烈的节奏性**

健美操动作具有强烈的节奏性特点,并通过音乐充分地表现出来,音乐是健美操运动不可缺少的组成部分。健美操音乐的特点是节奏强劲有力、旋律优美,具有烘托气氛、激发人们情绪的效应。健美操动作与音乐的协调,强烈的节奏效果使健美操健身锻炼练习更具有感染力。

**3. 广泛的适应性**

健美操练习形式多样,运动量可大可小、容易控制,对场地器材的要求不高,各个年龄层次、不同性别、不同身体素质、不同技术水平的人都能从健美操练习中找到适合自己的方式,都能从健美操练习中得到乐趣,因而健美操具有广泛适应性的特点。

### (五)健美操的功能

**1. 增进健康美**

"健康"即生理功能正常、无病理性改变和病态出现。但随着经济的发展和社会的进步,现代健康已不仅仅是生理意义上的"健康",而是兼备健康的心理和行为。

一个具有"健康美"的人应该具备的身体素质有良好的心肺耐力、肌肉力量、平衡性、灵敏性和柔韧性。健美操不仅具有有氧运动的锻炼功效,且兼备发展身体柔韧性和灵敏性的作用。因此,专家认为,健美操是目前发展身体全面素质的较为理想的运动。

**2. 塑造形体美**

良好的身体姿态是形成一个人气质风度的重要因素。健美操练习的动作要求和身体姿态要求与我们日常生活中的姿态要求基本一致,长期的健美操练习可改善不良的身体姿态,形成优美的体态,从而在日常生活中表现出一种良好的气质与修养,给人以朝气蓬勃、健康向上的感觉。健美操运动还可塑造健美的体型。弥补先天的体型缺陷，使人变得匀称健美；还可消除体内和体表多余的脂肪，维持人体吸收与消耗的平衡，降低体重，保持健美的体形。

**3. 缓解精神压力，娱乐身心**

体育运动可缓解精神压力，预防各种疾病的产生是科学研究已证实的事实，健美操作为一项体育运动，以其动作优美，协调、全面锻炼身体，同时有节奏强烈的音乐伴奏而著称，是缓解精神压力的一剂良方。在轻松优美的健美操锻炼中，练习者的注意力从烦恼的事情上转移开，忘掉失意与压抑，尽情享受健美操运动所带来的欢乐，得到内心的安宁，从而缓解精神压力，使人具有更强的活力和更佳的心态。

（六）健美操的基本动作和基本技术介绍

**1. 基本动作**

健美操基本动作是构成健美操套路动作的基本元素，它包括基本步法和常用上肢动作两部分。

（1）基本步伐

表 7-1 列出了常用的健美操基本步法，为了便于学习和掌握，根据动作的完成形式不同，将基本步伐分为以下五类：

A. 交替类。踏步、走步、“一”字步、“V”字步、漫步、跑步。

B. 迈步类。并步、迈步点地、迈步吸腿、迈步后屈腿、侧交叉步。

C. 点地类。脚尖点地、脚跟点地。

D. 抬腿类。吸腿、摆腿、踢腿、弹踢腿（跳）、后屈腿（跳）。

E. 双腿类。并腿跳、分腿跳、开合跳、半蹲、弓步、提踵。

**表 7-1　　基本步伐名称汇总**

| | | |
|---|---|---|
| 踏步 March | 走步 Walk | 并步 Step touch |
| “V”字步 V step | 漫步 Mambo | 后屈腿 Leg curl |
| 侧交叉步 Grapevine | 点地 Tap，Touch | 踢腿 Kick |
| 吸腿 Knee lift（up） | 摆腿 Leg lift | 开合跳 Jump jack |
| 跑 Jog | 双脚跳 Jump | 半蹲 Squat |
| 单腿跳 Hop | 弹踢腿跳 Flick | |
| 弓步 Lunge | “一”字步 Easy walk | |

（2）上肢动作（表 7-2）

上肢动作是由手臂的自然摆动、力量练习以及基本体操的徒手动作和舞蹈组成，随着健美操风格的不断丰富和更新，上肢动作变化越来越多，手形也越来越多样，除了开掌、并掌、花掌、拳以外，还有印度舞手型、兰花指等一些民族舞手形也逐渐被引用到健美操中来，其目的是丰富健美操动作内容，增强动作的美感。

**表 7-2　　上肢基本动作**

| | | | |
|---|---|---|---|
| 屈臂 Bicep curl | 肩上推 Shoulder press | 前举 Front raise | 绕环 Circle |
| 侧举 Lateral raise | 绕 Scoop | 上提 Upright row | 交叉 Cross |
| 低摆 Low row | 摆动 Swing | 下拉 Putdown | |
| 胸前推 Chest press | 伸臂 Tricep kickback | 冲拳 Punch | |

**2. 基本技术**

要想完美展示一套健美操动作，除了学会动作做法外，还要掌握健美操的基本技术，也就是落地技术、弹动技术、半蹲技术和身体控制技术。只有这四大技术协调配合，才能完美地展现健美操的动感和活力，真正实现健美操的健身价值。

(1)落地技术

健美操的落地技术主要指的是落地缓冲技术。落地缓冲的主要目的是使身体尽可能地保持稳定，同时减少地面对关节、肌肉的冲击力，以避免造成运动损伤。健美操的落地技术为：落地时，由脚跟过渡到全脚掌或由前脚掌过渡到全脚掌，然后迅速屈膝、屈髋缓冲。

(2)弹动技术

健美操的弹动主要依靠踝关节、膝关节、髋关节的屈伸来完成，它的主要作用是减少运动对关节的冲击力，从而减少运动对人体造成的损伤。值得注意的是，在屈伸的过程中，腿部的肌肉要协调用力才能有效地防止损伤，产生流畅的弹动动作。

(3)半蹲技术

半蹲时，身体重心下降，臀部向后下 45°方向用力，膝关节不应超过脚尖，腰腹、臀部和大腿肌肉收缩，上体保持正直，重心在两腿之间，起落要有控制。分腿半蹲时，脚尖自然外开，应特别注意膝关节弯曲的方向要与脚尖的方向一致，避免脚尖或膝关节内扣或过度外开，避免膝关节角度小于 90°。

(4)身体控制技术

在整个非特殊条件下的运动过程中，身体应该保持自然挺拔，头部稍稍昂起，颈椎、胸椎、腰椎处于正常生理曲线的位置，并始终保持腰腹和背部肌肉收缩，避免因腰腹部位的摆动和无控制而可能引起的腰部损伤。四肢的位置避免“过伸”。健美操练习过程中的身体姿态取决于肌肉用力的感觉和程度，总的动作感觉应是有控制但不僵硬、松弛而不松懈。

### (七)健美操的创编原则

**1. 针对性原则**

一方面，健美操的创编应根据不同的性别、职业、年龄、身体状态、运动水平等因素的不同，而有所侧重地进行创编，做到因人而异；另一方面，在创编时，根据不同的锻炼目的，设计不同风格的健美操，如减肥操应该简单易学，以重复性的有氧运动为主，使其达到消耗脂肪的目的；如果为了表演或比赛而编排动作，一定要体现动作的难度，以增强观赏效果。

**2. 合理性原则**

每套健身操动作的创编都应严格遵守人体的生理学和解剖学规律，运动负荷由小到大，强度由弱到强，动作由简到繁，逐渐增加身体负荷。因此，动作编排时应注意迈步类与跳步类相结合、高低冲击力动作相结合，合理控制整套操的练习强度。

**3. 全面性原则**

为了实现全面锻炼身体的效果，在创编成套健美操时，要尽可能多地动员机体各个环节参与运动，使身体各部位的肌肉、关节、韧带及内脏器官都得到发展。在每个部位尽可能全面运动的基础上，应重视编排健美操的不对称动作。

**4. 创新性原则**

创新性是健美操编排的一项重要原则。首先要丰富自己，了解国内外的发展现状和趋势，深刻理解健美操精髓，然后根据健美操的特点和创编的对象来设计动作。可根据个人特点对动作进行大胆创新，将一些舞蹈步伐与健美操步伐相结合，提高动作的新颖性和美观性，从而创编出既有观赏价值又有表演价值的新颖、独特的健美操动作。

**5. 一致性原则**

一致性原则即动作与音乐的一致性。一套健美操的风格与特点是通过与音乐的协调搭配而表现出来的，音乐是健美操的灵魂，健美操是表现音乐的一种手段，动作是解释音乐的一种身体语言，音乐的选择决定了整套动作的风格。

### (八)健美操的基本套路动作

健美操基本套路动作见表 7-3。

**表 7-3 健美操基本套路动作内容**

| 节 | 拍 | 动作内容 |
|---|---|---|
| 准备 | | 两脚并拢自然站立，双手自然下垂 |
| 一 | 1-8 | 原地踏步 |
| | 1-2 | 右腿向前一字步，冲拳，然后收左腿，手臂收至两侧 |
| | 3-4 | 左腿向后一字步，冲拳，右腿收回，手臂收至两侧 |
| | 5-8 | 迈右腿并步两次，双手握拳屈臂打开合拢，结束双手收回体侧 |
| 二 | 1-4 | 迈右腿向前 V 字步，双手五指张开依次向斜上方伸出，后交叉于胸前 |
| | 5-8 | 迈右腿向后 V 字步，双手五指张开依次向斜下方伸出，后交叉于胸前 |
| 三 | 1 | 右腿向侧迈出，双手右侧弯曲，五指张开 |
| | 2 | 左腿跟至右腿后，双腿微屈，双手左侧弯曲，五指张开 |
| | 3 | 右腿向右侧迈出，双手右侧弯曲，五指张开 |
| | 4 | 左腿收回成准备动作 |
| | 5 | 左腿侧伸成弓步，双手五指张开斜拉一次 |
| | 6 | 收回左腿，双手下垂 |
| | 7-8 | 头部经由下、右往上绕动半周 |
| 四 | 1 | 身体经跳成右腿在前左腿在后的弓步，双手握拳向右弯肘 |
| | 2 | 身体经跳成左腿在前右腿在后的弓步，双手握拳向左弯肘 |
| | 3-4 | 动作同 1-2 |
| | 5 | 双腿弯曲，右手高左手低，双手五指张开向前推 |
| | 6 | 下肢保持不变，左手高右手低，双手五指张开向前推 |
| | 7 | 动作同 5 |
| | 8 | 右腿并向左腿，回到准备姿势 |
| 五 | 1-2 | 开合跳，双臂侧方向打开，结束手臂交叉于胸前 |
| | 3 | 开合跳成半蹲，双手撑膝 |
| | 4 | 跳回，右腿向后屈腿准备弹踢 |
| | 5-6 | 右腿向前弹踢，左腿后屈，左手前平举，右手侧平举，然后两臂下垂 |
| | 7-8 | 左腿向前弹踢，右手前平举，左手侧平举，收回至准备姿势 |
| 六 | 1-4 | 先迈右腿向前跑三步，然后右腿后屈，双手至于胸前 |
| | 5-6 | 右腿向前大踢，双手向前冲拳，然后收回 |
| | 7-8 | 右腿向前侧大踢，双手五指张开两侧打开，然后回到准备姿势 |
| 七至十二 | | 动作同第一至第六节，方向相反 |

健美操如图 7-4 所示。

准备　1×1　1×2　1×3

1×4　1×5　1×6　1×7

1×8　2×1　2×2　2×3

2×4　2×5　2×6　2×7

2×8　3×1　3×2　3×3

3×5 3×5 3×6 3×7

3×8 4×1 4×2 4×3

4×4 4×5 4×6 4×7

4×8 5×1 5×2 5×3

5×4 5×5 5×6 5×7

图 7-4 健美操完整动作

# 第二节 啦啦操

## 一、啦啦操的概念

啦啦操，是指在音乐的伴奏下，通过运动员集体完成复杂、高难的基本手位与舞蹈动作及项目特有难度、过渡配合等动作内容，充分展示团队高超的运动技能技巧，体现青春活力、积极向上的团队精神，并努力追求团队荣誉感的一项体育运动，也是一项深受广大群众喜爱、普及性强，集体操、舞蹈、音乐、健身、娱乐于一体的体育项目。

## 二、啦啦操的起源与发展

美国是现代啦啦操表演的发源地，至今已有 100 多年的历史。美国早期的啦啦队均由各大专院校男生组成，在第一次世界大战后，女性也参与其中，此后，随着项目的不断发展，扩音器、纸制彩球以及健美操、技巧、舞蹈、托举、抛接等更多的运动元素融入啦啦操表演中，使得啦啦操的表演内容更加生动活泼、丰富多彩，具有强烈的现场感染力。啦啦操由最初为美式足球、橄榄球、棒球、篮球队的呐喊助威发展到今天最炫的时尚运动，不仅其多元化的表演让人目不暇接，啦啦操更是集团队协作、奋发向上、自信热情于一身，代表着张扬热烈、朝气蓬勃的精神力量，成为世界范围内的一项体育运动，受到全世界人民的喜爱。其中花球啦啦操历史最为悠久，在中国普及程度最高，CBA 及一些大型体育活动都可以看到手持花球的啦啦操表演。啦啦操主要通过团队的合作团结、积极向上、勇于拼搏的精神，去追求一种集体荣誉，形成一种团队精神。它强调每一个位置的重要性，让每个人都能感受到其是队伍中重要的一分子，使集体中的每个人都拥有同样的目标。

## 三、啦啦操的分类

按照目的可将啦啦操分为竞技啦啦操和表演啦啦操，其中竞技啦啦操又分为技巧啦啦操和舞蹈啦啦操两大类(图 7-5)。

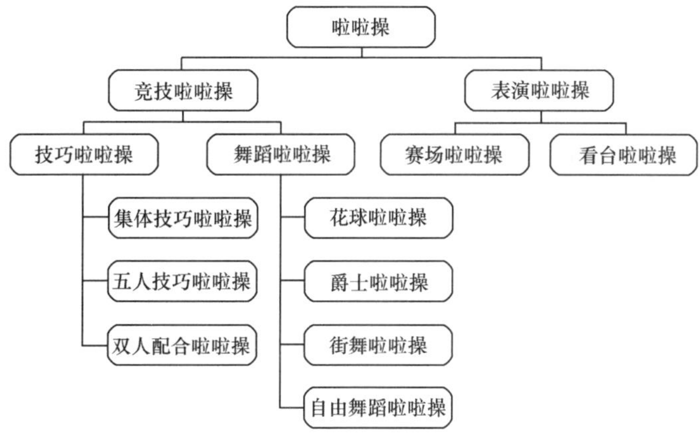


图 7-5　啦啦操的分类

下面主要讲一下舞蹈啦啦操和技巧啦啦操。

### (一)舞蹈啦啦操(图 7-6～图 7-9)

舞蹈啦啦操是在音乐的伴奏下，运用多种舞蹈元素的动作组合，结合转体、跳步、平衡与柔韧等难度动作以及舞蹈的过渡连接技巧，通过空间、方向与队形的变化表现出不同的舞蹈风格特点，强调速度、力度与运动负荷，展示运动舞蹈技能以及团队风采。舞蹈啦啦操包括花球啦啦操、爵士啦啦操、街舞啦啦操和自由舞蹈啦啦操。

图 7-6　花球啦啦操

图 7-7　爵士啦啦操

图 7-8 街舞啦啦操

图 7-9 自由舞蹈啦啦操

### （二）技巧啦啦操（图 7-10～图 7-13）

技巧啦啦操是指在音乐的伴奏下，以跳跃、托举、叠罗汉、筋斗、抛接和跳跃等技巧性难度动作为主要内容，配合口号、啦啦操基本手位、舞蹈动作及过渡连接动作等，充分展示运动员高超的技能技巧的团队竞赛项目，包含有翻腾、托举、抛接、金字塔等难度动作。其动作比较随意，用力方向向下，音乐节奏明快热情、动感奔放，极富震撼力和感染力。技巧啦啦操竞赛项目包括集体技巧啦啦操自选套路、五人技巧啦啦操自选套路和双人配合啦啦操自选套路。

图 7-10 集体技巧(1)

图 7-11 集体技巧(2)

图 7-12 五人技巧

图 7-13 双人配合

## 四、啦啦操的特点

### （一）啦啦操表演的动感活力性

啦啦操运动充分体现着一种朝气蓬勃、健康向上的精神，健康快乐是啦啦操运动带给人们的整体印象。因此，啦啦操队员必须拥有一个青春的形象、健康的体魄和健美的体形。男运动员要求身材挺拔，肌肉线条明显，体形匀称，女运动员要求上下肢比例匀称，皮肤色泽光亮健康。所有的啦啦操队员要求青春靓丽、五官端正、仪态端庄,具有当代青少年的青春美和健康美,在啦啦操队员身上蕴含着无限的热情和魅力。无论啦啦操队员的外部形象还是他们的表演都会折射出一种青春美丽、蓬勃向上的气息,这种健康和快乐是由内而外、发自内心的。

(二)啦啦操表演团体的团结协作性

啦啦操是一项集体运动项目,啦啦操运动在拖举、抛接、金字塔组合中彰显队员的团结协作,为了队伍的整体机能得到最大限度的发挥,强调成员之间的相互信任、相互配合,强调通力合作、集体至上的团队协作精神、服务精神和大局意识,三者集中体现着团队协作在啦啦操运动中的重要性,团队精神的核心是协同合作,基础是尊重个人的兴趣和成就,最高境界是全体成员的凝聚力、向心力。在啦啦操运动中,完成抛接等一系列动作时,没有队员之间的密切配合,运动就存在极大的危险,相互信任、团结协作是啦啦操运动的灵魂。

(三)啦啦操队员顽强拼搏的竞争性

在啦啦操运动中,很多不同的手势分别代表着团结、力量、胜利、自信、张扬、勇往直前等含义。奋斗与进取的精神也体现在各种不同风格的标语和口号中,这些代表着奋斗、进取精神的元素鼓励队员顽强拼搏,越战越勇。啦啦操运动能够培养队员自身奋斗拼搏、积极进取的精神,同时他们的这种精神也会激励体育比赛中的每一个队员不畏困难、勇往直前,最终取得比赛的胜利。

## 五、啦啦操的功能

(一)促进身体素质的发展

啦啦操运动对于运动员的速度力量、柔韧以及耐力、平衡性、协调性都有较高的要求,尤其是技巧啦啦操,为了使动作更富有节奏感、弹性和感染力,增加动作难度,加快动作节奏,加大动作幅度,运动员必须要经过大量的练习,如身体素质各方面机能的练习、动作姿态控制力的锻炼、立腰立背的力量锻炼以及腿部支撑人体能力的锻炼,这些都是衡量参赛队员能不能吸引观众视线的重要因素,经过长期的啦啦操训练,能极大地促进运动员身体素质的发展。

(二)培养队员的合作意识和团队凝聚力

啦啦操运动是一项团体活动,队员通过平时的训练、表演、比赛来培养团结精神,将整个啦啦队打造成一个团结强大的战队,需要全体队员的相互信任、团结协作才能达到共同的目标,争取比赛的胜利。体育训练效果和比赛成绩都受运动团队凝聚力的制约,凝聚力也就是内聚力、团队合作力,是运动团体成员在从事团队活动中目标、情感和行为上的整体力度。团队合作是啦啦操运动的精髓,尤其是通过竞技啦啦操中的抛接、托举、叠罗汉等动作,能有效培养队员间彼此的信赖,增强他们的团队凝聚力和合作意识。

(三)培养个人综合能力,提升领导能力

啦啦操队员的英文名称为 cheerleader,直译为“欢呼的领导者”,他们在观众面前欢呼雀跃，激起观众的热情，赢得观众的尊敬，成为团队的领导者和指挥者。可以说，啦啦操队员是天然的领导者和指挥家。在啦啦操运动发展早期，啦啦操队员的职责是在赛场外带领人群呐喊。能够成为一名勇敢的啦啦操队员，是学生在大学生活中很有价值的经历之一。

## 六、啦啦操的基本动作和基本技术介绍

### （一）啦啦操 32 个基本手位及规格

啦啦操是一项鼓舞人心的运动，其中基本手位动作充满了创造性，“V”字形源于单词 victory，寓意胜利；“H”字形源于单词 hero，寓意英雄；“T”字形源于单词 team，寓意团队；“W”字形源于单词 win，寓意赢得；“A”字形源于单词 active，寓意积极的；“L”字形源于单词 light，寓意光明；“M”字形源于单词 majesty，寓意雄伟的；“R”字形源于单词 running，寓意奔跑；“K”字形源于单词 kind，寓意友好的。

啦啦操 32 个基本手位图如图 7-14 所示。

下 A(Down A)　上 A(Up A)　高 V(High V)　倒 V(Low V)

加油(Applauding)　T(T)　短 T(Half T)　W(Muscle Man)

上 L(Up L)　下 L(Down L)　斜线(Dlagonal)　K(K)

侧 K(Side K)　弓箭(Bow And Arrow)　小弓箭(Bow)　短剑(Half Dagger)

侧上冲拳(High Side Punch)　侧下冲拳(Low Side Punch)　斜下冲拳(Low Cross Punch)　斜上冲拳(Up Cross Punch)

高冲拳(High Punch)　R(R)　上 M(Up M)　下 M(Hands On Hip)

屈臂 X(Bend X)　高 X(High X)　前 X(Front X)　低 X(Low X)

X(X)　上 H(Touch Down)　小 H(Little H)　下 H(Low Touch Down)

图 7-14　啦啦操 32 个基本手位图

(二)啦啦操基本技术特点

(1)啦啦操上肢的发力点在前臂。手臂的 32 个基本手位均在肩关节前制动,发力速度快,制动时间短,制动之后没有延伸,身体控制精准,位置准确。

(2)啦啦操动作内容丰富,所有的手臂动作都必须严格按照 32 个基本手位的标准来完成,没有固定步法。

(3)啦啦操动作重心较低,在做动作的过程中膝关节不完全伸直,保持微微弯曲的状态,重心稳定,移动平稳。

(4)啦啦操动作完成干净利落,具有清晰的开始和结束,肢体运动中直线动作曲直分明,弧线动作蜿蜒流畅,具有更高的欣赏价值和艺术价值。

(5)啦啦操三维空间高低起伏突出,队形变化多样,能充分利用场地空间。

(6)啦啦操音乐风格多样,旋律优美,气氛热烈,节奏快慢有致,强弱有别。

## 七、啦啦操的创编

(一)队形变换丰富新颖

啦啦操中常常应用的队形有十字形、弧形、直线形以及字母形等。丰富多变的队形,能够为观众带来一种变幻多端的感觉,不仅丰富了整套操的内容,同时也提升了整套操的观赏价值。整体时间、动作内容、数量决定了队形变化的时机与数量,时间越长,就会变换出越多的队形。

(二)动作与音乐高度配合

在啦啦操中,音乐是点睛之笔,也是整套操的灵魂。动作应用的快慢、强弱以及幅度,不断变换的队形空间都紧密联系着音乐的节奏。在选择音乐时应注意具有轻快、动感的节奏,体现出特色,彰显队伍的特殊魅力。

(三)创编工作要有主次

编排要掌握主次,按照音乐的快慢、节奏进行编排。动作编排的初级阶段,要联系队伍的真实情况以及表演目标进行创编,积极尝试难度与风格不同的动作,练习过程中可以挑选一些队员能较为轻松完成的难度动作,适当增加难度。在编排动作的过程中,可以按照动作的风格将整套操划分为几个环节,之后在这几个环节动作中分别加入音乐,很好地结合音乐的旋律、节奏以及动作的风格、力度。

(四)设计啦啦操口号

啦啦操口号由队员共同喊出,能够充分展示队伍的气势。设计的口号内容也要呼应表演目标与主题思想,由于其主要作用是鼓舞比赛士气,因此,在大家共同呐喊中可融入一些带有激情的步伐,能充分调动观众的情绪,积极活跃气氛。

## 八、花球啦啦操基本套路动作

花球啦啦操基本套路动作见表 7-4。

表 7-4　　花球啦啦操基本套路动作内容

| 节 | 拍 | 动作内容 |
|---|---|---|
| 准备 | | 两脚并拢，自然站立，双手成加油手位。 |
| 一 | 1-4 | 1 拍双手成高 V，2 拍成加油手位，3 拍成下 V，4 拍加油手位，左脚开始原地踏步 4 拍。 |
| | 5 | 双手向右成上 A，左脚向左迈开。 |
| | 6 | 双手成高 V，双脚保持开立。 |
| | 7 | 双手持花球扶左膝，双腿屈膝向左下蹲。 |
| | 8 | 双手成加油手位，双脚并腿收。 |
| 二 | 1-2 | 1 拍双手向左侧成倒 V，2 拍双手向上成上 H，左脚向左弓步跳。 |
| | 3-4 | 同 1-2 拍，方向相反。 |
| | 5 | 双手腹前屈臂从右往左上摆，左脚向左迈开坐胯。 |
| | 6 | 双手屈臂从左往右上摆，重心右移向右坐胯。 |
| | 7 | 双手屈臂从左往右画圆，重心在两脚之间。 |
| | 8 | 双手屈臂向左上摆，向后屈右腿。 |
| 三 | 1 | 左手胸前平屈，右手侧平举成右弓箭，右脚落地成开立。 |
| | 2 | 向左转体 180 度成侧 K，向左转身成半蹲。 |
| | 3 | 右手胸前平屈，左手侧平举成左弓箭，双脚开立。 |
| | 4 | 双手成加油手位，双脚开立。 |
| | 5 | 双手胸前平举交叉成前 X，左脚后撤一步。 |
| | 6 | 胸前屈臂交叉成屈臂 X，右脚后撤一步。 |
| | 7 | 双手向右推出成前 X，左脚向左迈开。 |
| | 8 | 双手回拉成短 T，向右做侧滑步，重心移到右脚。 |
| 四 | 1-3 | 1 拍双手向下成下 H，哒拍成加油手位，2 拍向右成右弓箭，哒拍成加油手位，3 拍向下成下 H，哒拍成加油手位，原地垫步吸右腿 3 次，身体下压，哒拍时右脚落下，身体直立。 |
| | 4 | 左手叉腰，右手屈臂持花球于头顶，左脚向前迈出，重心在两脚之间。 |
| | 5 | 双手于左上方绕花球，右脚向右侧迈开。 |
| | 6 | 双手于右上方绕花球，重心移到右脚。 |
| | 7 | 双手伸直向下成下 H，双腿屈膝下蹲。 |
| | 8 | 左手叉腰，右手胸前屈成短剑，并腿收。 |
| 五 | 1-4 | 左手叉腰，右手直臂上举成高冲拳，3 拍低头，4 拍抬头 ，双脚同时跳开成开立。 |
| | 5-8 | 5 拍双手胸前屈臂交叉成屈臂 X，6 拍成倒 V，7-8 动作相反，双腿成左右坐胯。 |
| 六 | 1 | 右手侧上举，左手侧下举成斜线，双腿并腿半蹲。 |
| | 2 | 左手侧上举，右手侧下举，双腿并腿半蹲。 |
| | 3 | 低头，双手收回胸前成加油手位，并腿半蹲。 |
| | 4 | 双手向前交叉平举成前 X，右脚向前迈步，重心在两脚之间。 |
| | 5 | 双手向上成高 X，左脚向前上步。 |
| | 6 | 双手屈臂收到左胸前，右脚向后屈腿。 |
| | 7 | 双手上举成上 H，右脚向正前方落下成开立，身体向左转体 90°。 |
| | 8 | 左手叉腰，右手侧平举，向右坐胯。 |
| 七至十二 | | 动作同第一至第六节，方向相反。 |

花球啦啦操具体动作如图 7-15 所示。

准备 1×1 1×2 1×3

1×4 1×5 1×6 1×7

1×8 2×1 2×2 2×3

2×4 2×5 2×6 2×7

2×8 3×1 3×2 3×3

3×4　3×5　3×6　3×7

3×8　4×1　哒　4×2

哒　4×3　哒　4×4

4×5　4×6　4×7　4×8

5×1　5×2　5×3　5×4

图 7-15　花球啦啦操动作图

# 第三节　竞技体操

竞技体操，是富有魅力的体育项目，因为它是以展示人的形态和动作，表达人的情感为特征的，所以它跟田径和球类运动相比，更能体现艺术性。

## 一、技巧运动

技巧运动是体操的主要项目，由前滚翻、后滚翻、侧手翻、肩肘倒立等动作组成。

（一）前滚翻

**1. 动作要点**

蹲撑、提臀、蹬地、低头、团身（图 7-16）。

**2. 练习方法**

（1）先做滚动练习，身体团紧，来回滚动。

图 7-16　前滚翻

(2)做前滚翻成并腿坐,体会腿的伸直过程。

**3. 练习要求**

颈部要充分活动开。

保护与帮助:保护者跪于练习者侧方,推背助力。

(二) 后滚翻

**1. 动作要点**

蹲撑、后倒、低头、团身、推手(图 7-17)。

图 7-17　后滚翻

**2. 练习方法**

(1)在斜坡上由高处向低处做后滚翻(图 7-18)。

(2)在帮助下完成动作。

图 7-18　斜坡后滚翻

**3. 练习要求**

颈部要充分活动开。

保护与帮助:帮助者单膝跪在学生的侧后方,当其后滚至头部着地时,两手托其腰部帮助推手翻转。

(三)侧手翻

**1. 动作要点**

摆腿、蹬地、手撑地、推手(图 7-19)。

图 7-19 侧手翻

**2. 练习方法**

(1)侧开立,两臂侧平举,向左、右举腿摆动,体会侧倒移重心和摆腿的动作感觉。

(2)在帮助下做侧起手倒立(两人帮助,背后一人扶腰,腹前一人扶腿)。

(3)互相帮助做片刻的分腿倒立。

(4)在地上画一条直线,使手脚都在直线上做侧手翻练习。

(5)在保护下完成动作。

保护与帮助:从做侧手翻同学一手着地开始,保护者双手扶其腰部,直至其顺利完成侧翻动作。

(四)肩肘倒立(女生)

**1. 动作要点**

夹肘撑腰、翻臀伸髋(图 7-20)。

图 7-20 肩肘倒立

**2. 练习方法**

屈体仰卧举腿,做惯性屈伸动作。

保护与帮助:保护者由练习者屈体姿势开始扶住其两腿并上提,一膝轻抵学生腰部。

## 二、单杠练习法

经常从事单杠练习,能发展上肢、肩带、腹背肌肉的力量和柔韧性,提高身体的协调性,培养勇敢、果断、顽强的意志品质。为低单杠设计的动作,主要包括屈伸、回环、转体、腾跃等。由于动作多在支撑状态下完成,难度比较低,练习者可选择由单个动作组合的成套动作进行练习。

(一)单个动作

(1)跳上成支撑。直臂正握,双脚蹬地用力跳上成支撑使腹部靠杠,同时抬头、挺胸保持身体平衡(图 7-21)。

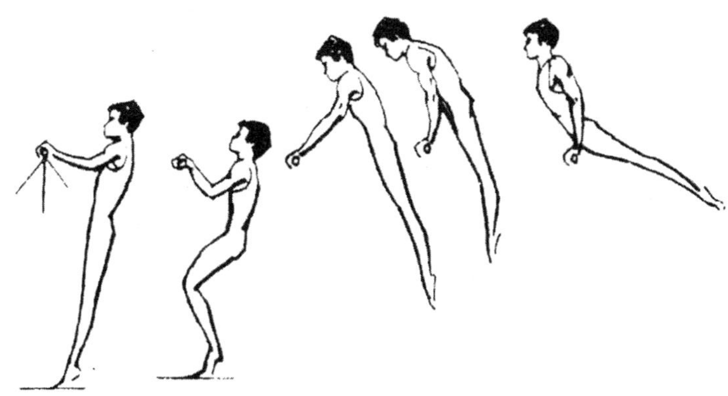

图 7-21

(2)翻上成支撑。直臂正握、屈臂拉杠,单腿摆动,倒肩、并腿引体,用力使腹部靠杠,同时抬头、翻腕、挺胸成直臂支撑(图 7-22)。

图 7-22

(3)单腿摆越成骑撑。低杠成支撑,然后顶肩、移动重心,一手及时推杠,同侧腿摆越过杠成骑撑。做此练习时,保护者站在一侧,双手扶起上臂,以保持平衡(图 7-23)。

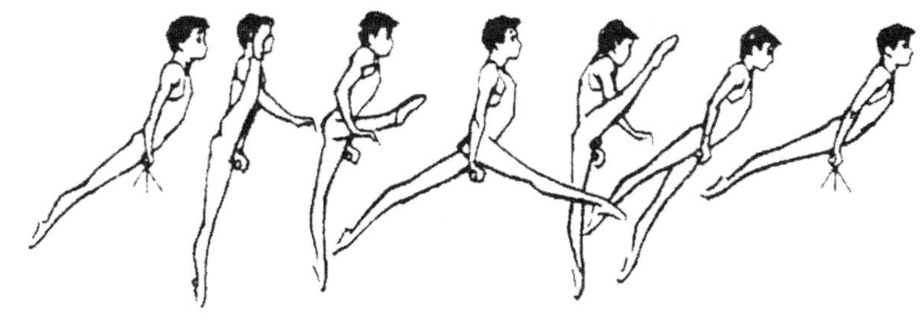

图 7-23

(4)骑撑前回环。由反握、右腿骑撑开始,两臂伸直顶肩撑杠,身体重心前移,同时右腿向前跨出，左大腿前部靠杠，上体挺直迅速前倒。当上体回环至杠后水平部位时，左腿继续后摆。上体立腰，两臂伸直压杠，翻腕成骑撑(图 7-24)。

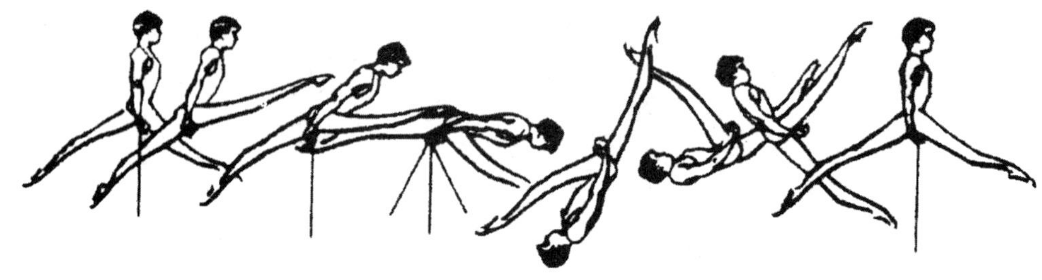

图 7-24

(5)右腿骑撑后倒挂膝上。两臂伸直撑杠，上体后倒，当身体失去支撑时，顺势收腹，屈髋(臀部不下落)，成骑杠屈体悬垂前，身体前摆时臀部向前上送出。身体后摆肩过杠下垂直部后，迅速屈右腿挂杠，左腿加速后摆，同时两臂用力压杠，跟上体，翻腕上成骑撑(图 7-25)。

图 7-25

(6)后腿向前转体 180°，成支撑挺身下。右腿骑撑开始，上体重心右移，左手推杠同时向右转体 180°成支撑，然后挺身下。

(二)组合动作

翻上成支撑→单腿摆越成骑撑→骑撑前回环→后腿前摆转体 180°成支撑挺身下。

## 三、双杠练习法

利用双杠可以使身体在支撑、悬垂状态下，完成摆动、屈伸、转体、滚翻、回环等动作。双杠练习可以发展学生上肢、躯干和肩带肌肉群的力量和柔韧性，提高身体的灵敏和协调能力。

(一)单个动作

(1)杠端支撑成分腿做。杠端跳起支撑，两腿顺势向前举起，当超过杠面后迅速分腿，以大腿内侧做杠成分腿做，挺直身体(图 7-26)。

(2)分腿做前滚翻成分腿坐。由分腿坐开始，两手靠近大腿撑杠，上体前倒，顺势提臀屈臂低头，团身。当臀部前移过垂直部位时，两手迅速向前握杠。臀部接近杠面时，两腿分开内侧压杠，两臂撑起上体成分腿坐(图 7-27)。

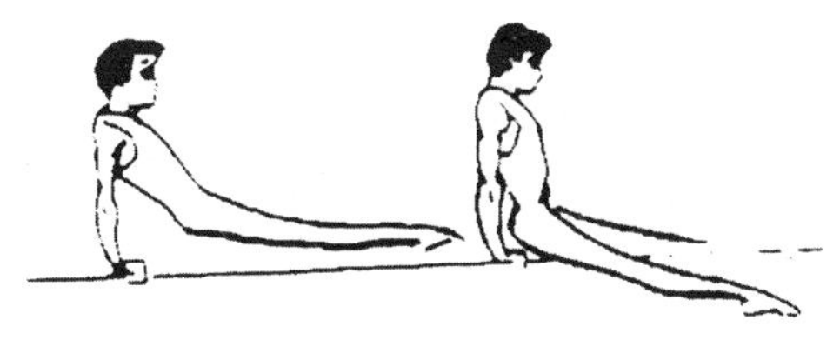

图 7-26

图 7-27

(3)挂臂撑屈伸上。由挂臂撑摆动开始,前摆成屈体挂臂撑,臀部高出杠面,然后用力快速向前上方伸腿展髋,接着立即制动腿,同时两臂用力压杠,上体向上急振起肩成支撑(图 7-28)。

图 7-28

(4)支撑后摆挺身下。由支撑前摆开始,身体后摆过杠下垂直部位后,两臂伸直顶肩,两腿顺势用力向后上方加速摆动,接着身体向左移出杠外,同时右手迅速推开并换握左杠,左手推开摆至侧上举,保持挺身姿势落地(图 7-29)。

图 7-29

(二)组合练习

杠端支撑成分腿坐→支撑前滚翻成分腿坐→支撑后摆挺身下。

高单杠的动作,相对来说难度比较高,主要有摆动、转体、回环等。在此,我们选择比较容易掌握的单个或组合动作,在有保护的情况下进行练习。

(1)单个动作

①慢翻上成支撑(亦称卷上)。由正握悬垂开始,屈臂引体向上,同时屈髋、头后仰、两腿从杠后方向伸出,使身体从杠上翻过成支撑(图 7-30)。

图 7-30

②弧形下。由悬垂开始,摆动,身体保持挺直,然后向前挺身,使身体形成抛物线,完成弧形下(图 7-31)。

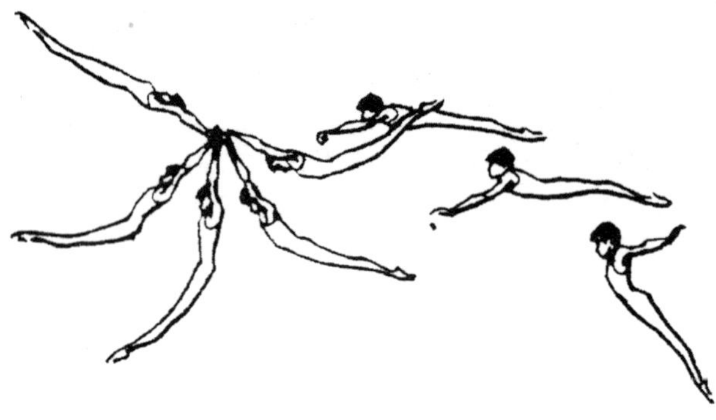

图 7-31

(2)组合动作

正握悬垂翻上成支撑→支撑摆越成骑撑→转体 180°支撑→后到摆动弧形下。

## 四、支撑跳跃练习法

支撑跳跃练习,可以发展学生肌肉力量,提升动作的准确性以及空间的定向能力。同时还可以培养学生勇敢、果断和沉着等意志品质。

(一)基本技术

(1)助跑。为了获得水平速度并为上板踏跳创造条件,要求正确助跑。

(2)上板。为了保持助跑发挥出水平速度,上板距离为 2.0～2.5 米,上板高度为

10～15 厘米。上板的摆臂采取双臂后引技术,可使脚赶在重心投影线之前产生制动力,获得有利的蹬地角和垂直速度。上板方法以制动性大的搓板技术为好。

(3)踏跳。正确踏跳可使从助跑中获得的水平速度变为上升速度,而由这两种速度构成的腾起初速度和起跳角,决定了身体总重心腾空抛物线的轨迹。踏跳用全脚掌踏板发力,两脚平行找板,宽度为 10 厘米。起跳中的膝关节缓冲角度为 130°左右,两臂快速向前摆。

(4)第一腾空。踏跳后进入腾空,身体重心的抛物线已不能改变,只能通过内力改变身体的姿势,腾空的技术要求是出手早,摆腿早,伸臂入撑早,最后用力顶肩。

(5)推手。用肩臂等肌肉群收缩的强度、速度和入撑角的制约与肩角变化的合理性,就能使身体腾得又高又远。

(二)基本方法

(1)分腿腾跃。起跳后领臂含胸使上体稍前倾,接着两臂前伸,两腿积极后摆,撑马顶肩,推手分腿,压腿制动,抬头并腿前伸落地(图 7-32)。臂部不低于肩轴,推手瞬间分腿。

图 7-32

(2)屈腿腾跃。助跑起跳,两臂前伸撑马。同时提臀屈髋,两臂引向胸部,推手后起肩,梗头,立腰,接着两腿向下伸直落地(图 7-33),屈腿要晚,第二腾空有明显屈腿和伸腿挺身动作。

图 7-33

(3)屈体腾跃。助跑起跳后两臂前伸撑马,同时提臀屈髋,直腿前伸,推手后起肩,梗头,立腰,完成伸展动作落地(图 7-34),直腿屈伸,推手后展髋挺身。

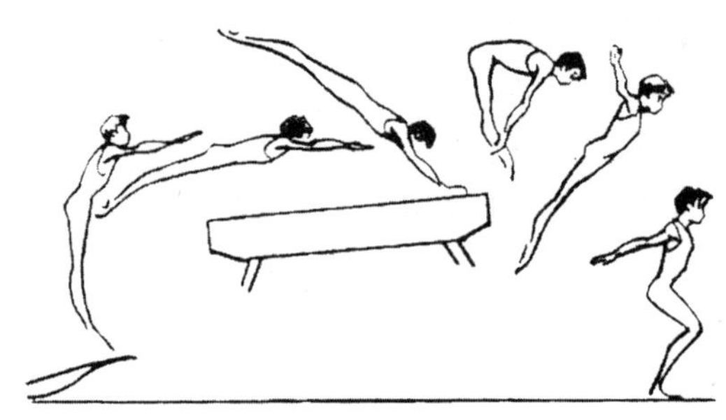

图 7-34

(4)纵马(跳箱)分腿腾跃。助跑踏跳,两臂前伸,两腿后摆。撑马时身体与马水平面的夹角应不小于 20°～30°,积极顶肩和用掌根推手。同时分腿并下压制动腿,抬上体,梗头,紧腰,腿后伸,空中保持挺身姿势,然后缓冲落地(图 7-35)。后摆腿高于肩,身体始终保持挺身姿势。

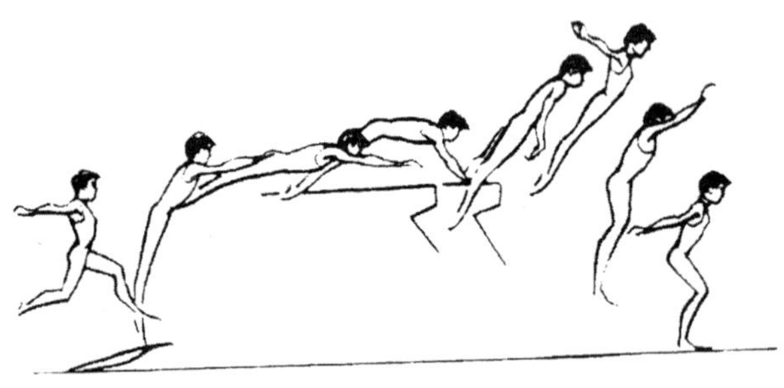

图 7-35

此动作技术要求:快速助跑,上板弧度低而平,踏跳短促有力。身体腾起时,两臂迅速前伸,同时紧腰,两腿积极向后上方摆伸(脚尖做后伸动作)。当身体与马身成 20°～30°时,积极向前下方顶肩推马,同时脚面下压,做强有力的制动腿动作(但身体不要出大背弓,髋角控制在 160°～180°内)。推手时,肩带肌群必须高度紧张收缩,成含胸圆背,随着手的推离,梗头,紧腰,腿后伸,积极抬起上体,空中保持挺身姿势,而后缓冲落地。

# 第八章

# 民族传统体育

中国民族传统体育运动的本体是动作的姿态和动力，其风貌和体系有它自身的运动规律。尤其是在中国武术意象的创造中对“道”的认同，是通过一种“圆之美”的悟觉思维实现的。当这种认同由万物各异之理向万物圆融之理升华，便出现了“理圆”这种深层的审美理论。而“悟”是一种直觉，它具有多种形态，包含西方学者所论述过的“感性直觉”与“理性直觉”，也包含抽象思维、形象思维、灵感的若干特点在其中。

中国传统体育中的武术如气功、拳、操、棍、棒、刀、剑，以及各种民间体育活动如跳绳、拔河、踢毽子、划龙舟、扭秧歌、荡秋千、放风筝……多以个人锻炼为主，集体活动为辅。不论体质好坏，差异如何，均能得到有效的锻炼，且注重技能和艺能，要求持之以恒，循序渐进，从小开始，终身不断。活到老，学到老，年龄越大，时间越久，造诣越深，学艺越精。在相互交流方面，以切磋技艺为主，双手抱拳，谦让恭敬，点到为止。中国传统体育，既不需要占用大片操场土地，也不依赖昂贵复杂的体育器材，因时因地制宜，因人因材而异，就地取材，随手可施。但以强身健体为主，兼有自我防身作用。

## 第一节　武术基本功和基本动作

### 一、武术的源流与发展

武术的起源，可以追溯到原始社会。那时，人类为了生存，逐渐学会了徒手或用木棒和石块等器具击打野兽的方法，于是就产生了拳打、脚踢、躲闪、跳跃等格斗技能。

而武术的另一个源头是“武舞”。武舞是表现人与兽或人与人的搏斗，它是狩猎或战争场面的再现。舞者手执各种兵器，做击、刺、劈、砍等动作。在我国内蒙古、宁夏、甘肃、新疆等地区考古所发现的岩画中可以寻觅到古代原始“武舞”的踪影。

武术作为一项优秀的民族文化遗产受到了应有的重视。国家体育总局设立的专门机构“中国武术院”负责开展武术工作，成立了各省、市、自治区的武术协会，并将武术列为正式竞赛项目。1997 年经原国家体委批准颁布了《中国武术段位制》，将武术段位定为三级九段。各体育院校相继设立了武术院、系，以及硕士点、博士点。教育部制定的《体育教学指导纲要》把武术列为体育课程内容。大学还设立了武术高水平运动队。国家和各省、市、自治区每年举行各种类型的武术比赛及国际性的武术比赛。全国各地还设立了许多武术辅导站，并先后成立了“亚洲武术联合会”“国际武术联合会”“欧洲武术联合会”“南美武术功夫联合会”“非洲武术联合会”，这些武术组织辐射面较广，为传播中国武术起到了重要作用。现在，武术运动已风靡世界，武术运动得到了更为广泛深入的发展。

## 二、中国武术的“武德”

中国是礼仪之邦，“礼是中国文化的核心”，是中国人文精神的体现。中国武术一向重礼仪、讲道德，“尚武崇德”。武术谚语中有：“未曾习武先学礼，未曾习武先习德”，充分显示在武术传授过程中所表现出的“道德至上”的文化特征。中国武术始终把武德列为习武的先决条件。武德，即武术道德，是指在从事武术活动群体中形成的对习武者行为规范的综合要求，包括习武者在社会活动中必须遵循的道德规范和必备的道德品质。武德对习武者的心性修养、道德作风、精神境界等具有较深的影响，从而达到“德”与“艺”（武技）的统一。

## 三、武术基本功

### （一）手型

**1. 拳**

五指卷紧，拳面要平，拇指压于食指、中指第二指节上（图 8-1）。

**2. 掌**

拇指弯曲，其余四指伸直并拢（图 8-2）。

**3. 勾**

屈腕、五指撮拢（图 8-3）。

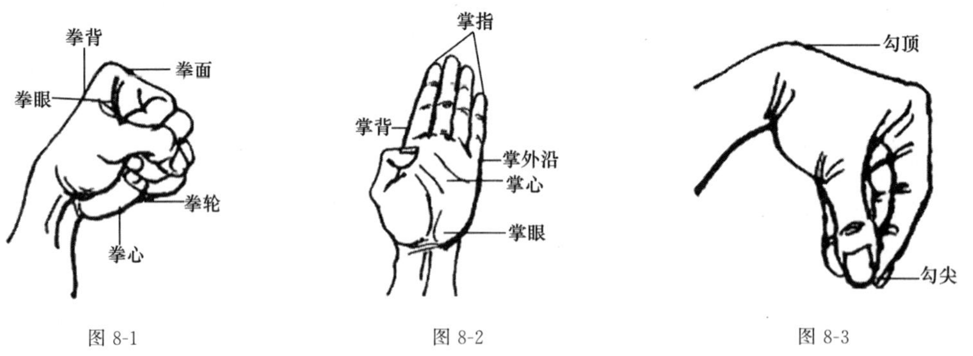


图 8-1　图 8-2　图 8-3

### （二）手法

**1. 冲拳**

拳从腰间旋臂向前快速击出，力达拳面（图 8-4）。

**2. 推掌**

掌由腰间旋臂向前立掌推击，速度要快，臂要直，力达掌外沿（图 8-5）。

（三）步型

**1. 弓步**

前脚微内扣，全脚着地，屈膝半蹲，大腿成水平，膝部与脚尖垂直；另一腿挺膝伸直，脚尖里扣，斜向前方，全脚着地（图 8-6）。

**2. 马步**

两脚左右开立约为脚长的 3 倍，脚尖正对前方，屈膝半蹲，大腿成水平（图 8-7）。

图 8-4　图 8-5　图 8-6　图 8-7

**3. 虚步**

后脚尖斜向前，屈膝半蹲，大腿接近水平，全脚着地；前腿微屈，脚面绷紧，脚尖虚点地面（图 8-8）。

**4. 仆步**

一腿全蹲，大腿和小腿靠紧，臀部接近小腿，全脚着地，膝与脚尖稍外展；另一腿平铺接近地面，全脚着地，脚尖内扣（图 8-9）。

**5. 歇步**

两腿交叉屈膝全蹲，前脚全脚着地，脚尖外展；后脚脚跟离地，臀部外侧紧贴小腿（图 8-10）。

图 8-8　图 8-9　图 8-10

（四）腿法

**1. 正踢腿**

支撑腿伸直，全脚着地，另一腿膝部挺直，脚尖勾起前踢，接近前额，动作要轻快有力，上体保持正直(图 8-11)。

**2. 侧踢腿**

脚尖勾起,经体侧踢向脑后,其他同正踢腿(图 8-12)。

图 8-11　　图 8-12

**3. 里合腿**

支撑腿自然伸直,全脚着地;另一腿从体侧踢起经面前向里做扇面摆动落下。其他同正踢腿(图 8-13)。

**4. 外摆腿**

同里合腿,摆动方向则相反(图 8-14)。

图 8-13　　图 8-14

**5. 单拍脚**

支撑腿伸直,另一腿脚面绷平向上踢摆;同侧手在额前迎拍脚面,击拍要准确响亮(图 8-15)。

**6. 弹腿**

支撑腿直立或微屈,另一腿由屈到伸向前弹出,高不过腰,膝部挺直,脚面绷平。小腿弹出轻快有力,力达脚尖(图 8-16)。

图 8-15

图 8-16

**7. 蹬腿**

支撑腿直立或稍屈，另一腿由屈到伸，脚尖勾起，用脚跟猛力蹬出，高不过胸，低不过腰(图 8-17)。

**8. 踹腿**

支撑腿直立或稍屈，另一腿由屈到伸，脚尖勾起内扣或外摆用脚底猛力踹出，高踹与腰平；低踹与膝平；侧踹时上身斜倾，脚高过腰部(图 8-18)。

图 8-17

图 8-18

**9. 伏地后扫**

上身前俯，两手扶地。支撑腿全蹲做轴，扫转腿伸直，脚尖内扣，脚掌擦地，迅速后扫一周(图 8-19)。

(五)平衡

**1. 提膝平衡**

支撑腿直立站稳，上体正直；另一腿在提前屈膝提近胸，小腿斜垂里扣，脚面绷平内收(图 8-20)。

**2. 望月平衡**

支撑腿直立站稳。上体侧倾拧腰向支撑腿同侧方上翻挺胸塌腰。后举腿在身后向支撑腿的同侧方上举，小腿屈收，脚面绷平(图 8-21)。

图 8-19

图 8-20

图 8-21

（六）跳跃翻腾

**1. 腾空飞脚**

摆动腿高提，起跳腿上摆伸直，脚面绷平，脚高过肩，击手和拍脚连续、快速、准确、响亮（图 8-22）。

图 8-22

**2. 旋风脚**

摆动腿直摆或屈膝，起跳腿伸直，向内腾空转体 270°，异侧手击拍脚掌，脚高过肩，击拍响亮，转体 360°落地（图 8-23）。

图 8-23

**3. 腾空摆莲**

摆动腿要高,起跳腿伸直,向外腾空转体 180°,脚面绷平,脚高过肩;两手依次击拍脚面,不能一手拍空(图 8-24)。

图 8-24

# 第二节 简化二十四式太极拳

## 一、太极拳的特点

太极拳讲究柔中带刚,要求动作柔和、缓慢、连贯,运行路线处处带有弧形,体现圆活自然等基本特点。

## 二、太极拳的动作说明

**表 8-1**

| 组别 | 动作说明 |
| --- | --- |
| 第一组 | 两脚开立、两臂前举、屈膝按掌(起势)→抱球收脚、转体迈步、弓步分手(左野马分鬃)→后坐跷脚、抱球跟脚、转体迈步、弓步分手(右野马分鬃)→后坐跷脚、抱球跟脚、转体迈步、弓步分手(左野马分鬃)→跟步抱球、后坐转体、虚步分手(白鹤亮翅) |
| 第二组 | 转体落手、转体收脚、迈步屈肘、弓步推搂(左搂膝拗步)→后坐跷脚、转体跟脚、迈步屈肘、弓步推搂(右搂膝拗步)→后坐跷脚、转体跟脚、迈步屈肘、弓步推搂(左搂膝拗步)→跟步松手、后坐挑掌、虚步合臂(手挥琵琶)→转体撤手、提膝屈肘、退步错手、虚步推掌(左倒卷肱)→转体撤手、提膝屈肘、退步错手、虚步推掌(右倒卷肱)→转体撤手、提膝屈肘、退步错手、虚步推掌(左倒卷肱)→转体撤手、提膝屈肘、退步错手、虚步推掌(右倒卷肱) |
| 第三组 | 转体撤手、抱球收脚、迈步分手、弓步绷臂、转体伸臂、转体后捋、转体搭手、弓步前挤、后坐收掌、弓步按掌(左揽雀尾→转体扣脚、抱球收脚、迈步分手、弓步绷臂、转体伸臂、转体后捋、转体搭手、弓步前挤、后坐收掌、弓步按掌(右揽雀尾) |
| 第四组 | 转体扣脚、勾手收脚、转体迈步、弓步推掌(单鞭)→转体扣脚、转体撑掌、转体云手、撑掌收步(云手第一式)→转体云手、撑掌出步、转体云手、撑掌收步(云手第二式)→转体云手、撑掌出步、转体云手、撑掌收步(云手第三式)→转体勾手、转体迈步、弓步推掌(单鞭) |
| 第五组 | 跟步松手、后坐翻掌、虚步推掌(高探马)→穿掌提脚、迈步分手、弓步抱手、跟步合抱、提膝分手、蹬脚撑臂(右蹬脚)→收腿落手、迈步分手、弓步贯拳(双峰贯耳)→转体扣脚、收脚合抱、提膝分手、蹬脚撑臂(转身左蹬脚) |
| 第六组 | 收腿勾手、蹲身仆步、转体穿掌、弓步起身、提膝挑掌(左下势独立)→落脚勾手、蹲身仆步、转体穿掌、弓腿起身、提膝挑掌(右下势独立) |
| 第七组 | 落脚坐盘、抱球跟脚、迈步滚球、弓步推架(左穿梭)→后坐跷脚、抱球跟脚、迈步滚球、弓步推架(右穿梭)→跟步松手、后坐提手、虚步插掌(海底针)→提手收脚、迈步分手、弓步推撑(闪通臂) |
| 第八组 | 转体扣脚、坐身握拳、踩脚搬脚搬拳、转体旋臂、上步拦掌、弓步打拳(转身搬拦捶)→穿掌翻手、后坐收掌、弓步按掌(如封似闭)→转体扣脚、弓步分手、坐腿扣腿、收脚合抱(十字手)→翻掌前撑、分手下落、收脚还原(收势) |

### (一)第一组

(1)起势(图 8-25)

①

②

③

④

图 8-25

(2)左右野马分鬃(图 8-26)

图 8-26

(3)白鹤亮翅(图 8-27)

图 8-27

## (二)第二组

(1)左右搂膝拗步(图 8-28)

图 8-28

(2)手挥琵琶(图 8-29)

图 8-29

(3)左右倒卷肱(图 8-30)

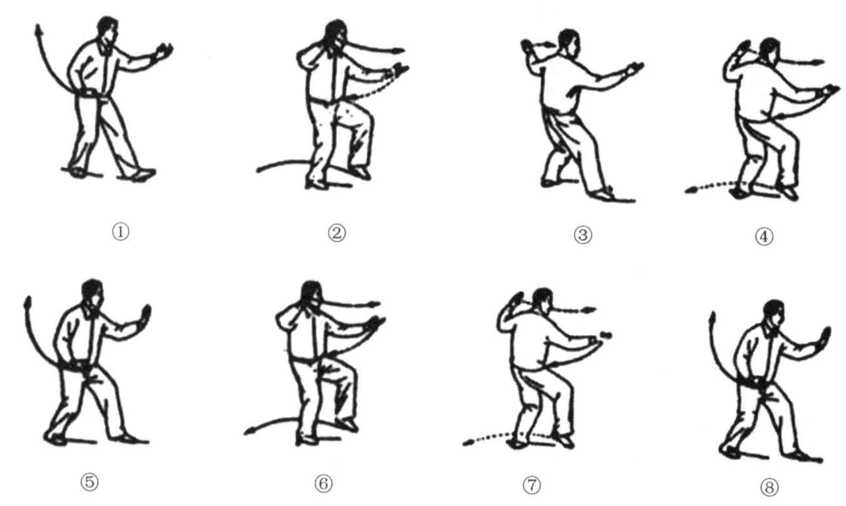

图 8-30

(三)第三组

(1)左揽雀尾(图 8-31)

图 8-31

(2)右揽雀尾(图 8-32)

图 8-32

(四)第四组

(1)单鞭(图 8-33)

图 8-33

(2)云手(图 8-34)

图 8-34

(3)单鞭(图 8-35)

① ② ③ ④ ⑤

图 8-35

(五)第五组

(1)高探马(图 8-36)

①

②

图 8-36

(2)右蹬脚(图 8-37)

①

②

③

④

⑤

图 8-37

(3)双峰贯耳(图 8-38)

①

②

③

④

图 8-38

(4)转身左蹬脚(图 8-39)

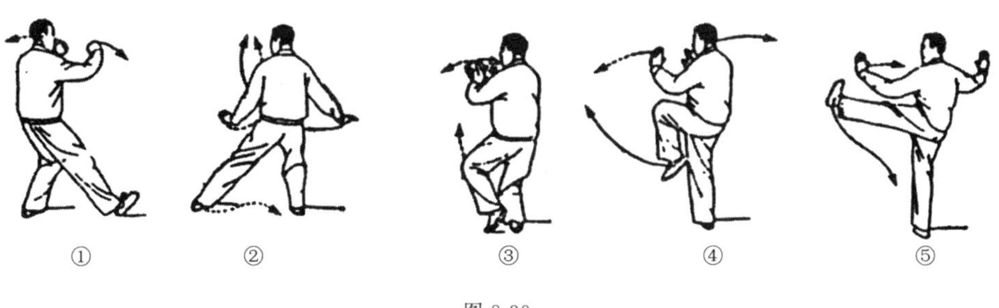


图 8-39

## (六)第六组

(1)左下势独立(图 8-40)

图 8-40

(2)右下势独立(图 8-41)

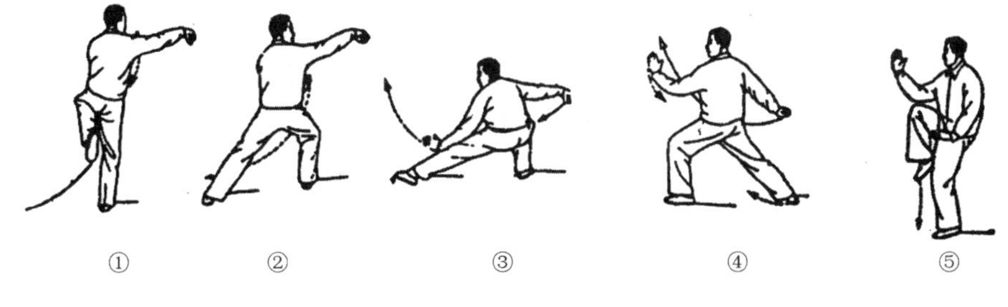


图 8-41

## (七)第七组

(1)左右穿梭(图 8-42)

图 8-42

(2)海底针(图 8-43)

①

②

图 8-43

(3)闪通臂(图 8-44)

①

②

③

图 8-44

(八)第八组

(1)转身搬拦捶(图 8-45)

①

②

③

④

⑤

图 8-45

(2)如封似闭(图 8-46)

①

②

③

④

⑤

图 8-46

(3)十字手(图 8-47)

图 8-47

(4)收势(图 8-48)

图 8-48

## 三、简化太极拳的套路图(图 8-49)

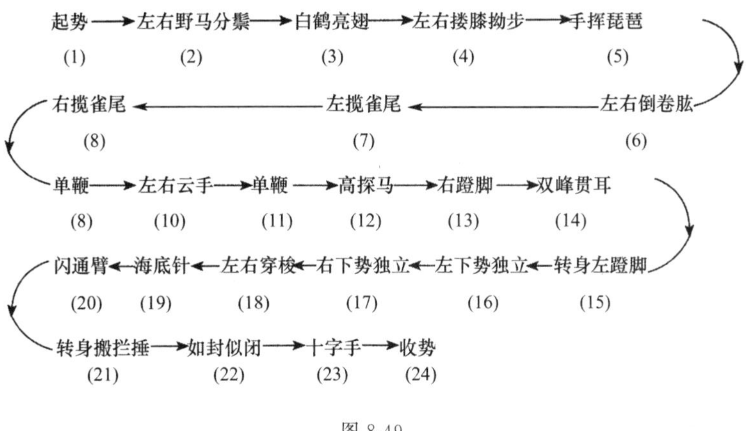


图 8-49

# 第三节　防身术(女子防身术)

## 一、女子防身术概述

防身术,是指人身受到别人侵害时所采取的一种防卫手段和方法,女子防身术主要指导女性在遭到侵犯时，如何巧妙地把握时机，充分运用踢、打、抓、摔、拿等实用技击方法，摆脱或制服对方、保护自己，精选中国传统武术中攻防技击的实用动作而创编的一套防身体系。

通过学习女子防身术，可以增强女性的防身意识，提高自我防卫能力。长期坚持练习，可以增强爆发力，提高反应速度和攻击速度，有效地增强体质，改善心理素质，增进实战能力，达到健身和御敌防身的目的。

学习女子防身术虽然不是一件很难的事情，但要做到有效运用，平时的身体素质训练和技术训练是必不可少的。若学过如武术、拳击、散打、空手道等武技，掌握了格斗搏击最基本的东西，那么就很容易能学好女子防身术。但要做到运用得当，还必须勤学苦练，熟能生巧。

## 二、基本格斗姿势

基本格斗姿势是指平时练习所采用的最有利于防守或进攻的格斗姿势。基本格斗姿势主要是保持自己身体的重心稳定、平衡，尽量减少自己暴露的面积，并有利于摆脱对方或及时回击。

动作要点：两脚前后开立，左右脚横向距离稍宽于肩，前脚掌稍内扣，两膝微屈；含胸收腹、上体前倾、重心落于两腿之间；沉肩垂肘，两臂自然弯曲，左臂肘关节的夹角约成 90°，两手自然半握拳，拳面斜向前，拳心向内；头略低，下颌微收，牙齿咬紧，嘴唇闭合，目视前方（图 8-50）。

图 8-50

## 三、徒手反击基本技法

女子防身术是一项运用踢、打、抓、摔、拿等技击方法，以制服对方和保护自己为目的的搏击技术。其技击方法，吸取许多搏击技术中的精华，并经过提炼、完善，使其成为一种简单实用的搏击技术。

女子防身术具有动作单一、以贴身搏击为主以及简单、快捷、实用的特点。女子在体力和力量方面都明显逊于男子，所以女子要达到制敌的目的，就必须在实战运用中做到“一狠”“二全力”“三准确”，以达到一招制敌的效果。

**1. 直拳**

拳是格斗中比较常用的，但使用时要把握时机和方法。出直拳时，腰部先发力，掌心伸直，拇指置于食指侧面，腕部平直（图 8-51）。

攻击部位：鼻子、眼睛、心窝、太阳穴。

**2. 半拳**

握拳时，第二指关节突前，掌心伸直，拇指放于食指侧面，腕部平直（图 8-52）。打击方法如直拳，主要攻击颈喉部（图 8-53）。

攻击部位：颈喉部。

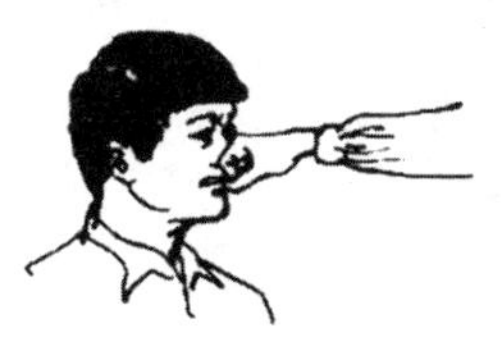

图 8-51　直拳

图 8-52　半拳

图 8-53　攻击颈喉部

**3. 掌**

利用小指到手掌中部肉厚的边缘部位进行攻击。

攻击部位：喉部、颈部、裆部、人中、太阳穴、耳根等。

**4. 爪**

手指分开并外张，指节微屈（图 8-54）。打击目标时，像鹰爪挖抠面部（图 8-55）。

攻击部位：面部、眼睛。

**5. 肘法**

肘法是在近距离格斗中使用的主要技法。其特点是运动路线宽、速度快、威力猛。

（1）横肘：握拳，手臂抬平，腕关节保持伸直状态，拳心向下，手臂回屈夹紧，以腰发力，肩部放松，横向前摆手臂，以肘关节击打歹徒胸腹部、肋部、腰部、太阳穴、脸正面部、下颌骨处（图 8-56）。

图 8-54　爪

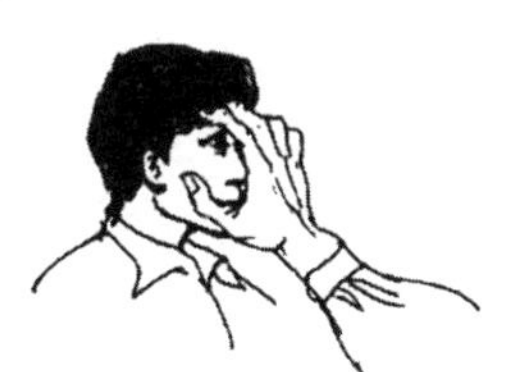

图 8-55　挖抠面部

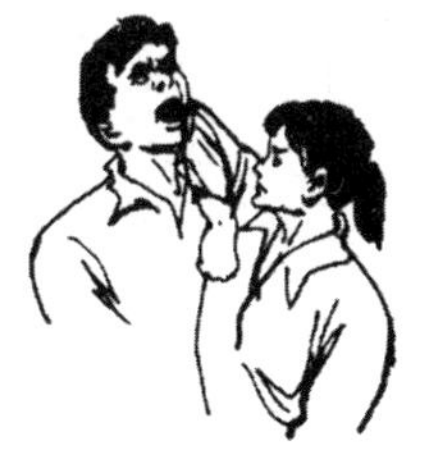

图 8-56　横肘

攻击部位：胸腹部、肋部、腰部、脸正面部、太阳穴、下颌等。

（2）挑肘：握拳，手臂屈肘夹紧，自然下垂，以腰发力，肩部放松，自然张开双臂，从侧面将手臂抬起，以肘尖部挑击歹徒（图 8-57）。

攻击部位：主要从侧面袭击对方的下颌、胸窝、太阳穴等。

**6. 膝法**

膝法攻击距离短、迅速，攻击角度小，较隐蔽。两腿前后或左右稍分开站立，稳定重心。提腿之前，将重心移到另一腿支撑，猛蹬地，大腿发力屈膝提起，膝关节朝正前上方顶击（图 8-58）。

攻击部位：裆部、胸部、腹部、肋部、头部等。

图 8-57 挑肘

图 8-58 顶膝

**7. 腿**

腿法是最主要的技法，运用时既能远攻，又能近踢，隐蔽性好，力度大。

(1)弹踢腿：小腿屈膝提起，脚尖下压，以大腿带动小腿向前猛力弹踢，力达脚尖，脚踢出后迅速收回(图 8-59)。

攻击部位：裆部、小腹、肋部、小腿、膝关节、踝关节。

(2)蹬腿：出击腿屈膝提起，脚尖内勾，以脚跟为发力点，对准目标猛力蹬出(图 8-60)。

攻击部位：面部、胸腹部、裆部、肋部、腿部等。

图 8-59 弹踢腿

图 8-60 蹬腿

(3)踏腿：出击腿提膝抬起，小腿内屈，脚掌对准目标，并勾起外翻，展髋、挺膝向前踏出，力达脚掌。

攻击部位：头部、胸腹部、腿部等。

## 四、常见防身技法

### (一)单腕被抓解脱

如果一手手腕被歹徒抓住(图 8-61)，解脱的方式有两种：一是转动手腕从歹徒虎口处滑脱，二是从虎口滑脱时屈肘收臂，加大力屈。如果歹徒腕力较大，多数女性靠单臂动作是无法解脱的。此时，侧身站好，左脚向后撤一步，随之用左手虎口张开朝下，猛推歹徒右手腕，同时右手上提即可解脱(图 8-62)。

图 8-61

图 8-62

动作要领:推腕与提臂动作要协调一致,用力要猛,移动步法和身体,以加大解脱力量。

### (二)左肩被右手正面抓解脱

当被歹徒用右手从正面抓住左肩时(图 8-63),佯装害怕,用右手去抓住歹徒右手,表情放松,不让对方察觉自己的攻击意图,将左手握拳上举,随后身体稍向右转,注意身体右转时,右手控制歹徒右手要牢固。上述动作不停,左臂屈肘垂直下砸,将歹徒右手腕折伤(图 8-64)。

图 8-63

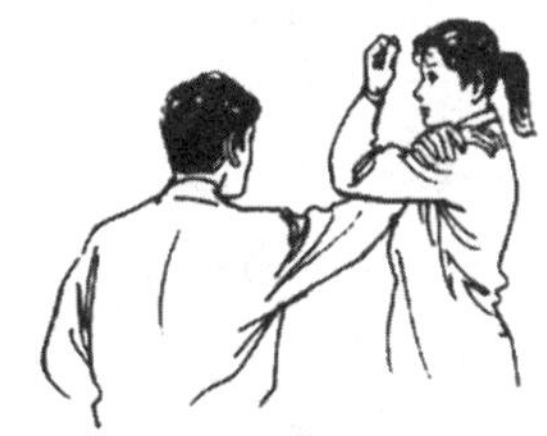

图 8-64

动作要领:下砸要有爆发力,双腿可屈膝,以加强下击速度和力道。歹徒被迫下蹲屈体后,可以用膝或脚继续攻击。

### (三)左肩被右手从背后抓解脱

如果被歹徒用右手抓住左肩时,马上用右手按住歹徒手背(图 8-65),左脚后撤一步,身体向左转,同时握左拳,抬起手臂,随身体转动之际抡砸歹徒手肘(图 8-66),随之用左臂抡转顺势夹其右臂,左脚向前移动一步,用右手猛击歹徒喉结(图 8-67),然后右脚上步绊住对方双脚,将其摔倒。

动作要领:砸时要狠、准,有爆发力,夹臂、击喉、上步、绊摔一气呵成。

图 8-65

图 8-66

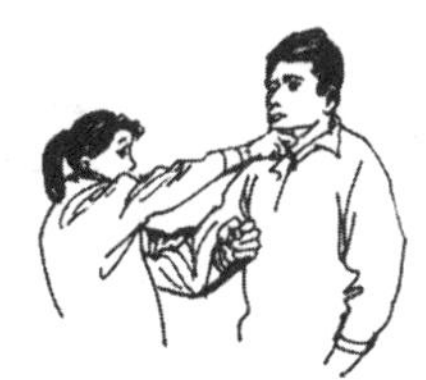

图 8-67

(四)单手摸前胸解脱

当被歹徒用右手摸胸部时(图 8-68)，可用右手抓住其右手背，同时左手也协助抓其右腕，然后挺胸稍上左步，将歹徒右手牢牢固定在胸前，随后身体猛向右转，折伤歹徒右手腕(图 8-69)。

动作要领：抓腕、挺胸动作要快，转体、折腕要有爆发力。

图 8-68

图 8-69

(五)头发被正面抓住解脱

**1. 弹腿踢裆**

当头发被抓时，应起脚猛踢对方裆部(图 8-70)。

**2. 提膝顶裆**

当头发被抓时，可顺势向前跨步，提膝猛顶对方裆部(图 8-71)。

图 8-70

图 8-71

(六)被正面双手掐颈解脱

如果被歹徒用双手掐住脖子，并往墙上或其他物体上推时(图 8-72)，应借势将左脚向后退步，同时右臂向左抡转(图 8-73)，靠较大的抡转力量折压歹徒左手腕关节，迫使其松手(图 8-74)。然后，将右臂再迅速向回挥动，用反背拳击打歹徒右太阳穴(图 8-75)。

动作要领：抡臂动作要快，上臂夹紧，反背拳要用爆发力出击。

图 8-72

图 8-73

图 8-74

图 8-75

(七)被从侧面搂住脖子解脱

如果被歹徒用左臂搂住脖子时(图 8-76),不动声色,用左手抓住其左手背,使其不易察觉,抓手时可假装触摸,猛然抬起右臂用拐肘方法狠击歹徒面部(图 8-77)。

另一种方法,是用左手抓住歹徒左手后,用勾手方法扣其裆部(图 8-78),上述肘击和扣裆可配合使用。

动作要领:拐肘、扣裆动作要狠、准,有爆发力。

图 8-76

图 8-77

图 8-78

(八)被抱时的防身手段

**1. 正面被抱**

以左、右肘部连续猛击对方太阳穴(图 8-79)。

**2. 背后被抱**

当背后被抱时,无论手臂被锁住与否,应猛仰头以后脑击其面部,并快速以脚跟猛跺其脚面(图 8-80)。

图 8-79

图 8-80

# 第九章

# 游泳运动

## 第一节　竞技游泳教学与练习

游泳是凭借人自我支撑力和推进力在水里游动的运动，是水上竞技运动之一。游泳的姿势大多是模仿某些动物的动作，如蛙泳、蝶泳、蹼泳等。

### 一、游泳的起源与发展

古代居住在江、河、湖、海一带的人们为了生存，需在水中捕猎鱼类等食物，由此通过观察和模仿鱼、蛙等动物的动作，逐渐学会了游泳。

游泳是人类在与大自然斗争中产生和发展而来的。《诗经》中就有描写游泳的诗句："就其深矣，方之舟之；就其浅矣，游之泳之。"军事文献《六韬》载："奇技者，所以越深水，渡江河。"考古出土的"战国宴乐渔猎攻战纹铜壶"，壶体绘有战船上士兵搏斗和持有兵器的战士在水中游泳的场景。敦煌莫高窟北魏、隋代和唐时期的洞窟壁画中，均绘有形象生动的游泳场面。另外，据古埃及考古学者发现在出土的原始时期的陶器上就绘有人潜在水中捕捉水鸟的场景。现代游泳运动起源于英国。17 世纪中叶，英国许多地区广泛开展了游泳活动，并于 20 世纪初，出现了游泳比赛间歇时的水中表演项目，即现代的花样游泳。

1828 年，英国在利物浦码头修造了第一个室内游泳池，之后又相继在英国各大城市出现了游泳池。1837 年，在英国伦敦成立了第一个游泳组织，同时举办了游泳比赛。1869 年，英国成立了大城市游泳俱乐部联合会(现英国业余游泳协会前身)。自 1896 年，游泳被列为奥运会竞赛项目；1912 年女子游泳被列入奥运会竞赛项目。奥运会的游泳比赛赛事又发展到 6 个大项 32 个小项。今天，游泳已成为令人瞩目的大项之一。国际游泳联合会从 1937 年开始，每 4 年举行 1 次世界游泳锦标赛，每两年举行一次世界杯游泳比赛。

### 二、游泳的健身价值

游泳是一种可以享用一生的健身项目。水是一种奇妙的、有很强缓冲力的宽厚媒介，在水中你不用担心像在陆地上一样容易受到伤害。相对于陆上运动而言，游泳池的确是一个相对安全的环境，因为有救生员总是警惕地在周围不断走动，他们会用一种很恰当的方式来帮助你运动。

经常参加游泳运动，能塑造健美的体型，提高心肺功能，促进新陈代谢，增强耐寒能力；游泳还是娱乐、休闲和交友的活动；游泳还是军事上必备的主要技能。同时，游泳也是治疗某些慢性疾病的理想手段。由于水对人体的压力、浮力和水流的按摩作用，对腰肌劳损、慢性关节炎、静脉炎、哮喘病和高血压心脏病等都有不同程度的疗效。

## 三、几种泳势

### （一）蛙泳

蛙泳是身体俯卧在水中，依靠两臂对称向后划水、两腿向后夹蹬（酷似青蛙），向前游水，所以取名蛙泳。蛙泳的动作在水下，支撑面积大、间歇性强、出入水面呼吸方便、可视性好、对长时间、远距离游适应性强。

（1）身体位置。蛙泳时，身体位置随着手、脚完成有效的动作后，身体水平俯卧于水中，两臂向前、两腿向后伸直并拢；头部略抬，水齐前额，脸下部浸入水中；展胸、稍收腹、微塌腰，呈流线体，身体纵轴与水面成 5°～10°，如图 9-1、9-2 所示。

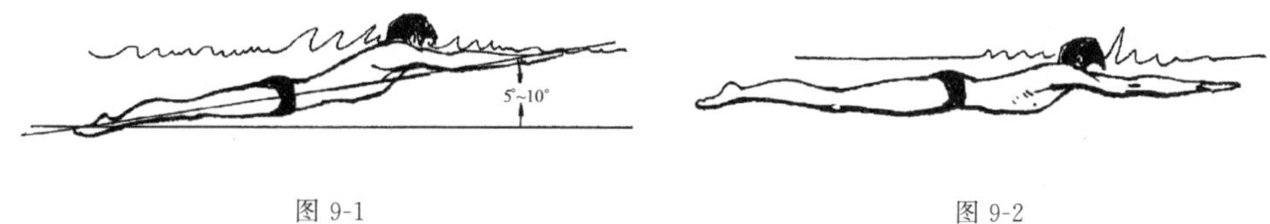


图 9-1　　图 9-2

（2）腿部技术。腿部技术是推动身体前进的主要动力。可分为滑行、收腿、翻脚和蹬水四个不可分割的动作阶段。

①滑行：滑行是蛙泳的开始姿势。当身体借助惯性力高速向前滑行时，两腿（脚尖）并拢向后伸直，臀部、腿部肌肉的适当收缩，使身体呈水平姿势，为收腿做好准备。

②收腿：两腿稍微内旋，脚跟分开，由大腿带动小腿，膝关节随腿的下沉向前边收边分。收腿结束时，大腿和躯干之间成 130°～140°，小腿尽量靠近臀部，并藏于大腿的投影之中，两膝的距离与肩同宽，两脚掌平行向前收，靠腿的内旋，使脚跟分开与臀部同宽。要求收腿路线短，减少阻力，以等速行进，如图 9-3、9-4 所示。

③翻脚：是收腿的继续，蹬水的开始。而蹬水效果的好坏，取决于翻脚技术是否正确。

加长蹬水线路，随着收腿的结束，两脚应继续向臀部收紧，大腿内旋使两膝内压的同时小腿向外翻，接着脚尖也向两侧外翻，使脚掌内侧正对蹬水方向。整个翻脚技术是由内收腿、压膝、翻脚三个连贯动作组成。压膝是指大腿内旋，带动小腿外翻的过程如图 9-5 所示。

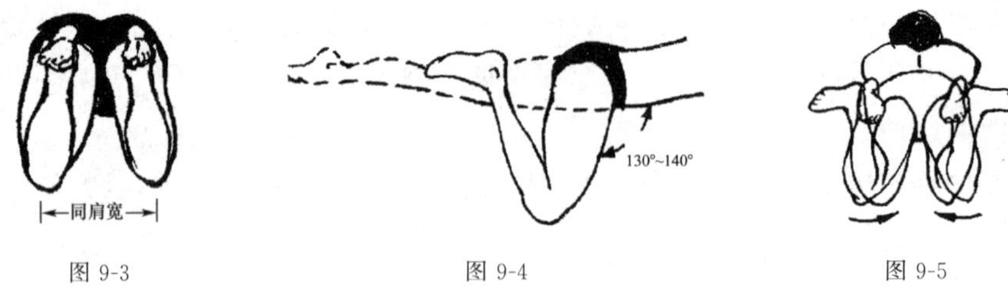


图 9-3　　图 9-4　　图 9-5

④蹬水:是推动身体前进的主要动力。要想获取向后下方的最大力量,必须充分利用阻力和截面的正比关系,由髋部发力,带动膝、踝相继伸直,以大腿、小腿和脚掌内侧向后做急速有力的蹬夹动作,造成向前的推进作用力。在蹬夹过程中,大腿内旋造成膝内压,能带动小腿和脚,尤其是踝关节内旋,使蹬水形成一个最后鞭状打水动作,如图 9-6 所示。

图 9-6

(3)臂部技术。蛙泳臂部技术是推动身体前进的主要力量,臂部技术可分为滑行、抓水、划水、收手和伸臂五个不可分割的动作阶段。

①滑行:当游泳者蹬水动作结束时,两臂保持一定的紧张度,自然向前伸直,两臂与水平面平行,手指自然并拢,使身体在较高的位置上保持稳定,形成良好的流线型,如图 9-7 所示。

②抓水:接滑行后,肩保持前伸,两臂内旋,使两肩和掌心转向外斜下方屈腕,两手分开向侧斜下方压水,当手掌和前臂感到有压力时,就开始划水,如图 9-8 所示。

图 9-7　　图 9-8

③划水:是加速的开始,两臂分成 40°～45°夹角时,手腕开始逐渐弯曲,这时两臂两手积极地做两侧、下、后、内方向屈臂划水动作。整个过程肘高于手并前于肩,主要阶段肘关节弯曲度接近 90°,如图 9-9 所示。

④收手:是划水的继续,能产生上升力和前进力。两臂向里,向上快速收到下颌的下前方,掌心由后转向内。肘低于手,上臂不超过两肩的延长线,尽量把两臂收在身体的投影之中,以发挥划水造成的推进惯性作用,减少水对伸臂时的阻力,如图 9-10 所示。

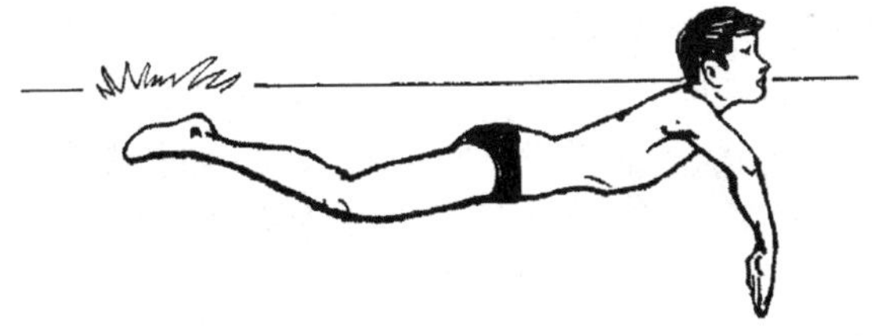

图 9-9

⑤伸臂：是由展肩、推肘、伸臂依次完成。掌心转向下，两臂先向前上再向前伸，划出两个圆滑的弧形，如图 9-11 所示。

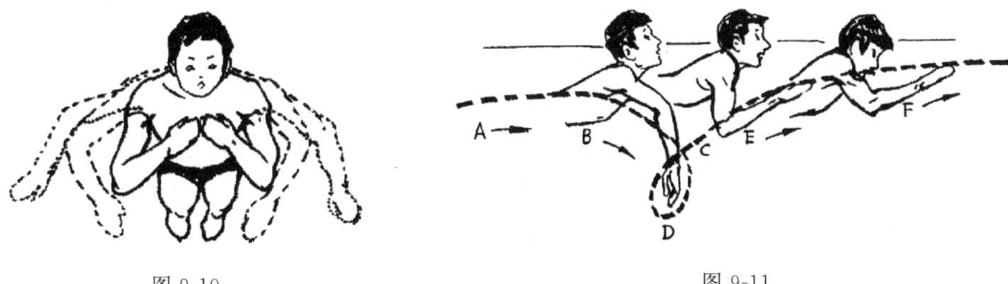


图 9-10　　图 9-11

(4)呼吸和完整技术的配合。蛙泳的呼吸，是掌握完整技术的关键。一般采用一个动作周期呼吸一次。呼吸的方法有早呼吸和晚呼吸两种。早呼吸是在两臂抓水时抬头用力呼气，在划水过程中吸气，在收手过程中闭气低头，伸臂滑行时慢慢吐气。晚吸气是在划水几乎结束时才开始抬头用力呼气，在两臂结束划水和收手过程中，身体达到最高点时吸气，结束收手时闭气低头，在伸臂的后段直至划水过程中慢慢吐气。初学者用早呼气较有利，因两臂划水时有较大的支撑面使头露出水面进行吸气，如图 9-12 所示。

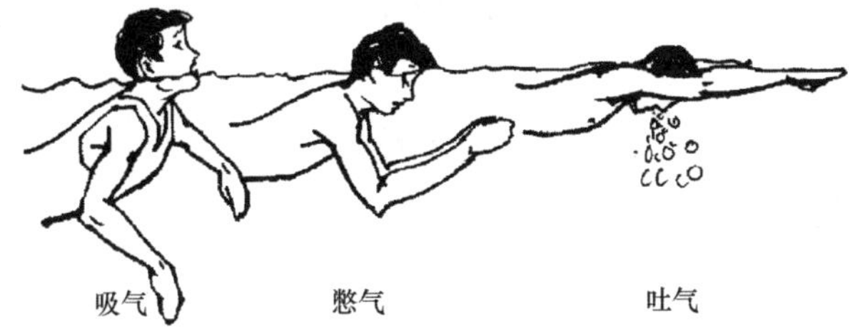


图 9-12

呼吸与腿臂的完整配合，可采用划水时，两腿微收，抬头吸气；收手时，继续收腿，开始憋气；推肘伸臂时，两腿蹬夹，滑行吐气。

(二)自由泳

自由泳也称“爬泳”，是速度最快一种泳姿。自由泳的动作特点是运动员全身伸展，俯卧在水中，两腿上下交替打水，两臂轮流划水，当手划出水面时，脸部侧转换气，从而使身体得以迅速向前游进。自由泳比赛时，除开始和转身阶段外，身体的一部分必须一直保持在水面以上。

**1. 自由泳的身体姿势**

自由泳时，首先身体尽量保持水平。水面接近发际，髋部略低于肩，身体纵轴与水面成很小的锐角。其次,不能有明显的侧向摆动。肩、髋和腿应该作为一个整体随着手臂在一个假想的略宽于双肩的通道内转动,人在水中只占很小的空间。再次,身体保持良好的流线型。双肩略向上耸,可以使胸部和腹部较平,形成平滑的流线型表面,使水流顺利通过。另外,要保持流线型,肩部要前伸,还要尽量使手臂和腿的动作不偏离身体纵轴太远。最后,身体随手臂动作围绕纵轴有节奏地转动。身体围绕纵轴转动,可以充分发挥躯干大肌肉群的作用,有效增大推进力;身体的转动还有助于髋和肩部保持流线型以及呼吸动作的完成;在一定范围内,身体转动幅度增大还可以增加推进力。

**2. 自由泳的腿部动作**

自由泳腿部动作的主要作用是协助维持身体平衡、调节动作频率、产生身体协调效果,并产生一定的推进力。

自由泳打腿由向下打腿和向上打腿两部分交替构成。向上打水时,由大腿带动小腿向上移动,腿呈伸直姿势。当整条腿移到水面并与水面基本平行时,大腿停止继续上移,转入向下打腿,但小腿和脚由于惯性的作用仍然继续上移,使膝关节弯曲。当小腿和脚也完成向上打腿时,大腿已经进入下打水过程。小腿上打水不能露出水面,脚掌接近水面或略露出水面。

小腿和脚在上打水结束后,在大腿的带动下开始向下打水。由于膝关节的弯曲,小腿和脚的打水方向是后下方。当大腿向下打水到最低处并开始向上打水时,小腿和脚仍未完成向下打水,直到膝关节完全伸直,小腿和脚在大腿带动下转入向上下打水。然后开始下一次动作循环。

自由泳的打水动作应该是向下屈腿打水,向上直腿打水,打水幅度 30～40 厘米。

**3. 自由泳的划臂动作**

自由泳划臂动作可分为入水和前伸、向下划水和抱水、向内划水、向上划水和出水、空中移臂等几个阶段。

(1)入水和前伸。手入水的位置在身体纵轴与肩的延长线之间。入水以大拇指先斜插入水,此时掌心向外。

(2)向下划水和抱水。入水后手臂积极向前下方伸展,以便使手掌和前臂向后对准水,使手臂像抱住一个圆桶似的,抱住水。

(3)向内划水。手臂抱住水后,肘关节越来越弯曲,手臂向内、向后、向上方,沿一个虚拟的对角线方向划水。

(4)向上划水和出水。向内划水结束后,手臂改变划水方向,向上、向外、向后沿一个虚拟的对角线划水。手臂划水结束后应立即改变手的迎角,肘外旋,使小指朝上,掌心朝向大腿,在肩的带动下将手臂提出水面。出水的正确顺序是上臂、前臂和手。出水动作应快速连贯,但前臂和手尽量放松。手像是从裤袋里掏出那样,以小拇指领先出水。

(5)空中移臂。空中移臂与出水并没有明显的界限,而是出水的继续,不能停顿。在身体滚动的作用下,身体接近侧卧位,空中移臂可以轻松、自然地完成,直到手再次入水。空中移臂时的感觉就像在肘关节上系了一根绳子,绳子向上拉,肘关节因此被提起,直到头前适宜的位置再次入水。手的速度快于前臂和上臂的速度,手在肩前领先入水。

**4. 自由泳的划臂与呼吸的配合**

(1)划水与呼吸的配合。以向右侧转头吸气为例,右手入水后吐气,右手一边划水,身体边向右上侧转动,手臂向上划水接近出水时,身体转动幅度最大,头随身体转动,此时嘴自然露出水面吸气。随着空中移臂,身体和头向左上转动,头回到水中。呼吸是身体转动的一部分,不用刻意抬头,否则头就偏离了与身体形成的直线,破坏了身体的姿势和平衡。

(2)两臂的配合。根据两手之间的位置关系,自由泳的两臂配合有三种基本形式,即前交叉、中交叉和后交叉。前交叉阻力小,容易掌握,但推进力不均匀;后交叉阻力大,破坏身体平衡,不提倡使用;中交叉介于二者之间。初学者最好学习前交叉的方式,以利于身体平衡。

(3)划水、大腿与呼吸的配合。自由泳配合技术有多种形式,其中 6∶2∶1 配合是较常见的一种,即 6 次打水,2 次划水,1 次呼吸。此外还有 4∶2∶1、2∶2∶1 等多种配合形式。初学者最好学习 6∶2∶1 的配合方式,容易保持身体的平衡。

(三)仰泳

仰泳是人仰卧在水中游进的一种姿势。仰泳呼吸容易掌握,动作简单易学,在民间一直是较受欢迎的一种泳姿。但由于仰泳划水在身体两侧进行,肌肉难以充分伸展,不能像自由泳和蝶泳那样无分发挥上肢的力量,因而速度受到一定的影响。仰泳实际上是“易学难精”的一种泳姿,需要游泳者有较强的力量和极好的柔韧性。仰泳比赛中,在开始阶段和转身时,运动员还可以在水下最多游 15 米。

**1. 仰泳的身体姿势**

仰泳的身体姿势应符合使游泳者最大限度地减小阻力,增大推进力的要求。身体自然伸展,平直地仰卧于水面,头和肩部略高于腰和腿部,身体纵轴与水平面构成一个很小的仰角。

头的位置在很大程度上决定了整个身体的位置,起着“舵”的作用。头部过于后仰,容易使髋部抬高,腿和脚露出水面,影响打水效果,并容易挺胸弓背,使躯干过于紧张僵硬。反之,如果刻意收下颌,抬高头的位置,髋和腿就会下沉,身体容易“坐”在水中,增大身体前进的阻力。

游仰泳时,身体也应随划水和打水动作转动。游进中将身体尽量伸展,保持积极的流线型,通过微向前耸肩使脊背保持挺直。

**2. 仰泳的腿部动作**

仰泳腿部动作的主要作用与自由泳相似,是协助维持身体平衡、调节动作频率、协调身体作用,并产生一定推进力。

仰泳打水的作用主要是保持身体位置,产生一定的推进力,并给身体一个稳定的支撑力。仰泳打水由上打水和下打水两部分组成。仰泳腿的技术与自由泳腿相似,同样是从髋关节开始发力，大腿带动小腿做鞭状打水动作。仰泳腿上打水开始时，膝关节弯曲的程度大于自由泳向下打水时弯曲的程度；打水的幅度也比自由泳深。事实上，由于身体的转动，仰泳时，腿的动作并不是垂直向上或向下的，而是伴随着上打水和下打水的动作，还有髋关节的转动。

为了保持身体的流线型，两脚分开不要过大，应处于身体截面内（以肩宽为标准）。向上打水时，大腿带动小腿屈腿向上踢，脚接近水面时，直腿向下压。上下打腿的幅度约为40厘米。向上打水要快而有力，脚略内旋，（内八字脚）并绷直；向下打水时腿和脚自然放松。上打水动作要把握好尺度，即在任何情况下，膝关节、小腿和脚均不能踢出水面。

## 四、游泳的场地规格、器材设施

### （一）比赛场地

国际标准游泳池长50米，宽至少25米，深2米以上。设8条泳道，每条泳道宽2.50米，第一和第八条泳道的外侧分道线距离池壁为2.50米。

### （二）器材设施

器材设施主要包括：分道线（浮标直径0.05～0.15米）、自动计时装置、仰泳转身标志旗、出发台。

# 第二节　实用游泳

实用游泳的历史悠久，在古代，人类为了生存，在水中进行的各种活动就是原始的实用游泳。现代所指的实用游泳是人们在农业生产、工业生产、国防建设、休闲旅游和生活服务中有较大应用价值的游泳方式。实用游泳包括踩水（立泳）、侧泳、潜泳、反蛙泳、水上救护、武装泅渡等项目。

经常进行实用游泳锻炼，可以改善身体机能和提高身体素质，提高对水环境的适应能力，能克服对水的恐惧心理和增强自信心，培养不怕困难、勇敢拼搏的精神。

## 一、踩水

踩水也称“立泳”，人体直立水中，两腿交替上提下踩，保持身体不沉并能前进，两手则在胸前做横向“摸水”。踩水一般用于持物过河、水上侦察、水中救生等活动。

踩水时，身体几乎垂直于水面，稍前倾，头部始终露在水面上，下颌接近水面（图9-13）。两臂稍弯曲，在体侧前做向外、向内的摸压水的动作。向外时，手掌心向外侧下，有分开水的感觉，向内时，手掌心向内侧下，有挤水的感觉。向内摸压至肩宽距离即分开，两手掌摸压水的路线呈双弧形，腿部动作几乎和蛙泳一样，收腿时，膝关节可外翻，蹬腿时，膝关节向内扣压，同时小腿和脚内侧蹬夹，两腿尚未蹬直并拢即开始做第二次的收腿动作。臂腿的动作配合要连贯、协调，一般是两腿做蹬夹水时，两臂向外做摸压水的动作。收腿时，则向内摸压，呼吸要跟随臂腿自然进行。蹬夹水（臂向外）时吸气，收腿（臂向内）时呼气。可以一个动作一次呼吸，也可以几个动作做一次呼吸。

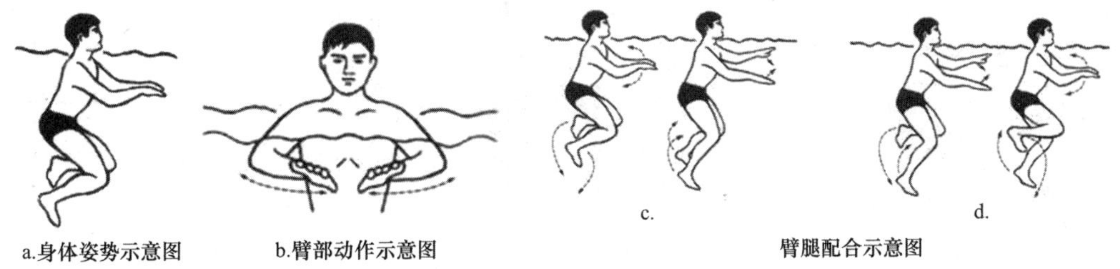


图 9-13　踩水示意图

## 运动小贴士

**踩水的有效练习方法**

岸上双杆挂臂模仿踩水：悬挂在双杠上，模仿踩水的腿部动作，着重体会椭圆形动作路线和连贯圆滑、周而复始的动作方式（图 9-14）。

图 9-14　岸上双杆挂臂模仿踩水示意图

水中站立划水：站在齐胸深的水中，两臂稍屈举于胸前，做有节奏的向外、向内弧形拨压水动作，体会水对手臂的反作用力。

## 二、侧泳

侧泳是身体侧卧在水中向前游进的一种泳式。用两臂交替划水，两腿做剪水动作游进。常用于水中拖运物品、救助溺水者等。

侧泳时，身体侧卧水中，稍向胸侧倾斜，头的侧下部浸入水中（近似于爬泳的吸气动作），下面的臂前伸，上面的臂置于体侧，两腿并拢伸直，游进时身体绕纵轴转动（图 9-15）。侧泳的呼吸和爬泳的呼吸基本相似，只是无须把头埋入水中呼气。上臂推水和出水时吸气，并且头部也少有转动，移臂时还原，做憋气和呼气。为了保证呼吸舒畅，一般是一次腿、两臂各做一次划水、呼吸一次。侧泳完整配合：两腿蹬夹水一次，两臂各划水一次，呼吸一次。在上面臂划水结束与下面臂前伸时，应有短暂的滑行动作。

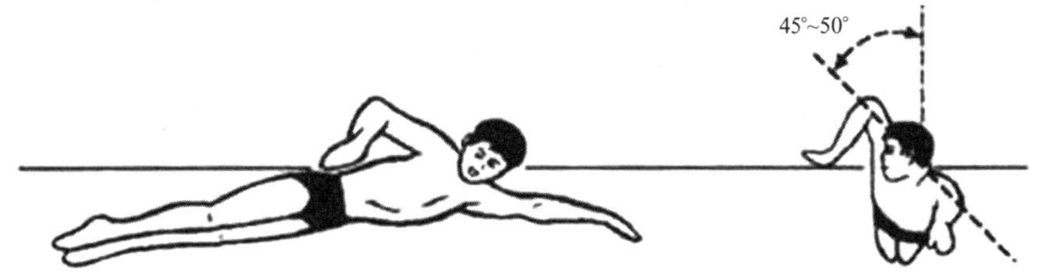


图 9-15　身体姿势示意图

**运动小贴士**

**侧泳的有效练习方法**

水中扶板蹬剪腿练习：两臂一前一后扶在浮板上，身体水平侧卧水中，做侧泳腿动作向前游进，要求两腿蹬剪结束后伸直并拢做划行。

水中侧向行进划臂练习：站在水中，上体前倾做侧泳两臂划水动作向前行进，借助划水动作产生的反作用力向侧移步，可结合转头呼吸动作进行练习。

完整配合游练习：蹬壁滑行后身体转成侧泳姿势，做侧泳臂、腿配合的动作向前游进。逐渐加上有节奏的呼吸，形成完整配合技术。

## 三、潜泳

潜泳是水下游进的一种技术，在水下作业、科学考察、抢救溺水者等方面有较多应用。潜泳时，要求躯干和头始终保持水平，但是两臂开始划水时要稍低头，以防止身体上浮。臂部动作分为外划、下划、内划和前伸四个阶段，两臂划水幅度大于正常蛙泳，以产生较大的推进力。潜泳的腿部动作和蛙泳腿的动作只有很小的差别，即收腿时屈髋幅度及两腿向两侧分开的角度比正常蛙泳小些。臂划水时和划水结束后，两腿自然伸直并拢，在水里做滑行动作。移臂时收腿，臂移至胸前向前伸的同时蹬腿，两臂伸直时蹬腿结束。放慢动作频率，延长滑行时间，充分利用臂腿产生的推进力向前游进(图 9-16)。

图 9-16　潜泳示意图

## 四、反蛙泳

反蛙泳就是身体翻转过来的蛙泳，也叫蛙式仰泳。反蛙泳呼吸自然、动作自如，节省体力，易学实用，是在水中拖运物品、抢救溺水者时常用的技术(图 9-17)。

反蛙泳时，身体仰卧水面，两腿做屈收和蹬水动作，两臂同时沿体侧向后划水，一次划臂配合一次蹬腿，使身体前进，形似蛙泳。

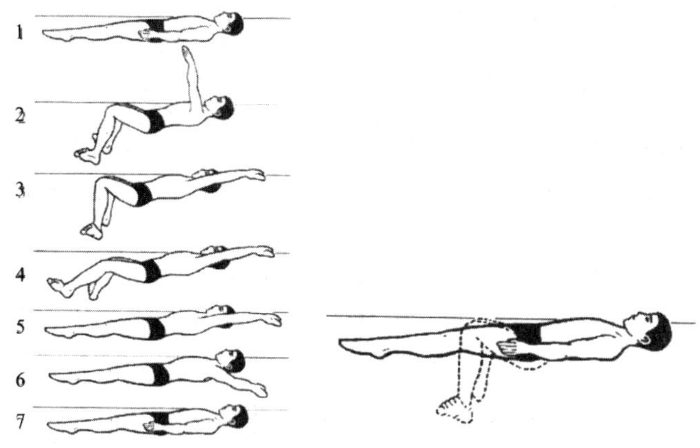


图 9-17　反蛙泳示意图

运动小贴士

**反蛙泳的有效练习方法**

水中扶板蹬腿练习：仰卧水中，抱着浮板于腹前，做腿部的动作向前游进。

多次腿一次臂配合：仰卧水中，两臂贴于体侧，做 2～3 次蹬腿动作后，接着做 1 次划臂动作，每次蹬腿后要稍做滑行。

# 第三节　游泳水上救护

水上救护是指发生溺水险情时，遇险者与救助者应采取的救护措施，包括自救与他救。

## 一、游泳的自我保护和自救

游泳中常会遇到意外情况，如果懂得自我保护和自救，就可以化险为夷，避免事故发生。

**1. 体力不支**

游泳中发现自己体力不支时应立即采取仰姿，尽量保持冷静，利用漂浮节省体力，然后向岸边或设有支撑物的目标靠近并同时呼救。

**2. 呛水**

刚学会游泳的人，遇着水浪常会发生呛水，这时如果心慌、紧张，可造成连续呛水。当发生呛水时，脸部应转向回避水浪方向，或放松仰浮，使呼吸自如，待恢复平静后再游。

**3. 抽筋(痉挛)**

寒冷、疲劳、动作过分紧张都易引起抽筋。局部抽筋并无多大危险，仍可游回岸边。如果必须在水中解除，一般可采用牵引方法，拉伸抽筋部位的肌肉而使之缓解。

## 二、器材救护

如溺水者离岸较近且神志清醒时，可将救生圈或手边的浮筒、木板、绳索(一端系上漂浮物)、竹竿等抛向溺水者进行救援。如果身边无物，而溺水者又过分紧张，挣扎乱动，则不论离岸远近，都必须立即下水做直接救护。

## 三、直接救护

### 1. 入水和游近溺水者

脱去身上的厚重衣物，要选择能最快接近溺水者的地点，用带助跑的方法跃入水中。但是，如果不熟悉水情或离溺水者很近时，宜用脚先入水试探一下，以免碰上水中暗石而发生意外。在流动的水域中要根据水流方向，在溺水者的上游入水。入水后，以最快的游速游近溺水者，游近时始终要注视目标，并注意保留一定的体力，以便在水中实施救护。

### 2. 水中拖带

拖带溺水者宜采用反蛙泳或侧泳，并时刻注意使溺水者脸部露出水面。施救者可双手托溺水者头部或腋下，用反蛙泳姿势拖带，或单手托住后脑勺、肩部、腋部拖带，另一手臂可做划水动作。也可托溺水者肩部、腋部、头部，或抓握其头发、手腕，用侧泳拖带（图 9-18）。

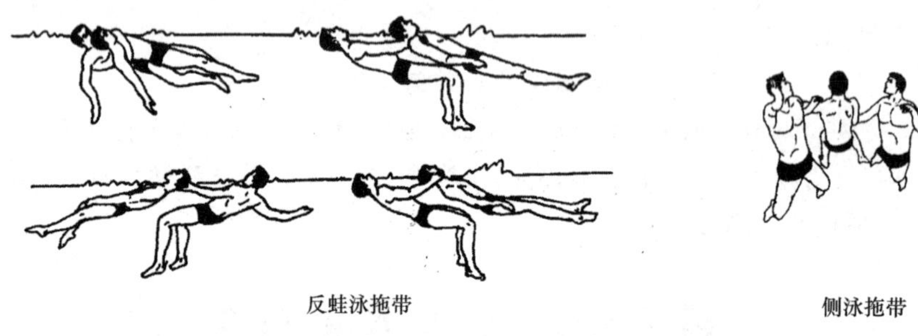


图 9-18 水中拖带

## 四、水中解脱

由于在水中挣扎的溺水者只要抓住任何东西就不会轻易松手，施救者为保证自身和溺水者的安全，就要采用相应的解脱术解脱溺水者的抓抱。解脱的主要方法是转腕、扳手指、反（扭）关节、推击等。以溺水者从后面抱住施救者颈部为例，施救者应下沉，双手上推溺水者的双肘，同时头部向下抽，趁势抓住溺水者的手腕使自己解脱（图 9-19）。然后，将溺水者转至背贴施救者前胸的位置，手托溺水者腋下，用反蛙泳或侧泳方式将溺水者拖带出水。

图 9-19 水中解脱

## 五、岸上急救

将溺水者救上岸后，先排除口腔、鼻孔中的堵塞物，如果溺水者腹中有水，需要将水控出，然后进行人工呼吸和胸外心脏按压（图 9-20）。

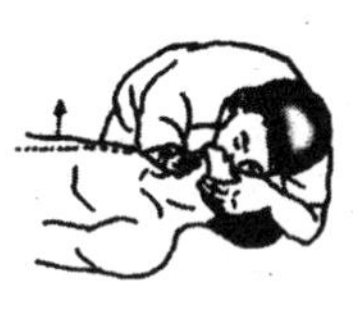

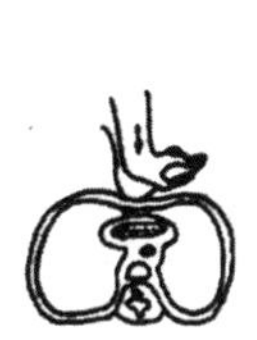


图 9-20　岸上急救

# 第十章

## 冰雪运动

滑冰与滑雪均是体育项目。滑冰由简单的滑行逐渐向速度滑冰和花样滑冰以及技能性很强的冰球运动发展。滑雪经历了骑木滑行逐渐向高山滑雪、单板滑雪、越野滑雪、自由式滑雪发展。

冰雪运动是一项全身运动,它在给练习者带来速度上的享受和刺激的同时,也在无形中锻炼了练习者身体的平衡能力、协调能力和柔韧性。因为,冰雪运动实质就是掌握平衡的过程,要求在重心的不断切换中找到平衡点。尤其是花样滑冰,它要求运动者在洁白的冰面上滑行、旋转、跳跃、舒展,演绎出一个个动人的故事。既表现出了力量、速度和难度,又有艺术的优美和抒情,而且在旋律与韵味上同芭蕾舞极为相似,因而有"冰上芭蕾"之称。

而高山滑雪者如银狐般在雪峰间自由穿梭,完成各种高难动作;看跳台滑雪者如展翅翱翔的雄鹰,从高空俯冲而下;看自由式滑雪者从白雪皑皑的山坡上凌空而起腾挪飞跃。冰球运动是在冰面上进行的,其高速度、激烈的对抗和冲撞、快速的攻防转换,是其他体育运动所很难同时具有的。

冰雪运动可以充分挖掘人类潜能,挑战自我极限,众多冰雪爱好者,喜欢采用滑冰、滑雪等方式,体会在户外运动的刺激。目前越来越多的人对冰雪运动产生了兴趣,随之,我国冰雪运动的水平也得到了很大提高。

冰雪运动是一项比较古老的运动,人类的冰上活动最早可以追溯到远古新石器时代。尤其是滑雪,早在距今一万年前的古新疆阿尔泰地区就出现了滑雪活动。新疆考古工作者于 2005 年在阿尔泰市一个古岩棚内,发现了一组抽象的人体滑雪岩画。这是至今为止世界上最早的滑雪起源的史证。1924 年,滑雪运被列入冬奥会正式比赛项目。1924 年 2 月 2 日国际滑雪联合会(FIS)成立,并决定从 1925 年开始,定期举行世界锦标赛,1948 年以后改为每两年举行一次。

西方国家的滑雪运动起源于西欧和北欧。公元 11～12 世纪的荷兰、美国、瑞士以及斯堪的那维亚半岛一些国家就有脚绑兽骨、手持带尖木棍支撑冰面向前滑行的记载。尽管这种活动只是人们在冬季的一种代步活动,但却为现代滑冰运动的产生和发展奠定了基础。

公元 1250 年,荷兰发明了一种安装在铁板上的铁制冰刀。1572 年,一位苏格兰人制造了一副全铁的冰刀，1850 年美国人布什内尔制造了世界上第一副钢质冰刀。这是现代冰刀的起始标志。

最早的滑冰比赛出现于 1676 年，是在荷兰的运河上进行的。1742 年，第一个滑冰组织爱丁堡俱乐部在英格兰创立，并开始了速度滑冰比赛。1885 年，在德国汉堡举行了第一次国际速度滑冰比赛。19 世纪 70 年代，随着滑冰运动日益广泛发展，各国相续建立了全国性的滑冰协会组织。1892 年 7 月，国际滑冰联盟正式成立，从而奠定了速度滑冰发展的基础。1924 年 1 月，在法国夏蒙尼举行了第一届冬季奥林匹克运动会。截至 2014 年，冬奥会已成功地举办了 22 届，在全世界产生了广泛的影响力。

我国早在宋代就出现了由滑雪发展而来的“冰嬉”。元代以后，“冰嬉”更为盛行，而且规模也更大，明代有了关于“冰床、冰擦”的记载，清代设“技勇冰革奚(鞋)营”，滑冰成为清朝八旗兵士必须操练的一项军事技术项目。另据文献记载，乾隆皇帝在《冰嬉赋序》里把跑冰运动称为“国俗”，并有一套管理制度和训练方法，可见当时滑冰运动的普及。19 世纪末，欧洲的滑冰运动传入中国。1935 年，在北京举行了第一次滑冰比赛。中华人民共和国成立以来，我国滑冰运动得到了迅速发展，并跻身于世界水平。随着我国体育事业的不断发展，先后涌现出一大批优秀速滑运动员，并在世界重大赛事上为我国赢得了一系列荣誉。

滑冰在不断提速的同时，花样也在不断增加，出现了花样滑冰。1896 年，世界花样滑冰锦标赛举行。1924 年，花样滑冰被列为冬季奥运会正式比赛项目。我国的花样滑冰在世界上具有较高水平，并取得了一系列优异成绩。

冰球运动起源于加拿大，并很快传入欧洲。1980 年，在巴黎成立了“国际冰球联合会”。1920 年，冰球运动在第七届奥运会上被列为比赛项目。加拿大冰球在世界上一直处于领先地位，多次赢得世界冠军。冰球运动在欧美国家的高校里，颇受大学生欢迎，他们的竞技水平也相当高超。

# 第一节　滑雪运动简介

## 一、滑雪运动分类

### (一)跳台滑雪

跳台滑雪是以滑雪板为工具，在专设的跳台上以自身的体重通过助滑坡道获得速度比赛跳跃距离和动作姿势的一种雪上竞技项目。由个人标准坡度、个人大坡度、个人滑翔、团体标准坡度、团体大坡度以及团体滑翔 6 个项目组成。

跳台滑雪 19 世纪起源于挪威。1862 年，首次跳台滑雪比赛在海德马克郡东部的特吕西尔举行。从此跳台滑雪成为雪上运动的一个独立项目在挪威开展起来。1879 年,在挪威奥斯陆郊外举行了首届跳台滑雪赛。初期,跳台滑雪都是在山坡利用自然地形进行。19 世纪 80 年代,人工建造的跳台相继在奥斯陆、希思、德腊门以及利勒哈默尔等地出现。

1900 年,挪威人比约默·尼尔森表演了第一个传统跳跃,远度是 17 米。1902 年,挪威人尼尔斯·耶斯特万格采用同样的方法跳出 41 米。1994 年 3 月 17 日,奥地利运动员安德烈亚斯·戈尔德伯格第一个突破 200 米大关,他的成绩是 202 米。

我国开展跳台滑雪运动是在 20 世纪 80 年代初。1982 年,吉林市成立了第一支跳台滑雪队;1984 年,举行了国内首次跳台滑雪比赛;1986 年,跳台滑雪项目正式进入全国冬季运动会;1991 年,黑龙江省亚布力雪场建起了我国第一座 K90 米的跳台和一座 K50 米的跳台。近年来我国的年轻跳台滑雪运动员多次被派出国训练,收效很大,进步较快。

### (二)高山滑雪

高山滑雪运动由男、女滑降、回转、大回转、超级大回转、平行回转以及全能等 12 个项目独立组成。其中滑降要求运动员从山顶按规定线路穿过用旗插成的门形向下滑行,是竞速滑雪比赛项目,线路长 2000 米以上,坡度 5°～35°,平均 20°;回转滑雪,要求运动员从高山上滑下时不断穿过门形和障碍物,连续转弯和高速下滑,比赛线路长度男子为 600～700 米,女子为 400～500 米,坡度 30°以上的段落占比赛全程的 1/4,在男子的比赛线路上插有 55～75 个门形,女子比赛线路上插有 45～60 个门形;大回转滑雪,是高山滑雪比赛项目之一,运动员要快速从山上向下沿路连续转弯,穿越各种门形。男子比赛线路长度为 1500～2000 米,女子在 1000 米以上,坡度为 15°～32°。

高山滑雪在我国起步较晚,加之受场地、器材、气候等诸多方面的制约,发展较慢,目前竞技滑雪水平处在世界的中下游。作为民众性的娱乐滑雪在最近几年才开始起步。

中国高山滑雪项目正式参加冬奥会是在 1980 年美国普莱西德湖举行的第十三届冬奥会。当时中国派出了两名运动员参加了高山滑雪的大回转和回转比赛。从第十三届冬奥会之后我国滑雪运动的国际交往逐渐频繁起来,参加了世界大学生冬季运动会、滑雪单项世界锦标赛、世界杯赛及亚洲冬运会。通过这些比赛,运动员开阔了眼界,增长了知识,积累了经验并得到了锻炼,竞技水平不断提高。

### (三)越野滑雪

越野滑雪是以滑雪板和滑雪杖为工具,在丘陵起伏的山地中沿规定的线路进行的一种雪上竞技运动,是由男女子短距离、团体短距离、5 千米、10 千米、15 千米、30 千米集体出发、4×5 千米接力等 14 个项目组成。

越野滑雪的滑行技术分为传统技术和自由技术。运动员若想自如地在起伏多变的丘陵地带滑行,必须掌握各种滑行、登坡、滑降和转弯等基本技术。越野滑雪作为旅游项目在欧美许多国家和亚洲的日本、韩国已经开展得相当广泛。同时它一直被人们用于狩猎、巡逻、勘察、抢救等活动。

（四）自由滑雪

自由滑雪是以滑雪板和滑雪杖为工具,在专门的场地上通过完成一系列的规定和自选动作而进行的一种雪上竞技项目。由男子和女子空中技巧、雪上技巧、双人雪上技巧、多人雪道赛、“U”形场地技巧、特技滑雪以及团体等 14 个项目组成。

19 世纪末,挪威滑雪运动的奠基人弗·南森在其所著《高山滑降技术初级教程》一书中,曾经提议对运动员所完成回转的数量及优美的程度等技巧进行评分。这就是说高山滑雪中就存在着自由式滑雪的成分,自由式滑雪是在高山滑雪的基础上孕育发展形成的。

我国也开展了自由式滑雪中的空中技巧项目,沈阳体育学院的徐囡囡曾获得第 18 届长野冬奥会自由式滑雪空中技巧的银牌。这是我国参加冬奥会以来获得的第一块雪上项目奖牌。2010 年温哥华冬奥会,我国运动员李妮娜获女子自由式滑雪空中技巧银牌。

（五）单板滑雪

单板滑雪是以一块滑雪板为工具,在规定的山坡快速回转滑降及在特设的“U”形场地内或借助助滑坡起跳在空中完成各种高难动作的雪上竞技项目。由男女回转、大回转、平行回转、平行大回转、“U”形场地技巧(“U”形池)、多人雪道障碍赛以及单板空中技巧组成。

20 世纪 70 年代中期,单板滑雪开始兴起。采用新材料和工艺的滑雪板不断出现,但由于滑雪者控制滑雪板的能力较差,许多滑雪场禁止进行单板滑雪。1985 年美国也只有 7%的滑雪场对单板滑雪者开放。此后由于高山滑雪、自由式滑雪以及陆地滑板爱好者的加入,使单板滑雪的技术、技巧得到进一步的完善与提高,在一定程度上促进了单板滑雪的发展。

20 世纪 80 年代初,随着单板滑雪的发展和运动技术水平的提高,一些职业选手成立单板滑雪组织并举办了单板滑雪比赛。1980 年,在美国滑雪联盟的组织下,制定了第一个单板滑雪竞赛规则,并于 1983 年在美国举行了首届国际单板滑雪赛。1987 年,单板滑雪世界杯开始举行,极大地推动了世界单板滑雪运动的发展。

1996 年 1 月 24～28 日,第一届单板滑雪锦标赛在奥地利利恩茨举行。从 20 世纪 90 年代开始,为提高单板滑雪的竞争性和观赏性,一批新的子项目相继诞生,先是平行回转和平行大回转,接着是空中技巧和多人雪道障碍赛。到 20 世纪末,单板滑雪所有子项目基本形成。

## 二、滑雪基本技术介绍

### （一）平地滑行技术

平地滑行技术包括二步交替滑行、同时推进滑行（简称同时滑行）、蹬冰式滑行、综合滑行及改变方向等。

(1)二步交替滑行，是平地滑行最基本的技术和主要方法之一。二步交替滑行的前进动力来源于双腿的轮换蹬动摆动和双臂的轮换撑动，在每一个动作周期内，双脚交替蹬动摆动一次，滑行一步，两支滑雪杖轮换各向后撑动一次，即一个周期是由两个滑步、两次撑杖组成。所谓滑步是指不用雪杖撑动，只靠两条腿的蹬动和滑行。

(2)同时推进滑行，简称同时滑行，是指两支滑雪板同时在雪面上滑行，同时滑行的特点是速度快、运用广、易掌握，但上肢力量消耗大。

(3)蹬冰式滑行，可以理解为“雪面上的速度滑冰”。但和速度滑冰相比，上体高，频率低，而且需使用滑雪杖。除常用的双撑两侧蹬冰技术外，还有一侧蹬冰，两侧蹬冰，双撑双蹬，一撑一蹬等。

(4)综合滑行，又称联合滑行或混合滑行，它是平地各种不同滑行技术的综合应用。

(5)改变方向。穿着滑雪板在原位改变方向最简单的方法是提起滑雪杖，双脚踏步式逐渐挪动滑雪板，这样做安全省力，但费时。

### （二）滑降技术

滑降技术是指穿着滑雪板在山坡上由上而下地滑行。在滑雪竞赛中，快速滑降是在滑雪中运动速度最快的项目。

(1)滑降姿势。根据躯干与大腿、小腿的角度大小分高姿势、中姿势、低姿势。要求两支滑雪板与肩同宽，目视前方 20～30 米乃至更远些的距离。两支滑雪杖在腰部的侧前方，也可以双臂轻松自然垂伸。但杖尖和雪轮要提起，不能拖在雪面上，杖杆和雪面大致平行。

(2)滑降的线路和方向。有直滑降、斜滑降、曲滑降、横滑降、犁式滑降、半犁式滑降等。

(3)滑降中的加速。滑雪杖的撑动是最常用、最有效的方法，在中、低速情况下均可使用。撑杖时，杖尖要插到双脚的前外侧，滑行的速度越快，雪仗越应前插、快插。

(4)滑降中的减速。减速方法有犁式滑行、半犁式滑行、横滑行、利用滑雪杖辅助减速及回转滑行等。

(5)滑降中的起滑和停止。滑降起滑处多在山坡上，滑雪者面对前进方向，摆好滑降的基本姿势，滑雪杖反插于前方，用弯曲的手臂支撑，防止滑雪板滑下，双雪板成直滑降或犁式滑降的状态。滑降中的停止，在可能的情况下应尽量逐渐减速进行，实际上在快速的滑降中很难立即停止。理想的停止技术动作与回转技术有密切关系，只要左右连续几个回转动作，或加大回转的弧度，使滑雪板似乎是成向上逆滑之势即可逐渐停止。

### （三）转弯技术

改变滑雪板方向，达到转弯目的的方法和手段很多，但基本原则是边减轻雪板负重，边移动重心,边立起雪板刃。最简单的手段是借助滑雪板固有的形状,立起板刃,将体重主要移放在转弯主动腿上(主动腿指在转弯中起主导定向作用的腿,一般为外腿),使滑雪板逐渐沿弧滑行,达到转弯的目的。

(四)跳跃技术

跳跃技术是指从某一高台,借助一定的滑行速度冲离地面,在空中运行一段距离之后又着陆继续滑行。竞技滑雪称这项运动为跳台滑雪,是在专门的跳台上进行的竞赛。

(1)助滑姿势为滑降低姿势,双臂贴体侧后背,上体与雪面平行,头微抬起,力求平稳滑行,身体各部位不要有多余动作。

(2)起跳时从助滑路上滑行至起跳台边缘,瞬间双腿及时、快速、平稳地向前方伸直引出,与此同时,整个身体伸展前倾,臂部微屈。起跳时一定不要有急骤的跳动动作。

(3)空中飞行,保持起跳后的姿势,沿起跳后的抛物线飞行,这个阶段的动作要严加控制,应尽力保持前倾引探。双雪板保持助滑时的距离或略宽些,板前部上翘,平齐运行。

(4)着陆前的瞬间,双腿前收至腹下,之后弯曲着陆,着陆时双雪板迅速前后错开,呈蹲踞状态,双膝缓冲,后脚跟可抬起,上体直立,手臂自然放于身体两侧或一前一后。着陆后便进入停止前的滑行阶段,双板逐渐平齐,身体逐渐直立起来,呈高姿势滑降。

(5)停止。采用逐渐停止方式为妥。

## 三、滑雪技术难点释疑

**1. 顶不住双膝怎么办?**

偶尔顶不住是必然的,随着技术的熟练会好转。总是顶不住双膝就必须改进。

(1)有意识强化双膝前顶,“锁住”踝关节。反复练习基本姿势。

(2)应降低出发地点,降低滑行速度。不要超出自己的控制能力。

(3)选择坡势不太陡的地势,以保持向前顶住膝。不要超出自己的适应能力。

(4)应让上体向前倾斜些,避免重心落后、上体过直或弯腰过大。在缓坡上多练习。

(5)有条件者配备能有效阻止向前倾斜小腿的雪鞋。

**2. 立不住雪板刃怎么办?**

(1)修磨雪板刃使之锋利些。

(2)将体重向一个雪板上的内刃集中,形成明显的大支撑用力。避免双雪板都用力而无重心交换。

(3)将双膝向前内方向倾压,脚下实实地踏住板刃。

**3. 双板前部总“打架”怎么办?**

(1)双脚掌应用力踩实雪板前部。

(2)注意姿势集中,双板用力均匀。避免多余动作。

(3)转弯中雪板“打架”是因为雪板刃太钝或主动板、从动板不分明。应修磨板刃,强化单板用力意识。

(4)改换到雪质不太硬、不太光的滑雪道滑行。

**4.左、右侧技术不一致怎么办?**

(1)不要急于左右侧过快轮换动作,应在技术较好的一侧动作结束后加进"静滑"过程,之后向技术较差一侧慢慢转换,体验感觉。

(2)找一个有利于体验运动的场地练习,多练技术薄弱一侧慢速斜滑降,然后再反复练习向这一侧的绕山急转弯,改善向这一侧转弯的质量。

**5."刹不住车"怎么办?**

必须降速缓冲,这是刹车的前提。

(1)大犁式滑降制动停止。立住双板内刃,加大后板外分程度,重心后移。后脚跟用力下蹬。

(2)用双板平行转弯及绕山急转弯停止。如果一个转弯动作停不住,可用连续两个或多个转弯动作完成。在中陡坡快速停止时,一般最后都是采用绕山急转弯这一招,此时雪板尖尽量朝向山上。

(3)主动摔倒。这是初学阶段安全和行之有效的"刹车"手段。

刹不住车时,不可用双雪仗在体前斜撑,阻止滑行,更不可大声喊叫往坡下冲滑。

# 第二节 滑冰的教学与练习

## 一、滑冰的起源

滑冰是人们借助冰刀或其他器材在冰面上进行的一种运动,主要包括速度滑冰、短跑道速度滑冰、花样滑冰、冰球、冰壶等。通常,人们所说滑冰运动是指速度滑冰、短跑道速度滑冰。

## 二、基础滑冰动作练习

### (一)冰上站立与行走

**1.冰上站立与行走**

(1)站立。两脚成外"八"字站立,不能向内外倾斜或歪倒,稍屈膝,上体含胸微收腹,两臂自然下垂,上体放松,重心落于前脚掌,踝关节要有意控制,使两脚站正。

(2)行走。在站立的基础上,身体随着左(右)脚向前移动。冰上行走的支撑点全在脚掌,蹬地前进时提大腿向前迈出,行走时两眼注视前方。

**2.练习方法**

(1)身体重心起伏练习。在原地微屈膝站立,做下蹲和起立练习。

(2)身体重心随左右脚移动练习。在原地微屈膝站立的基础上,做身体重心向左右脚移动练习。

(3)原地踏步练习。在原地微屈膝站立的基础上,原地踏步速度由慢到快,幅度由小到大。

(4)向前外“八”字行走练习。在原地练习的基础上，用冰刀内刃行走。

(5)冰上双脚跳练习。包括双脚原地跳、双脚开合跳、双脚侧向跳、双脚原地转体跳。注意保持身体平衡，用两刀正刃中后部着冰。

### (二)冰上滑行

**1. 蹬冰**

动作要领：蹬冰是推动人体在冰上前行的动力，当惯性滑行即将结束，冰刀在体侧找到有力支点时，即进入了蹬冰阶段。这时的蹬冰脚正刃转为内刃滑进，体重集中于蹬冰脚，向侧方有力地伸展髋关节、膝关节，最后快速伸展踝关节。

**2. 单脚蹬冰双脚滑行**

动作要领：上体前倾，两臂自然下垂，两脚稍分开，用正刃支撑，成外“八”字站立。右脚用内刃蹬冰，将重心推送到向前滑进的左腿上，右脚蹬冰后迅速与左脚并拢成两脚正刃滑进。当速度下降时，接着用左脚内刃蹬冰，将重心推送到向前滑进的右脚上，左脚蹬冰后迅速与右脚并拢成两脚正刃滑行。

**3. 单脚蹬冰单脚滑行**

动作要领：上体前倾，两臂自然下垂，两脚稍分开，用正刃支撑，成外“八”字站立，用右脚内刃蹬冰，左脚用正刃向前滑出。伴随蹬冰动作的结束将重心送到左腿，左腿半蹲支撑惯性滑进，持续向前收右腿，滑行将近结束时右脚落冰，左脚蹬冰，伴随左脚蹬冰的动作结束将重心送到成半蹲支撑惯性滑进的右腿上。

## 三、速度滑冰

速度滑冰是以冰刀为工具在冰上进行的一种在规定距离内以竞速为目的的滑冰比赛，是冰上运动项目之一。由男女子 500 米、1000 米、1500 米、10000 米、全能、短距离全能、团体等共十六个项目组成。速度滑冰历史悠久，它是冰上运动的源头。冰上运动的其他项目都是在速度滑冰的基础上产生和发展起来的。

### (一)速度滑冰的基本技术及练习方法

**1. 滑跑姿势**

滑跑中上体前倾，膝部弯曲成半蹲姿势，以便于蹬冰，减少空气阻力。滑跑姿势有高姿势和低姿势两种。身体前倾的角度要根据滑跑距离来决定，短距离滑跑上体前倾的程度要小些。长距离滑跑上体前倾程度要大些，肩部稍高于臀部。一般滑跑姿势为上体前倾约 60°，背部自然放松，小腿夹角 100°～110°，头部自然抬起，两眼注视前方 5～10 米的冰面。

**2. 冰上直道滑行**

(1)直道滑行。蹬冰脚用冰刀内刃扣住冰面，伸展膝关节向后外侧用力压冰、蹬冰，支撑腿用正刃支撑滑行。蹬冰脚完成蹬冰后，迅速用最短的路线收放于支撑腿的一侧转为支撑滑行，而另一脚由支撑滑行转为蹬冰。两脚支撑和蹬冰交替进行。

(2)练习方法

①单脚蹬冰，双脚滑行。

②单脚蹬冰，单脚滑行或单脚长距离滑行。

### (二)冰上弯道滑行

**1. 弯道滑行**

动作要领：弯道滑行采取向左侧倾斜的姿势，全身一致向左倾斜，身体重心投影点在左脚外侧，始终保持左脚外刃、右脚内刃支撑和蹬冰以及右脚向左交叉压步滑行。弯道滑行的身体重心总是沿着圆的轨迹行进。

**2. 练习方法**

(1)顺势转弯。利用直道滑行速度，重心移至左脚，右脚用内刃支撑滑行。

(2)左脚支撑右脚蹬冰转弯。左脚用外刃支撑滑行，右脚内刃连续向右侧蹬冰转弯。

(3)右脚支撑左脚抬起转弯。右脚用内刃支撑滑行，左脚抬起放下。

(4)右脚支撑左脚蹬冰转弯。右脚用内刃支撑滑行，左脚外刃蹬冰。

(5)左右脚交叉向前左转弯。左右脚交叉向前左转弯，自然滑出曲线圆弧。

### (三)冰上停止法

**1. 停止动作**

随着冰上滑行速度的提高，为了控制滑跑速度并防止碰撞，必须掌握简单实用的停止法。

(1)内“八”字停止法(犁状停止法)。滑行重心后压，做后坐动作，前膝内扣，刀尖向内扣，脚跟向外分开，用两刀刀跟内刃擦冰停止。

(2)刀跟停止法(刀尾停止法)。身体重心降低后一并向一侧转动，两膝并拢，用一脚跟向前擦压冰面停止。

(3)急停法。两腿并拢，两刃平行向左或向右转体 90°，屈膝使重心下降。左转时用右脚内刃、左脚外刃压住冰面减速急停，右转时动作相反。

**2. 练习方法**

(1)两脚惯性滑进时，两刀由正刃转内刃以“葫芦”状滑行。

(2)单脚支撑滑行，另一侧脚用内刃后部反方向压冰，左右脚交替。

## 四、花样滑冰

花样滑冰是一项在冰上进行的，技术与综合艺术表演相结合的竞技体育项目，运动员穿着特制的冰刀伴随音乐的旋律在冰面上做滑行、跳跃、旋转等一系列规定和自选动作。由男子单人、女子单人、双人、冰上舞蹈以及同步滑 5 个项目组成。

**1. 双脚向后滑行**

(1)动作要领。身体重心在冰刀前半部，双膝微屈。开始时两脚同时用内刃向后蹬冰。双脚间的距离同肩宽时，将双脚向内收紧，平行向后滑，此时两膝逐渐伸直，靠拢后再次蹬冰，如此反复，滑行路线为连续的“葫芦”状。在熟练掌握蹬冰、收脚后，可练习双脚内刃左、右交替蹬冰和后滑双曲线滑行。

(2)练习方法:先练蹬冰,再练收脚。

**2. 前交叉步滑行**

(1)动作要领

在向左做前交叉步时,左脚用外刃,右脚用内刃,身体向左倾斜,左臂在后,右臂在前,面向滑行方向。首先用右脚内刃蹬冰,左前外刃滑行,然后将右脚经左前交叉放在左脚左前方,同时重心由左脚移向右脚,成右前内刃滑行,并用左前外刃向右后侧方蹬冰,右腿屈膝,左腿伸直,两腿成交叉状,如此反复蹬冰和滑行,便形成了内交叉步滑行。再用相同的方法、相反的姿势和动作,进行右前外、左前内交叉步滑行练习。

(2)练习方法

①直线向前滑,起速后两脚并拢,然后身体向左侧倾倒,使左腿弯曲,右腿伸直,用左脚的外刃、右脚的内刃同时滑行,在冰上的痕迹是向左弯曲的两条曲线,再向右进行滑行练习。

②当能够初步体会用外刃支撑滑行后,便可试将内刃滑行脚抬离冰面,以外刃滑行支撑一段距离。最后再按前交叉步滑行的动作进行练习。

**3. 后交叉步滑行**

(1)动作要领

向右后做交叉步滑行,背向滑行方向,左臂在前,右臂在后,左脚向侧面用后内刃蹬冰,右腿屈膝用外刃向后滑行,左脚用后内刃滑行,然后右脚用外刃向左侧蹬冰,左脚在右脚前交叉着冰向后滑行。右腿伸直,离开冰面后,收回到右侧用外刃着冰,同时左脚内刃蹬冰,上体姿势不变,左右脚交替蹬冰,形成左后内、右后外交叉滑行。再用相同方法相反姿势进行左后外、右后内交叉步滑行。

(2)练习方法

①先进行后滑双曲线练习,加强蹬冰的力量。

②两人一组,一前一后助力滑行练习。

**4. 弧线滑行**

弧线滑行包括前外、前内、后外、后内四种。所有花样滑冰动作都离不开这四种弧线滑行。

(1)前外弧线滑行

开始若以左脚内刃蹬冰,用右脚外刃滑出,则身体向右侧圆弧内倾斜转体,右臂在前,左臂在后,右腿膝部逐渐伸直,换脚时右脚用内刃蹬冰,左脚用外刃着冰,滑出前外弧线。在练习时,可以逐渐延长单足外刃滑行长度,提高支撑能力,左右脚均衡发展。

(2)前内弧线滑行

开始使用右脚滑前内弧线,可先将前左脚内刃蹬冰,右脚用内刃向前滑出,同时身体重心向左倾斜转体,右臂在前,左臂在后,面向滑行方向。右膝微屈,左脚蹬冰后沿滑线靠近滑行脚前移,逐渐伸直,滑行脚膝部也逐渐伸直。换脚时右脚用内刃蹬冰,左脚用内刃滑出。练习时上体不要过于向内倾斜，要保持身体直立，滑行的弧线要均衡，速度平稳。

(3)后外弧线和后内弧线滑行

这两种弧线的滑行原理与前外和前内弧线相同，只是向后滑行，头向后看，脚的前后位置与手臂位置相反，难度比前外与前内弧线大。

# 第三节　冰球、冰壶

## 一、冰球

冰球运动是以冰刀和冰球杆为工具在冰上进行的一种相互对抗的集体性竞技运动，设男子和女子两个项目。现代冰球运动起源于加拿大，距今已有百余年的历史。

(一)滑行技术

冰球的技术是比较复杂的，在众多的技术当中，运动员都需要借助冰刀维持平衡和快速移动。因此，滑行是最重要、最基础的技术，是打好冰球的关键。冰球的滑行技术包括：起跑、直线向前滑行、转弯滑行、急停、转身、倒滑、跳跃等。

(1)起跑。起跑是运动员从静止状态或慢速滑行状态，使用冰刀快速交替蹬冰，做突然加速动作。

(2)直线向前滑行。面对滑进方向，两脚交替蹬冰向前滑进。

(3)转弯滑行。包括双脚急转弯、单脚内刃转弯、单脚外刃转弯、后脚垫步转弯、压步转弯。不论何种转弯技术都要依靠身体重心的移动以及相应的蹬冰动作来完成。

(4)急停。见前文的冰上停止法。

(5)转身。滑行中的转身是一种变向，这种变向不同于滑行中的转弯，它是一种沿着身体纵轴的转体动作，可分为滑行转身(正滑变倒滑、倒滑变正滑)和跳跃转身。

(6)倒滑。倒滑即向后滑行，是在防守时阻截对方队员的一种滑行。

(二)杆上技术

(1)运球。包括拨球运球、推球运球、拉杆运球、倒滑运球、用冰刀运球。

(2)假动作。以过人为目的，包括用冰球和球杆做假动作、用冰刀做假动作、用速度差做假动作、用急停起跑做假动作、用射门做假动作、用身体做假动作等。

(3)传、接球。传、接球是完成进攻战术配合的主要手段，只有快速、灵活、准确、熟练、力量适当地传、接球，才能有效地完成进攻战术组合，只有传、接好球才能加快进攻速度。传球技术包括正手传球(扫球)、反手传球、弹传球、腾空传球、挑球传球、击球传球等。接球技术包括：正拍接球、反拍接球、用冰刀接球、用杆柄接球、腾空接球等。

(4)射门。射门是各项进攻技术中特别重要的一项。射门方法很多，有拉射、挑射、快拍、击射和补射等。这些方法又分正拍和反拍两种方法。现在又发展了弹射和垫拍等射门方法。

此外，冰球的基本技术还包括抢截和守门员技术，不再一一赘述。

## 二、冰壶

冰壶又称冰上溜石，是以队为单位在冰上进行的一种推掷性竞技运动，设男子和女子两个小项。

### (一)冰壶的起源与发展

冰壶起源于14世纪的苏格兰。至今，苏格兰还保存着刻有1511年字样的砥石(即冰壶)。最初，冰壶是苏格兰人冬季在池塘或河堤内进行的一种类似的滚球的游戏。最早的冰壶比赛出现于16世纪中叶。18世纪，该运动随着英国移民转入北美。1924年在美国和法国爱好者的努力下，冰壶作为表演项目被纳入了第1届冬奥会。1932年，作为表演项目的冰壶再次被纳入冬奥会，这次有8个队，均来自美国和加拿大。1957年，为将冰壶运动推向全世界，英国和加拿大的冰壶俱乐部在爱丁堡举行了一次具有里程碑意义的会议。会议决定从1959年开始举办两国间的比赛，定名苏格兰竞标赛。在苏格兰竞标赛的影响下，一些国家开始建立冰壶组织，并纷纷加入到苏格兰竞标赛的行列。女子比赛直至1979年才开始举行，青年女子竞标赛1988年才获得批准。

为将冰壶运动推向冬奥会，在国际冰壶联合会的努力下，又相继在1988年和1992年冬奥会进行了两次表演。直至1998年，国际奥委会批准了将冰壶被列为18届冬奥会正式比赛项目。

我国冰壶运动起步较晚，中国女子冰壶队成立于2003年，在短短五六年间就跻身世界强队行列：在2008年女子冰壶世锦赛上，获得亚军，并获得了温哥华冬奥会的入场券；2009年获得女子冰壶世锦赛冠军，2010年获得温哥华冬奥会季军。

### (二)冰壶主要基本技术简介

战术决定了投石的方式，而投石是否准确又取决于投石的技术能力。投石根据击打的目的可分为：

(1)拉引击石。将冰壶石掷在得分区之前或得分区内。

(2)防卫击石。将冰壶石掷在拱线和得分区之间用来防御对手的冰壶石进入得分区。

(3)敲退击石。将冰壶石放在一个或是多个已经在场上的冰壶石的前面。

(4)通道击石。当掷石者需要让他的冰壶石通过两颗或是多颗阻碍石时使用此方法。

(5)晋升击石。将一颗在得分区之前的冰壶石,由射石撞击到更接近得分区的中心。

(6)晋升移除掷石。一颗冰壶石被射石撞击之后,往后推近并碰击到对方的冰壶石,而使对方的冰壶石被驱离得分区或出局。

(7)精彩击石。若希望将冰壶石掷到一颗卫兵石的后面,或是希望将一颗被保护得很好的冰壶石击出场,有一种方式是用冰壶石去撞击一颗停在外围的冰壶石,然后让掷石转向,朝目标方向前进。

(8)奉送击石和削剥击石。旋球就是在投掷的时候扭动把手,使冰壶旋转前进。旋球的主要目的是击打被障碍球阻挡的对方冰壶。旋转可以使得冰壶在冰道上按照一条弧线前进,从而绕过障碍球而击打对方冰壶。

# 第十一章

# 休闲体育运动

休闲作为人类生活的重要组成部分有着悠久的历史。从我国老庄哲学的“大知闲闲”，民俗、民间、民族的友谊活动产生，到古希腊柏拉图和亚里士多德提出休闲是自由的人生基础，再到奥林匹克运动的形成，都蕴涵着丰富的休闲思想内涵。

休闲体育研究有着较强的时代特征与要求。这体现在休闲体育概念、性质与具体内容的理解应具有时代性。当代社会精神和物质生活日益丰富，人们越来越重视休闲体育在生活中的重要作用，这就需要我们在当代社会及文化的背景下审视休闲体育，认识到其对社会文化传统、价值、经济、环境等的影响。这也意味着，我们需要在时代特征与文化的视野下，理性把握休闲体育的表征方式，进而通过这些表征去分析人们对休闲体育的选择、实践和感受。

随着社会的发展，人们对健康的追求，对生命的敬畏，使得休闲体育研究的问题具有明显的时代性。例如，我国国民体质健康状况存在着体能素质、肺活量水平持续下降，肥胖率不断增高，心血管疾病患者数量成倍增长等问题。面对这些现实问题我们必须思考，如何运用休闲体育来帮助人们建立健康的生活观念与方式？如何开发休闲体育的资源？如何建立休闲体育观？如何开展休闲体育教育？这些问题涉及社会的方方面面，比较复杂。因此，需要我们从多种学科角度出发，创造性地探索与应用各自不同但又互补的研究方法，实现理论、方法和资料的有机结合，从而对闲暇时间、休闲、个人休闲行为及休闲与体育、休闲与健康、休闲与生命、休闲与社会的关系等进行哲学思考和研究，高度抽象出休闲体育学中最基本的概念、范式、逻辑关系和实践方法。

世界卫生组织（WHO）对“健康”的概念做了这样的阐述：健康是一种在身体上、精神上的完美状态以及良好的适应力，而不仅仅是没有疾病和衰弱的状态。这说明了健康已超越了医学和体质学的界定，进入了社会学和文化学的研究行列。所以休闲体育的产生，已在当今世界引起了强烈的反响。

走与跑成为全球性的健康处方，越野、划船、自行车、健美操、太极拳、瑜伽等深受人们的青睐，并已形成了一个群体生态，体育人口大幅度增加，与此同时，体育消费也迅速增长，从而有效地促进了体育产业的发展。可以说，休闲体育在不断地改变人类生活方式的结构，不断充实和丰富人类生活的内容，从而使人们在一种激荡着追求与充实的气氛中，变得更人性、更和谐。休闲体育发展的变迁过程见表 13-1。

表 11-1 休闲体育发展的变迁过程

| 休闲时代 | 休闲类型 | 休闲表现 | 休闲人群 |
|---|---|---|---|
| 原始社会 | 原始混沌型 | 休闲与劳动没有明显的界线，两者混为一体 | 人人平等，劳动与休闲混在一起，不存在有意识的休闲 |
| 封建农业社会 | 传统依附型 | 休闲没有相对独立性，提倡劳动至上，休闲只是从属和依附 | 出现了“有闲阶级”，他们的休闲建立在大多数人劳动的基础上 |
| 工业社会 | 现代独立型 | 休闲脱离了劳动，成为社会生活的组成部分 | 休闲逐步走向大众化，成为人的基本权利 |
| 信息社会 | 未来融合型 | 休闲与劳动融为一体，实现人的自由全面发展 | 人人享有休闲，休闲成为一种普遍存在的社会形式 |

# 第一节 健身走和健身跑

## 一、健身走

### （一）健身走的简介

世界卫生组织认定，走路是“世界上最好的运动”。据统计，每走一步，可推动人体50％的血液流动起来；可挤压人体50％的血管，是简单的“血管体操”；至少可运动50％的肌肉，有助于保持肌肉总量。走是一项简便易行的健身方法，长时间有节奏地走，对从事脑力劳动、专事伏案工作的人来说，是很好的锻炼方法，能收到很理想的健身效果。

走，有普通走、特殊形式走和竞走之分。健身走的形式多样，趣味盎然，从幼儿的学步到成人的散步与健身走，从日常生活中的走到战士的急行军走，都属于普通走。特殊形式的走，则是由于人的身体姿势、腿部动作、脚着地方法及前进方向不同而形成的走的特殊形式。走不受年龄、性别、场地、器材的限制；走的距离、速度、时间也可因人而异，因此，走是一项具有广泛群众基础的运动。

从健身与健康的角度设计走的健身练习，可包括人们日常生活中的普通走，学校体育教学与军事教育训练中的队列队形走，改变走的方向和姿势的各种特殊形式的走以及发展有氧代谢能力的长距离疾走等。

**一项最有效的健身方法**

坚持走步锻炼，也就是坚持全身的经络与穴位的锻炼。经络内属于脏腑，外属于肢节，沟通内外，贯穿上下，将人体各部分的组织器官联系成一个有机的整体，借以运行气血、营养全身，使人体各部分的功能活动保持协调和相对平衡。

坚持走步锻炼，也就是运用脚掌与地面不断的机械接触和产生的按摩作用，来刺激脚底反射区。坚持走步锻炼，能调节人体相应的内脏器官和系统功能，达到防病治病、延年益寿的目的。

### （二）健身走的锻炼方法

**1. 健身走的步法**

由于人的腿形不同，走路的步法也不同。步法可以按步长、步宽和步角进行分类。

（1）按步长分类：正常步长为80～90厘米，中步步长约为70厘米，短步步长为50～60厘米。

（2）按步宽分类：可分为分离步、并跟步、搭跟步、直线步和交叉步。

（3）按步角分类：可分为外展步、内收步、直行步和非对称步。

**2. 健身走的锻炼方法**

健身走具有多种锻炼方法，一般有自然步法（缓慢走法、普通走法）、快步走、散步、竞走法、摆臂走法、踏步走、跷脚走法和正步走法。

（1）自然步法

a. 缓慢走法：每分钟70～90步或更慢，每次30～60分钟。此法适用于身体素质较弱者。

b. 普通走法：每分钟走90～120步，每次30～60分钟。走时，身体稍向前倾，匀速而有节奏。此法适用于长期散步锻炼的老年人。

（2）快步走

快步走是步幅适中、步频快、步速较快（130～250米/分钟、每小时步行5～7千米）、走时身体向前倾，加快行走步伐，运动量稍大的走步方法，适于在增强心脏功能和减轻体重时采用。

**动作要领：**身体适度前倾，抬头，肩背放松，挺胸、收腹、收臀。双臂在体侧自然摆动，摆幅随步幅的变化而变化。前摆腿的脚跟着地后迅速滚动至前脚掌，动作尽量柔和，后脚离地，双脚以脚内侧为基准踩成一条较直的线。

**练习要求：**用脉搏控制运动量，脉搏以120～150次/分钟为宜。加快步频，锻炼时步幅不要过分加大，主要是加快步频。应做好准备活动，特别是使运动器官和心肺机能得到适应；冬天在快步走前应慢走，待脚发热后再快走。

（3）散步

散步是步幅最小（50～60厘米）、步速最慢（25～30米/分钟）、运动量最小的走步方法。

**动作要领：**身体正直、抬头挺胸、收腹、收臀，保持头部与脊柱成一条直线，双肩放松，两臂自然下垂。双腿交替屈膝前摆，足跟着地滚动至脚尖时，另一条腿屈膝前摆足跟着地，步幅一般为1～2脚。

**练习要求：**用脉搏控制运动量，以每分钟脉搏次数比安静时增加5～10次为宜；控制步速和步长，采取一定时间内走一定距离的方法。散步距离、速度和时间要逐渐增加。

(4)竞走法

竞走法适用于中年人中进行走步锻炼者,可提高人的耐力和大关节的灵活性。

**动作要领:**躯干始终保持直立或稍向前倾,两臂弯曲90°左右,配合两腿前后摆动。

**练习要求:**竞走时先用脚跟着地,然后滚动到全脚掌落地。脚在落地时,膝关节要伸直。脚落地后,身体顺惯性前移,摆动腿弯曲向前摆动。当支撑腿垂直地面时,摆动腿大腿向前摆,小腿随大腿向前摆出,此时摆动腿带动髋关节向前送出。

(5)摆臂走法

在自然走法的基础上,两臂用力向前后摆动,可增进肩部和胸廓的活动。适用于有呼吸系统慢性病的患者。

(6)踏步走

踏步走是原地走或稍向前移动的特殊走法,不受年龄、性别、场地的约束,简易可行。

**动作要领:**踏步时,双臂协同双腿前后摆动。屈膝抬腿的最高点是大腿抬至髋高,直腿或屈腿落地均可。

**练习要求:**用脉搏控制运动量,健康者原地快速踏步时脉搏应达到160次/分钟以上,身体稍弱或不适者应控制在120次/分钟以下。为增加运动量和达到减肥目的,可以进行变速原地高抬腿踏步走。

(7)跷脚走法(脚尖走法)

跷脚站稳,用髋关节的向前摆动和膝、踝关节的弹力走路。跷脚走法主要作为自然步法走路过程中的花样走法,有助于锻炼下肢关节的弹性和下肢的平稳性,增加健身走的趣味性。切记,用此法走时间不宜过长,否则容易疲劳。

(8)正步走法

正步走法整个过程要昂首挺胸收腹,腰脊挺直。迈步时,身体的重心在支撑腿上,迈出腿整个下肢和脚面自然伸直,整个脚掌同时落地,如此左右交替。肩关节比自然步法摆动幅度大,且上肢摆至身前时,肘关节屈曲,握拳手摆至胸前。此步法有利于锻炼身体的平衡性及保持挺拔体形。

## 二、健身跑

### (一)健身跑简介

长期以来,人们对跑步的意义和作用进行了多种论述,都认为它是人体进行全面发展、全面锻炼最有效的方法之一,可以提高人们的力量、速度、耐力、灵敏性和协调性等身体素质,培养良好的意志品质。健身跑的技术要求不高,不需要专门的用具和场地,只要有平整的道路和清洁的空气就能够进行。

### (二)健身跑的方法

健身跑的方法一般有放松跑、变速跑、定时跑、跑跳交替、迂回跑、滑步跑、室内健身跑以及水中健身跑等。

**1. 放松跑**

放松跑的方法比较简单，其特点一是跑速慢，二是心血管的负荷以及全身的代谢功能以保持有氧代谢为前提。在跑的过程中心率以不超过(180－年龄)次/分钟为宜。跑步时一定要注意呼吸的深、长、细、缓，保持一定的节奏。

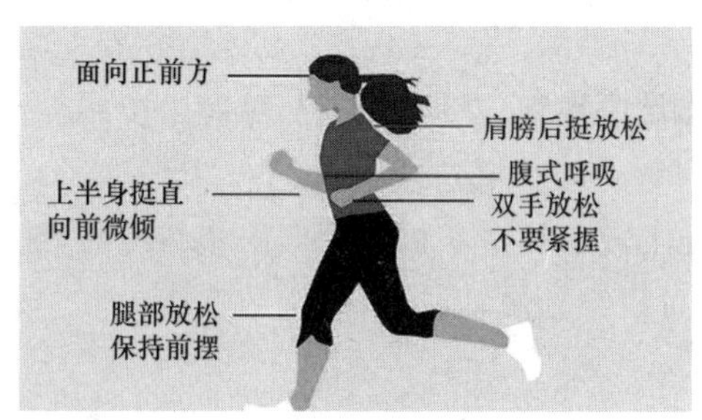


图 11-1 放松跑方法

**2. 变速跑**

变速跑是指在跑的过程中快跑一段距离后，再慢跑一段距离，快跑和慢跑交替进行。这种方法比较适合体质较好的长跑爱好者，它不仅对一般耐力发展有好处，而且还能提高机体的速度、耐力素质，对提高人体机能大有益处。

**3. 定时跑**

定时跑一般分为两类，一类是每天跑一定时间，不限速度和距离；另一类是在限定的某段时间内跑完一定的距离，对提高体力有益处。

**4. 跑跳交替**

跑跳交替是指跑一段距离之后跳三五下，再跑一段距离，再跳三五下，跑速一般采用慢跑中速跑或稍慢速跑，具有良好的节奏，使人体在跑的同时锻炼了弹跳素质。

**5 迂回跑**

迂回跑是指在跑步路线的前方设置许多障碍物，跑步时交替从障碍物的左、右侧跑过。这种跑步方法非常适合于青少年，是一种游戏式的跑步，可增加跑步的趣味性，还可以锻炼身体的灵活性。

**6. 滑步跑**

滑步跑是指在跑的时候不是面朝前方，而是侧身跑，即向左跑或向右跑，这种跑步方式适合于不同年龄的人群，多穿插在其他跑步方式中进行，可提高机体的灵活性、灵敏性、协调性及平衡能力。

**12 分钟跑**

发明人：库珀博士。

发明时间：20 世纪 60 年代。

12 分钟跑是将不同性别的人，按年龄区段分为六个组，按每个人在心律合格条件下所跑出的最大距离，分为非常好、很好、好、及格、差、很差六个等级。

每分钟心律不超过 180 次为合格。实际心律=测量跑后 10 秒钟的脉搏数×6。

库珀的 12 分钟跑及有氧运动理论认为，只要运动强度和运动量合适，心血管系统疾病患者在病情稳定后，完全可以也应该进行体育活动。

他常为病人进行诊断并制定运动处方或康复旅游计划，开创了对“富贵病”实施运动疗法的先河。

**7. 室内健身跑**

室内健身跑一般有赤足原地跑、原地提足跑、踮脚退步跑等。

(1)赤足原地跑

赤足原地跑是指在地上放一块洗衣板或用旧的塑料澡盆，铺上一些小鹅卵石，光脚在上面慢速原地跑，天冷时可以穿软底鞋或厚袜子。

(2)原地提足跑

原地提足跑是指在原地站立后，双手半握拳，双脚轮流提起，双臂随之自然摆动，可以根据身体状况，选择提足的高度和跑步的速度。

(3)踮脚退步跑

踮脚退步跑的方法是，先测量来回的步数，然后背向目标，目视前方，头正身直，双手半握拳置于腰间，踮起双脚，小步跑向后退去，同时摆动双臂，默数步数。这种方法对于腰肌劳损，腰椎病，腰、腿、脚骨质增生等患者尤有益处。

**8. 水中健身跑**

水中健身跑是指练习者身体垂直浮于水中，头部露出水面，四肢如在陆地上跑步般前后交替运动。

## 第二节　气排球

### 一、气排球的起源

气排球是我国土生土长的一项群众性排球活动。1984 年，呼和浩特铁路局集宁分局为开展群众体育活动，在没有规则限制的情况下，组织离退休职工用气球在排球场上打着玩，由于气球过轻且易爆，他们将两个气球套在一起打。后来又改用儿童软塑料球，并参照 6 人排球规则制定了简单的比赛规则，并将这种活动形式取名为气排球。

气排球由软塑料制成。比赛用球重约 120 克，比普通排球轻 100～150 克；圆周 74～76 厘米，比普通排球圆周长 15～18 厘米(图 11-2)。气排球具有球体大、重量轻、质地软、有弹性、运动缓、易控制等特点，在活动中比较安全，深受广大群众和青少年喜爱。作为一个新兴运动项目，它具有健身性、娱乐性、竞技性和观赏性。参加气排球活动，可以达到增强体质、愉悦身心的目的；可以培养团结协作、相互配合的集体主义精神。

## 二、气排球的基本技术

图 11-2 气排球

气排球技术动作与排球基本相同，主要技术动作可分为发球、传球、垫球、扣球、拦网、托翻顶球、托抬球、捧球。

**1. 发球(正面上手发球)(图 11-3)**

**准备姿势**：面对球网站立，两脚自然开立，左脚在前，左手持球于体前。

**动作方法**：左手将球平稳地垂直抛于右肩的前上方，抛球高度约 1.5 米。右臂屈肘后引，上体稍向右转，手停于耳旁。当球下降到肩的上方时，收腹、振胸、挂肘，上臂带动前臂向前上方弧形挥摆，伸直手臂，用全掌击球的后中下部。

图 11-3 发球

**2. 传球**

**准备姿势**：两脚左右开立，约与同肩宽，左脚稍前，右脚脚跟稍提起，两膝微屈，上体稍前倾。两臂弯曲置于胸前，两肘自然下垂，手腕稍后仰。两手自然张开，手指微屈成半球状。两拇指相对成“八”字形，两拇指间的距离不能过大，以防漏球。眼睛注视来球方向。

**动作方法**：看清来球，迅速移动到球的落点对正来球，击球点在前额上方一球左右的距离。当手触球时，用拇指外侧、食指全部、中指的二三指节、无名指第三指节和小指第三指节的半个指节，击球后中下部，蹬腿、展腹、伸臂，最后用手指、手腕的弹力将球向前上方传出。

**3. 垫球**

**准备姿势**：两脚开立略宽于肩，一脚在前，两脚脚跟提起，前脚掌着地，两膝弯曲微内收，重心稍前倾，双臂自然弯曲置于腹前。

**动作方法**：面对来球方向，当球接近腹前时，两手重叠，掌根并拢，合掌互握，两拇指平行朝前，手臂伸直，手腕下压，前臂外旋靠拢前伸，用两前臂靠近手腕部分形成的平面击球。当球在腹前一臂左右距离时，插入球后下方，手臂上抬，同时配合趴地跟腰动作，使身体重心向前上方移动。垫球时，两臂要有自然地随球伴送动作，以便控制用力大小，并可根据垫球的方向，调整手臂的角度。垫球时，还应根据来球的力量控制手臂的动作。

**4. 扣球（正面扣球）**

扣球是气排球的基本技术之一，也是得分的主要手段。

**准备姿势：**站在离网 2 米外，根据来球，随时准备向各个方向助跑起跳。

**动作方法：**起跳后挺胸展腹，上体稍向右转，右臂向后上方抬起，身体成反弓形。挥臂时，以迅速转体、收腹动作发力，带动肩、肘、腕各部位关节成鞭甩动作向前上方挥动。击球时，五指微张成勺形并保持紧张，用全手掌包满球，以掌心为击球中心，击球点在起跳时手臂伸直最高点的前上方。击球的后中下部，同时主动用力屈腕屈指向前推压，使扣出的球加速下旋。击球后，双脚前脚掌先着地，同时顺势屈膝，缓冲身体下落的力量。

**5. 拦网**

拦网是防守的第一道防线，也是得分和转攻为守的主要手段。

**准备姿势：**拦网队员应当紧盯对方传球的路线，判断对方向本方击球时球在空中的位置，然后迅速平移至球网本方一侧的对应位置后，贴近球网（身体任何部位都不能碰到球网），面向对方击球队员。

**动作方法：**原地起跳，起跳的同时将双手手掌伸直上举，微微前倾，十指尽可能地张开绷紧，手腕与手臂成 110°左右的钝角，挡在球的攻击线路上。拦网的要领是：直上直下，上身绷紧，切莫下压。拦网的起跳时机非常重要，起跳的时机要与对方击球的节奏一致，才能起到很好的作用。拦网结束身体下落时，手臂不要弯曲，落地时，屈膝缓冲，双脚落地。

**6. 托翻顶球**

顶球是气排球中创新的一项技术动作，用于接发球和接各种攻击过网的球。

**动作方法：**接球前，保持一只手五指分开，手心向上；另一只手五指分开，手心向着来球。在接触来球的瞬间，一只手托在球的下部，另一只手同时翻顶球的中后部，利用托、翻、顶的合力将球传出。

**7. 托抬球**

托抬球用于接飞向运动员腰部以上的轻球，单双手均可以使用。

**动作方法：**掌心向上，五指分开，手指呈半紧张状，肘关节、腕关节伸直，自下而上全手掌击球的下部，将球托抬传出。

**8. 捧球**

捧球用于接对方攻击过网的一般球。

**动作方法：**掌心向上，手指张开，呈微紧张状，捧球时，接触球的下方，利用手指、手腕、抬臂、屈肘的协调用力，将球捧起。

每一项技术都有其自身的技术特点及其对身体的影响，练习者可以根据自己的理解能力、身体素质、身体结构等方面的差异，充分发挥自己的想象。在不破坏技术全面结构的前提下，提倡发挥个人技术风格和特点，形成自己的打法，以奇制胜。

## 三、气排球的竞赛规则简介

气排球竞赛规则与排球竞赛规则大致相同，主要区别为气排球场地边线长 12.00 米，端线长 6.00 米(采用羽毛球场地边线长 13.40 米，端线长 6.10 米即可)(图 11-4)。

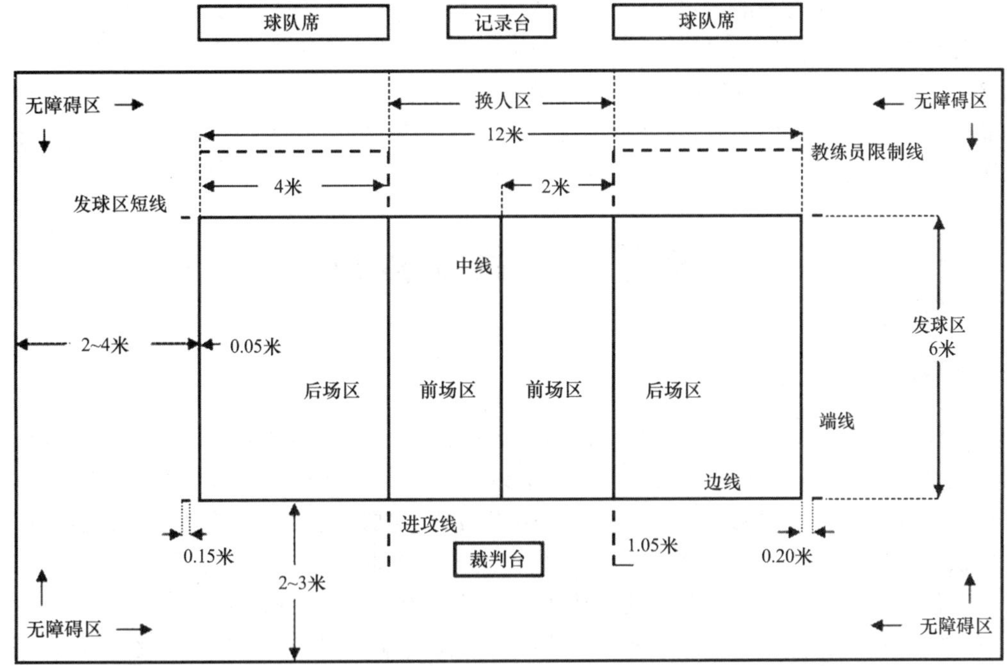


图 11-4　气排球比赛场地尺寸图

**球网**：男子比赛网高 2.10 米，女子比赛网高 1.90 米，男女混合比赛网高 2.00 米。

**球体**：球由柔软的塑胶制成，球的圆周为 76 厘米，球质量为 110～120 克。

**队员场上位置**：每队五名队员进行比赛，分两排站立，前排三人，后排两人。前排左边为 4 号位，中间为 3 号位，右边为 2 号位；后排左边为 5 号位，右边为 1 号位(图 11-5)。

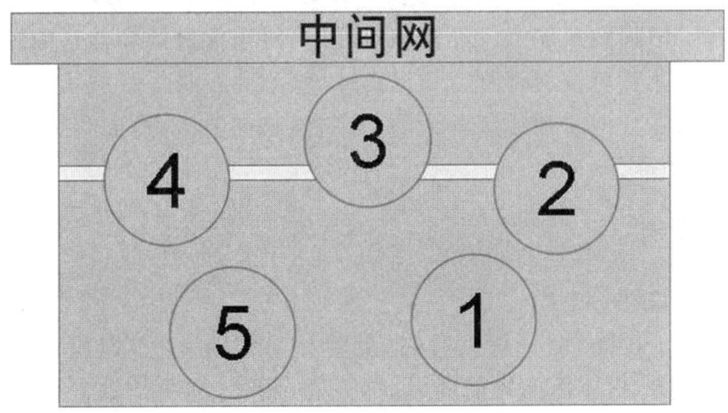


图 11-5　气排球比赛队员场上位置

**发球**：第一局由取得发球权队伍的 1 号位球员发球，发球队胜一球或接发球队取得发球权时，该队队员必须按顺时针方向轮转一个位置，由轮转到 1 号位的队员发球（每人只能发球一次）。发球队员必须在裁判鸣哨发球后 8 秒内将球发出。

**进攻性击球**：前场区队员可以进行进攻性击球，但对整体高于球网上沿的球不能扣球，只允许传球、顶球、挑球。后场区队员也可以在前场区完成进攻性击球，但触球时球的一部分必须低于球网上沿。

**记分方法**：比赛采用三局两胜每球得分制。第一、第二局先得 21 分为胜一局，当比分为 20∶20 时，先获 21 分的队即胜该局。第三局（决胜局）先得 15 分同时超过对方 2 分的队获胜，当比分为 14∶14 时，比赛继续进行至某队领先两分（16∶14、17∶15）获胜为止。8 分时交换场地。

# 第三节　跳绳运动

## 一、跳绳起源与发展

跳绳是一项广泛流传于我国民间的体育运动，早在一千多年前的唐代就有这项运动。据记载，唐朝称跳绳为“透索”，每年八月十五以透索为戏。明朝《帝京景物略》中就有关于跳绳的记载，称跳绳为“跳白索”。“二童子引索略地，如白光轮，一童跳光中，曰跳白索。”这段话的意思是二童摇绳配合得很熟练，把长绳摇得犹如一轮白色光轮，在中间跳绳的孩童就好像在光轮中跳。非常形象地描述了两人摇长绳，一人中间跳绳的情景。清朝出版的《有益游戏图说》中也有关于跳绳运动的记述，那时称跳绳为“绳飞”，可见跳绳运动在我国的发展历史悠久。

## 二、跳绳运动对身体锻炼的价值

跳绳，是一种以四肢肌肉活动为主的全身运动，两脚跳跃，两腕旋转，肩带、腰、腹、臀、大腿、小腿直至脚部等各关节都参与活动。近年来不管是学校体育教学或大众体育健身，重视和提倡跳绳运动的人越来越多。因此，在新课程标准的学习领域中，特别提出用跳绳运动发展学生体能，增强跳跃能力。经常练习跳绳，对于促进运动器官的发育和内脏机能的发展有重要作用，尤其对发展弹跳力和提高速度、耐力等身体素质具有显著效果。跳绳还可消耗腹部脂肪，并且由于弹跳刺激大脑，可增强脑细胞活力，提高思维反应能力，提高身体的灵活性和协调性。

## 三、跳绳的基本技术

### 1. 正、反摇双脚跳（图 11-6）

正摇双脚跳：两手握绳，两臂自然弯曲，上臂和前臂约 120°，绳放于体后。两手腕用力一致，配合前臂发力，由体后向体前摇绳，称正摇（相反，绳由体前向体后摇称为反摇）。绳从身后摇至体前，当绳刚一触地时，两脚立刻同时跳起，待绳通过脚下后，两脚同时落地。落地时稍屈膝，做缓冲，并准备再蹬地跳起。绳连续摇转，当绳从体后往体前转一周再到脚下时，双脚同时再跳起，让绳通过。如此跳跃一次，绳围周身转一回环，叫正摇双脚跳。

反摇双脚跳：两手握绳，放于体前。两手腕配合用力反摇绳，当绳从体前经头上向体后摇转触地时，两脚同时跳起，使绳通过。动作同正摇双脚跳，唯摇绳方向不同。

**2. 正、反摇两脚交换跳（图 11-7）**

预备姿势和摇绳的方法与正摇双脚跳相同，但不是用双脚跳，而是左右脚轮流交替跳，即原地跑步跳绳。也可以进行向前跑步的跳绳，跑两步跳一次绳，称为跳绳跑。

原地两脚交换跳应注意小腿不要后摆。单摇快速跳时多采用这种方法，因为双脚快速齐跳，两腿始终处于紧张状态，而两脚交换跳则不然，是用两脚交换轮流蹬地，从而两腿交替得到休息，能跳得较持久。快速跳绳时用绳越短越好。

图 11-6 正、反摇双脚跳

图 11-7 正、反摇两脚交替跳

**3. 正、反摇单脚跳（图 11-8）**

正摇绳或反摇绳，一脚悬空抬起，另一脚支撑连续跳，称为正、反摇单脚跳。先练习较有力量的一只脚，熟练后两脚交替练习。

**4. 正、反摇高抬腿跳（图 11-9）**

腿的动作要领与原地高抬腿跑相同，配合正摇绳或反摇绳。跳时要注意，上体保持正直，屈膝高抬腿，大腿抬平或高于水平面。支撑腿要伸直，用力下压蹬地，不要有挺腹和臀部后坐的错误动作。高抬腿跳绳也可以行进间做，但步幅不宜过大，抬腿的频率越快越好。正、反摇高抬腿跳绳的运动量比较大。

图 11-8 正、反摇单脚跳

图 11-9 正、反摇高抬腿跳

**5. 正、反摇前踢腿跳（图 11-10）**

正、反摇前踢腿跳绳时，脚蹬离地面后绷脚面，向前踢腿跳，也可以向前异侧方踢腿跳。

**6. 正、反摇交叉脚跳（图 11-11）**

正摇绳或反摇绳，两脚同时跳起，落地时，两脚左右交叉落地，也可以前后交叉落地，如交叉幅度较大，并且摇绳慢些，就可以变成弓步跳绳动作。

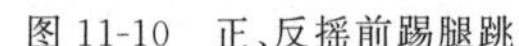
图 11-10 正、反摇前踢腿跳

图 11-11 正、反摇交叉脚跳

图 11-12 侧打脚跳

**7. 打脚跳**

正打脚跳：两脚左右开立预备，正摇跳起在空中时两脚相碰，即迅速做打脚的动作，然后脚左右分开落地，依次连续摇跳。可先练习左右脚开合跳(分脚跳起，并脚落地)，熟练以后在空中完成打脚的动作。跳起腾空时还可以连续打脚两次或三次后再落地。

侧打脚跳(图 11-12)：左腿支撑，右腿向右侧摆起预备。正摇，第一摇跳起在空中时，左腿向右摆起并打右脚，绳过脚后，仍是左脚落地支撑。第二摇跳变为右腿支撑跳，即右脚跳起在空中打左脚。按以上方法连续摇跳，跳起在空中完成两侧打脚动作。打脚时注意保持身体平衡，不要过猛，同时要注意摇与跳的协调配合。侧打脚时身体可稍向异侧倾斜。这种跳法比较难，应先练习不用绳的模仿动作，熟练后再配合摇绳做侧打脚跳。

**8. 正、反摇换把跳(图 11-13、图 11-14)**

换把跳绳，摇绳速度要慢，换把要快。正摇跳或反摇跳，当绳摇在头上时，两手迅速交换绳把，反摇跳时，绳刚过脚下，两手在体前就可开始交换绳把。无论是正摇跳还是反摇跳，均可跳一次换把一次。初练时，也可以每跳三次(或五次)换把一次，每跳两次换把一次，最后过渡到一跳一换把。

图 11-13 正摇换把跳

图 11-14 反摇换把跳

**9. 正摇跳和反摇跳互换**

(1)用摆绳法交换

①正摇跳变反摇跳：跳绳者原地跳，不变方向，靠两手在体侧摆绳变成反摇绳。方法是：正摇跳若干次后，当绳从体后再摇转到最高点时(绳在头上时)，两手顺势(但不要太用力)引绳向体侧(或向左或向右)摆去，绳经体前至体侧落下，此时双手不要用力，由于惯性，绳在体侧会继续向上，到无力时自然会落下来，这时两手顺势(要用力)引绳从体左(右)侧下方向正上方摇转，两手分开，使绳转至头上，当绳经头上摇至体后落下时跳起，这时已变成反摇跳，完成了正摇跳变反摇跳的动作。

②反摇跳变正摇跳：跳绳者原地跳，不变方向，靠两手在体前摆绳把反摇绳变成正摇绳。方法是：反摇跳若干次后，两手不再继续用力摇绳，绳从脚下至体侧前惯性上升，由于

不再用力摇，待绳转到无力时必然下落，这时两手顺势向下向后摇绳，绳从体前摇向脚下，双脚跳起，让绳从脚下通过，这时已变成正摇跳，完成了反摇跳变正摇跳的动作。

(2)用转体法互换

①正摇跳变反摇跳：跳绳者正摇跳，绳从身后向上升起，当绳快至最高点时，两手也随之上举过头，同时用力向后做转体的动作，绳在空中继续转动，因为身体转动了180°，因而摇绳的方向也随之变换了，自然地转成了反摇绳，绳摇转至脚下时跳过，即完成了正摇跳变反摇跳。

②反摇跳变正摇跳：反摇跳后，两手随绳上升而上举，同时做向后转体的动作，绳在空中继续不停地转动着，因为转体180°，因而变成了正摇绳，当绳从体前下落到脚下时跳过，成为正摇跳。

(3)用摆绳法加转体法互换

正摇跳后，绳从体后到头上，当绳在体前下落时，两手顺势引绳向右侧(或向左侧)摆去，同时身体从引绳的同侧向后转体180°，成为反摇绳，绳经头上摆到体后，到脚下时跳起来，使正摇跳变成反摇跳。

**10. 正、反摇编花跳(图 11-15)**

(1)活编花跳

正摇跳，注意两臂分开摇绳，摇跳一次，再摇时两臂在体前交叉摇绳，即编花摇法。依次一摇一变换跳叫活编花跳。活编花跳使用的绳子应比普通摇跳使用的绳子长一些，两臂交叉时，要交换上下位置(开始练习时可以固定一臂在上一臂在下交叉摇绳，这样比较容易)。两臂交叉的时间是跳过绳时。跳法也可以变化，如两腿交叉跳、手脚同时交叉跳。

(2)固定编花跳

两臂始终在胸前交叉摇绳，靠手腕用力摇绳，初练时可跳得高一些，熟练后也可低跳。

**11. 正、反摇蹲跳(图 11-16)**

身体成深蹲姿势跳绳。用绳可稍短些，摇绳时两手分开。可以分腿蹲跳，这样较容易保持身体平衡，熟练后再并腿蹲跳。这种跳绳方法要求腿部肌肉有力量，难度比较大。

图 11-15　正、反摇编花跳

图 11-16　正、反摇蹲跳

**12. 单摇跳联合动作(图 11-17)**

学会各种跳绳方法以后，可把几种单摇跳绳法组合在一起连续跳，如交叉脚跳绳10次—单脚交换前踢腿跳10次—左脚单脚跳10次—右脚单脚跳10次—单脚交换前踢腿跳10次—正打脚跳10次。用以上各种单摇跳绳法连续完成50次跳，可以增减或变换跳绳方法。

图 11-17 单摇跳联合动作

## 四、跳长绳

跳长绳一般由两人摇，也可以由一人摇（一人摇时，绳的另一端可系在一固定物上）。根据练习者所在的方向，分为“正摇”和“反摇”。跳长绳一般是集体跳绳项目，两人摇绳，绳中间一人跳或数人跳。跳长绳的花样变化较多，可由摇跳一条长绳增加到摇跳二、三、四、五条长绳，或更多条长绳，也可在长绳中加短绳等。

跳单绳是指两人摇一根长绳，练习者在一根绳上做各种动作，主要有跑过、跳过两种形式。

跑过是指绳摇转后练习者迅速由绳下跑过，两脚不越过绳。当绳由最高点向练习者这边往下摇时，练习者应该在绳摇到与头齐高时，从绳前或绳后跑过。

跳过是指练习者跑入并跳过摇转的绳。双脚跳过一次摇转的绳后跑出为跳过，双脚跳过绳两次以上为连跳。方法是练习者在绳的左（右）侧站立，当摇转的绳着地后，立即跑入，当绳再接近腿部时，脚跳起越过绳。

**1. 原地跳长绳**

原地跳长绳是跳绳者（一人或多人）预先站到跳绳的位置上，摇绳者从静止绳开始摇起，当绳摇至跳绳者脚下时，跳绳者跳过绳。集体跳长绳时通常是跳绳者站在两摇绳者的中间，在绳的一侧，成一路纵队，面向摇绳者。开始可有一人发令，摇绳者一齐向同一方向摇绳，跳绳者应一起及时原地跳起，让绳通过脚下。摇绳者连续不断地摇绳，跳绳者连续不断地跳，跳到失败或达到规定次数为止，此种跳绳方法俗称跳死绳。可用双脚齐跳，也可用单脚跳，或双脚交换跳。初学跳长绳时，可以先学跳地绳、跳拉绳、跳摆绳，再学原地跳长绳、跑动跳长绳。

（1）跳地绳（图 11-18）

长绳一条，拉直，平放在地上，或以杆代绳，也可以在地上画一条直线，以线当绳。跳绳者越绳左右跳过，或按跑“8”字的路线练习跳地绳。

（2）跳拉绳

二人把绳拉直，绳离地面约 10 厘米高，跳绳者跑“8”字（图 11-19）。绳距地面有一定高度，比跳地绳稍难。绳的高低可灵活掌握。

（3）跳摆绳

二人持绳沿地面左右摇动，跳绳者跳过左右摆动的绳，绳向两侧摆起不要过高，最高摆至跳绳者腰际。跳摆绳，是跳绳者的基础练习。熟练跳摆绳后就可以开始练习原地跳

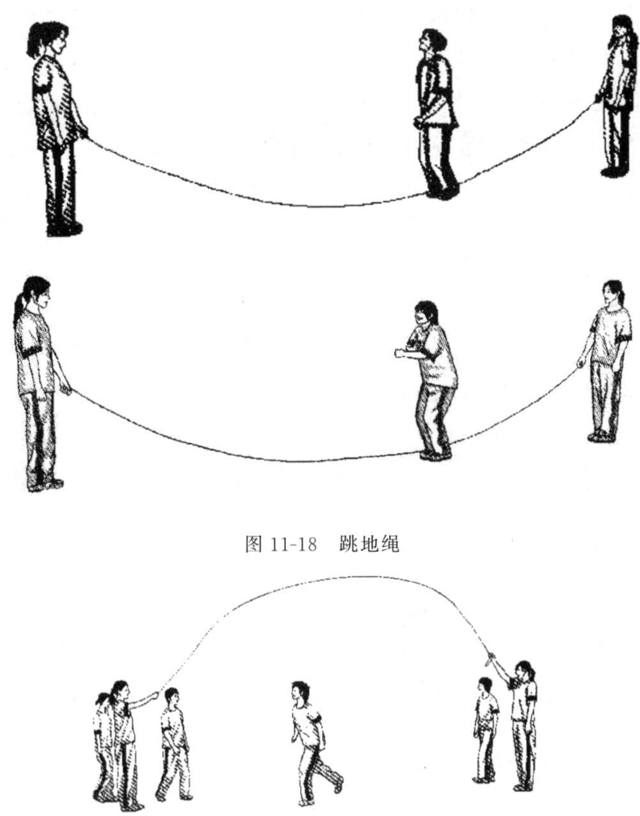

图 11-18　跳地绳

图 11-19　跑“8”字路线

长绳了。

**2. 上活绳**

(1)正绳(图 11-20)

当绳摇转向跳绳者时，绳是从上向下转的，称为正绳。上绳位置一般是跳绳者站在任一摇绳者体侧，靠近绳转区。趁绳打地之后摇至远离跳绳者一侧之机，快步跑到两个摇绳者中间，当绳摇转到脚下时，跳起让绳通过。

(2)反绳(图 11-21)

当绳摇转向跳绳者时，绳是从下向上摇转的，称为反绳。当绳从面部向上摇转时开始上绳，一般情况是跑二至三步到两个摇绳者的中间，待绳落到脚下时，跳起让绳通过。

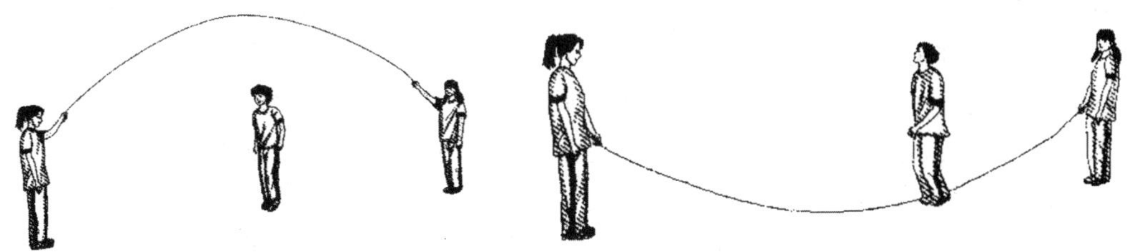

图 11-20　正绳　　图 11-21　反绳

为使初学者很快地学会跳长绳和上绳，可用一条较粗的绳(如拔河绳)示范讲解摇绳和跳长绳的要领。教学时可把粗绳弯成弧形状,而后两个摇绳者像摇绳一样,慢速摇转绳,可根据讲解和练习的需要,将粗绳在空中任一位置停住。如练习上正绳,当摇绳者把绳由上而下转到跳绳者头上时,使绳停在空中。这时听到"上绳"口令后,摇绳者继续摇转粗绳,上绳者要立即跟随粗绳转动方向向前跑去,跑到两个摇绳者的中间停住,而粗绳继续转动。待粗绳转了一回环再转下来时,跳绳者跳过粗绳。用上述方法也可以讲解示范跳反绳。用拔河绳当跳绳讲解示范非常方便,可以加快学习跳绳进程。

**3. 斜面、正面上绳法**

(1)斜面跑入跳绳法(图 11-22)

跳绳者站在任一摇绳者的一侧,上正绳或反绳,上绳(或跳到规定的次数)后,迅速向另一个摇绳者的一侧跑出绳转区,即下绳。

(2)正面跑入跳绳法(图 11-23)

跳绳者在两个摇绳者中间的垂直延长线上,用上正绳法或上反绳法上绳,跳一次或若干次后向前跑出。

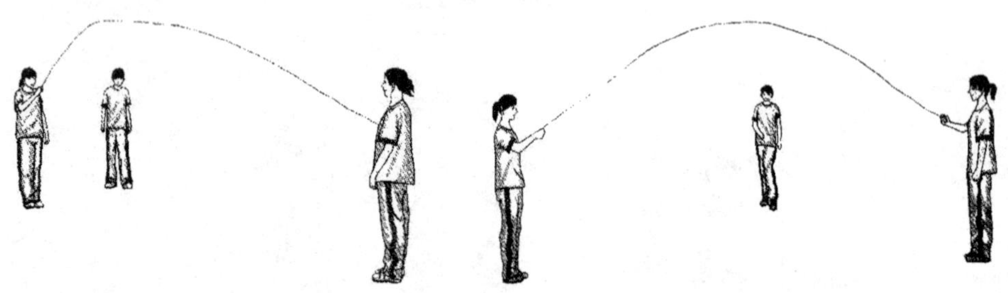

图 11-22　斜面跑入跳绳法　　图 11-23　正面跑入跳绳法

**4. 快速跳长绳**

(1)快速跳

由原地跳固定绳(死绳)开始。两人摇绳,一人上活绳,先做三次慢摇绳跳,第四次开始快速摇绳,跳绳者随绳快跳。跳失败或跳到规定的次数后停绳,摇绳者与跳绳者互相轮换练习。

(2)快慢跳(变速跳)

摇绳者开始慢摇绳,跳绳者上活绳,跳三次作为准备动作,随后摇绳者开始有快有慢地随意变换摇绳速度。要求跳绳者精神集中,反应快速,动作灵活,根据绳速的变化,随绳及时改变跳绳的速度。开始练习时,摇绳者应根据跳绳者的技术水平适当控制摇绳速度。这种跳法运动量较大。

**5. 行进间跳长绳**

行进间跳长绳,边摇边跳向同一方向行进(纵向或横向)。跳绳者随绳边跳边移动,摇绳者可随时改变移动方向,跳绳者必须随绳变换方向,变向后继续边跳边移动。

**6. 跳绳跳高(图 11-24)**

上绳后,先在绳中间跳,然后向前移动,跳绳者离摇绳者越近,要求跳得越高,摇绳的速度要均匀。

图 11-24　跳绳跳高

**7. 长绳双摇跳**

上绳后，先跳三次单摇跳，而后，跳绳者高跳，摇绳者加快摇绳速度，使绳连续两次通过跳绳者脚下，即长绳双摇跳。开始练习时，可用较轻细、较短的绳。这种跳法要求跳绳者具备较好的弹跳力，跳绳者和两个摇绳者要密切配合。

**8. 众人齐跳(图 11-25)**

众人齐跳可用 6 米左右的长绳，约 20 个跳绳者原地站成几排，开始摇绳时，先由摇绳者发出信号，当绳快转至脚下时众人齐跳。最好用垫跳法跳绳。跳失败者被淘汰，其余跳绳者重新开始跳，直至淘汰到只剩三人时结束，再重新开始众人齐跳。摇绳速度开始应慢些，摇绳范围要大。众人齐跳也可以上活绳，可以分批一排一排上绳，动作要协调统一。

图 11-25　众人齐跳

**9. 跑长绳(图 11-26)**

把两条长绳接在一起叫长加长。由于绳变得较长而重，摇绳者需要用更大的力量才能摇好；由于绳变长，跳绳者跑跳距离也就较长。因此，跑长绳的运动量较大，而且跳绳者越少运动量越大。

图 11-26　跑长绳

跑长绳时，如果场地大，还可以再接一条或两条长绳，变成更长的一条长绳进行摇跳。如果使用的是无把绳，可将绳绕在手上摇动，不过这样会越摇绕得越紧。可在绳端拴一根圆木棍，用食指和中指握住圆木棍(拳式握法)，这样摇起绳来就省力了。跳绳者需要顺着摇动的绳边跑边跳，也可以相对进行，在绳中间错位、交叉跑进，增加跑长绳的趣味性。

# 第四节 毽球运动

## 一、毽球运动的起源与发展

毽球运动在我国历史久远，是优秀的传统体育文化。据历史文献和出土文物证明，毽球运动起源于我国汉代，汉代的画像砖上已记载有毽球运动的画像。唐宋时期，踢毽子的花样和技巧已经有了很大进步。宋代高承在《事物纪原》中记载："今时小儿以铅锡为线，装以鸡羽，呼为毽子，三四成群走踢，有里外廉、拖枪、耸膝、突肚、佛顶珠……。"明清时期，毽球运动进一步发展，关于毽球运动的记载也就更多了。明代进士、我国历史上有名的散文学家刘侗在《帝京景物略》中写道："杨柳儿青，放空钟；杨柳儿死，踢毽子。"到了 20 世纪 30 年代，涌现出了一批全国闻名的踢毽子能手，使踢毽子技术得到了更大发展，各种踢法丰富多彩，高难翻新的动作层出不穷，不同风格争奇斗胜，观者眼花缭乱，惊叹不已。但是，此后毽球运动衰落了，直到中华人民共和国成立后，这项民族体育运动才逐渐得到了恢复和发展。1963 年，毽球运动同跳绳等，被列入国家提倡开展的体育活动，毽球运动还被编入了体育教材。

## 二、毽球运动的动作方法

我国各地踢毽子有不同的风格，名称也不尽相同，一般来说，毽子分为两种：一种，毽子的羽毛短小，底托较重，踢起的毽子上下飞舞速度较快，其踢法特点是刚劲，动作要求小巧，掌握起来较难一些，此种毽子主要在我国北方广大地区流行；另一种，毽子的羽毛长大，底托较轻，踢起的毽子上下飞舞速度较慢，其踢法特点是柔软，动作要求开阔潇洒，掌握起来较为容易，这种毽子在我国南方地区流传较广。

（一）基本踢法

**1. 平踢**

左腿站立支撑，右腿屈膝外展，小腿向侧上方摆腿，用脚部的中间部位将毽子向上踢起，脚落地，等待毽子下落到膝盖以下高度时，再抬脚将毽子向上踢起，依次进行。踢的次数越多越好，时间越长越好。

**2. 盘踢（图 11-27）**

盘踢，就是用足内侧将毽子在体前踢起。膝关节带动大腿自然向外翻转，使脚尖、足跟与支撑腿在一条直线上，脚内侧绷平，脚跟与支撑腿保持一脚左右距离，上体保持正直，髋关节放松，两臂自然下垂，踝关节带动小腿向上发力，用脚弓处击毽子，高度在支撑腿的二分之一至三分之一处。

**3. 磕踢（图 11-28）**

磕踢，就是用膝关节将毽子在体前磕起。抬起右腿，与上体保持 90°，小腿自然下垂，脚尖略微指地，发力时，用膝关节带动大腿向上摆动，上体保持正直，两肩与髋关节放松，两臂自然下垂在身体两侧。磕起的毽子向体外翻转。

**4. 拐踢(图 11-29)**

拐踢,就是用足外侧将毽子在体侧踢起。右腿向体外抬起,膝关节向内扣,踝关节带动小腿向斜后上方摆动,足尖略勾,足外侧绷平,踝关节紧张,上体正直,髋关节自然放松,击毽子点在支撑腿二分之一至三分之一处。

双脚连续拐踢时,右脚将毽子击起后,落地的同时脚尖外展,与左脚成八字状,左腿跟上,两脚成平行状,再将毽子踢起,落地时,膝关节外展,两脚成八字状,右脚跟上,两脚成平行状,将毽子踢起,连续进行。

**5. 绷踢(图 11-30)**

绷踢,就是用脚面的外三趾将毽子在体前踢起。大腿略抬起,膝关节放松,踝关节紧张,收小腿,当毽子下落至离地面 20～30 厘米处时,踝关节带动小腿向上发力,用脚面的外三趾撞击毽子,将毽子踢起。击毽子时,重心略向前倾。

图 11-27　盘踢

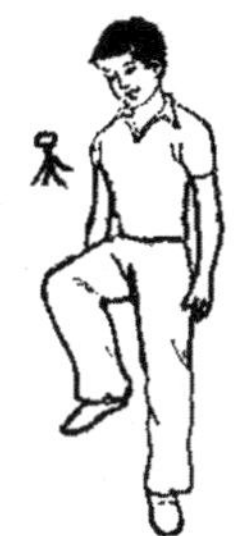
图 11-28　磕踢

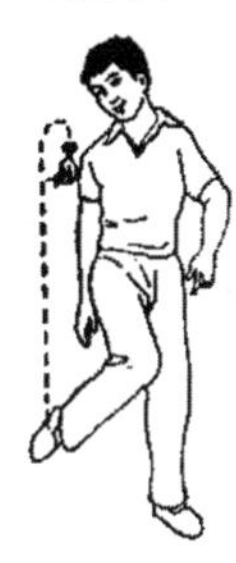
图 11-29　拐踢

图 11-30　绷踢

**6. 鞋底(后勾)(图 11-31)**

将毽子抛向身体右后方,上体略向前倾,左腿屈膝呈半蹲状,重心在左脚上,当毽子下落到适当高度时,右腿屈膝后摆,脚尖向后伸直,用脚底将毽子踢起,踢完后脚尖轻轻着地一次,再踢第二次。

**7. 地拐(图 11-32)**

把毽子向身体左侧方抛起,当毽子下落时,左腿稍屈膝,右脚内翻从左腿后面摆向左侧,用右脚内侧接踢毽子。踢完后,右脚落地一次准备做第二次接踢。

**8. 剪绷(图 11-33)**

将毽子抛向身体左侧,当毽子下落到适当高度时,左腿稍弯曲,右腿从左腿后面伸向左前方,用右脚尖将毽子踢向空中。

**9. 缠绕踢毽(图 11-34)**

踢毽脚的踝关节在空中围绕毽子转一周后,再用绷踢将毽子踢起。

图 11-31　鞋底

图 11-32　地拐

图 11-33　剪绷

图 11-34　缠绕踢毽

（二）跳踢

**1. 打（图 11-35）**

打毽，也称交踢，是跳起两腿交叉加足内侧上摆击毽完成的动作。预备时身体略向左转，左臂摆向侧后方，右臂自然摆动，将毽子抛向或踢向身体左侧，等毽子下落到适当高度时，左脚蹬地，屈膝跳起，在空中稍摆向右侧，同时右脚也用力蹬地跳起，在空中屈膝从左腿后面摆向左侧，用右脚内侧将毽子踢起。踢完毽子后，左脚在体前落地，右脚随之落地，准备踢第二次。

**2. 跪（图 11-36）**

开始时将毽子踢向身体左侧，当毽子下落到与腰同高时，左脚蹬地跳起，在空中左腿屈膝，小腿尽量贴紧大腿，左腿在空中呈跪状，右脚蹬地跳起后，在空中从左小腿下面摆向左侧，用右脚内侧踢毽。踢完后右脚先落地，左脚随之落地。

**3. 跨（图 11-37）**

在体前将毽子垂直抛起，当毽子垂直下落到适当高度时，身体重心移至右腿上，左脚蹬地抬起，左腿自然屈膝向内摆，跨过下落的毽子，同时右脚用力蹬地跳起，屈膝从左腿下面摆向左侧，用脚内侧踢毽子，踢完后左脚先落地，右脚随之落地。

图 11-35　打　　图 11-36　跪　　图 11-37　跨

**4. 拉（图 11-38）**

在体前将毽子垂直抛起，当毽子下落到与腰同高时，左脚蹬地抬起，在空中从下落的毽子上方由内向外（向左）侧摆过，右脚用力蹬地跳起，屈膝内摆，用脚内侧将毽子踢向空中。踢完后，左右脚依次落地，准备踢第二次。

**5. 双绷（图 11-39）**

将毽子在体前垂直抛起，当毽子下落时，双腿发力起跳，髋关节、膝关节、踝关节放松，伸平足面，足尖发力带动双脚向上摆动，用双脚交接部将毽子踢起。

**6. 双拐（图 11-40）**

将毽子抛起从身体右侧下落，当毽子落至与腰同高时，两脚同时用力蹬地跳起屈膝，身体略向右转，左右小腿并拢同时向右外摆，用右脚外侧将毽子踢起。

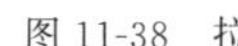
图 11-38　拉

图 11-39　双绷

图 11-40　双拐

（三）停毽

**1. 里接（图 11-41）**

里接是在盘踢的基础上演变而来的。右腿抬起时，膝关节带动大腿向外翻转，脚内侧绷平，脚尖与脚跟同支撑腿保持在一条直线上，脚跟与支撑腿一脚距离，踝关节紧张，用足内侧向上追迎下落的毽子，触毽子瞬间，小腿迅速向下回撤缓冲，将毽子停在足内侧的脚弓处。

**2. 外落（图 11-42）**

外落是在拐踢的基础上演变而来的。抬腿，膝关节内扣，小腿自然向外伸展，脚跟内收，脚尖勾起，外展，露出脚外三趾，膝关节带动大腿上摆，追迎下落的毽子，接近毽子时，大腿迅速下摆给予毽子缓冲，将毽子停在脚的外三趾趾跟部。

**3. 磕落（图 11-43）**

磕落是磕踢与外落相结合的花样动作。磕踢时，大腿抬起角度与上体略大于 90°，小腿略回收，使毽子顺势向前翻转，小腿向前伸展，用足外三趾上迎下落的毽子，将毽子接住，小腿收至身体斜后方，再将毽子抛起。

图 11-41　里接

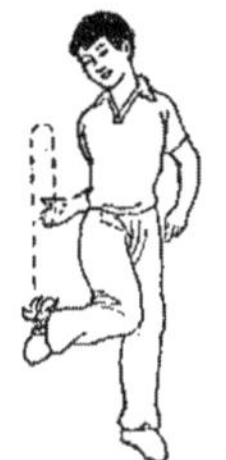
图 11-42　外落

图 11-43　磕落

**4. 过鹊桥（担山）（图 11-44）**

过鹊桥是在外落的基础上加上身体的转体完成的。将毽子在体前抛起后，用右脚的外三趾趾跟处将毽子接住，带到身体斜后方，将毽子抛起，高度在肩部左右即可，脚落地时，脚尖内扣，双肩夹紧，向毽子飞行的方向靠，使毽子通过颈右侧，经颈后至左侧下落，用左脚外三趾上迎下落的毽子，将毽子接住。

**5. 透腿腕（图 11-45）**

透腿腕是在里接的基础上演变而来的。用右脚内侧将体前抛起的毽子接住后，脚内侧抬平，带着毽子从左腿右侧经左腿后绕至左腿左侧，绕转时，支撑腿略弯，髋关节顺势扭转，当两脚平行时，踝关节发力，将毽子垂直抛起，左脚迅速用里接的动作将毽子接住。若仍用右脚接毽,右脚与支撑腿约成直角状,这样抛起的毽子能抛到体前。

**6. 油勺(图 11-46)**

用各种踢法将毽子在体前垂直踢起,高度约同髋关节平齐,当毽子下落时,髋关节、膝关节、踝关节放松,膝关节发力外张,带动大腿自内向外翻转,使小腿从下落的毽子上面一摆而过,用里接的动作将毽子接住。

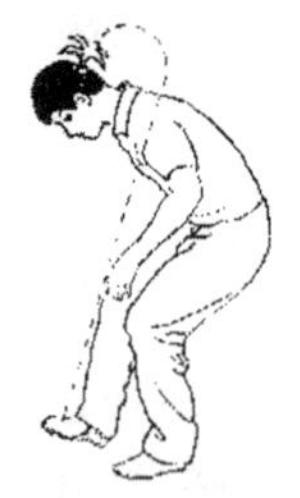

图 11-44 过鹊桥　　图 11-45 透腿腕　　图 11-46 油勺

**7. 缠绕停毽(图 11-47)**

踢毽脚在空中围绕毽子绕一周后用“里接”或“外落”的动作将毽子接住。

**8. 脚尖停毽(图 11-48)**

将毽子踢起后,右脚前伸,上体略向前倾,当毽子下落到与膝同高时,立即抬起腿,脚尖绷平,用脚尖将毽子接住,然后用脚尖将毽子挑起,等毽子下落到适当高度时,再用脚尖接住。

**9. 鸟登高枝(朝天登)(图 11-49)**

鸟登高枝又名朝天登。此动作是把毽子踢起后,一脚迅速踢起至头前,成脚掌朝上直立姿势,使毽子落在脚掌上。

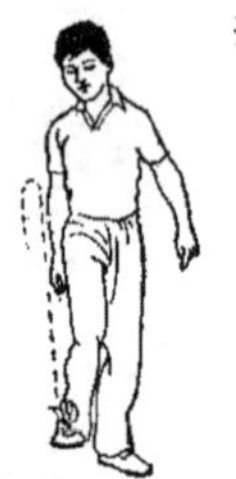

图 11-47 缠绕停毽　　图 11-48 脚尖停毽　　图 11-49 鸟登高枝

**10. 过山底(图 11-50)**

用绷踢将毽子在体前垂直踢起,高约过头 1 米以上,眼睛向上看毽子,毽子刚一下落,左腿迅速向前迈出一大步,膝关节微屈,站立不动,同时右腿髋关节放松,踝关节发力,带动小腿向体后上方抬起伸平,绷起脚面,膝关节成僵死状,顶住左腿膝关节后部不动,用足底将下落的毽子接住。

**11. 探海(图 11-51)**

开始时用脚内侧或脚正面将毽子踢起,上体随即前伸,挺胸抬头,同时右腿尽量向后伸平,两臂侧平举,做成一个探海平衡的姿势,用背部接住下落的毽子。然后,左脚用力一蹬,使毽子由背部颠起,身体迅速恢复直立,再用脚内侧踢毽子,继续同样的动作。

**12. 佛顶珠(上前额)(图 11-52)**

开始时用绷踢将毽子踢起，毽子要踢得比头略高，身体略为下蹲，上体稍向后倾，用前额将毽子接住并稍停，然后用头将毽子向体前抛下，再连续做前面的动作。

图 11-50　过山底　　图 11-51　探海　　图 11-52　佛顶珠

# 第五节　拓展运动、定向运动

## 一、拓展运动

### (一)拓展运动的概念

拓展运动，又称"拓展训练"，也称"外展训练"(Outward Bound)，原寓意为"一艘孤独的小船，离开平静的港湾，去迎接暴风雨的考验"。后来被人们解释为：船在暴风雨来临之际抛锚起航，义无反顾地投向未知的旅程，去迎接一次又一次挑战。现今的拓展运动是以体育技术为原理，充分整合各种资源，融入科技手段，运用独特的情境设计，通过创意独特的专业户外项目体验，帮助参与者改变态度及心智模式，以期完善行为并达成追求美好生活的愿望。

拓展运动已不再是简单的体能训练和娱乐活动的组合，而是向传统灌输式教育发出的一次挑战。它通过受训者亲身参与并完成自认为无法完成的任务获得个人体验和感悟，并在培训者的指导下，相互交流，分享个人体验，提升自我认识。

### (二)拓展运动的起源与发展

拓展运动起源于第二次世界大战期间的英国。当时大西洋商务船队屡遭德国潜艇袭击，许多人葬身海底，只有极少数人得以生还。后来，著名的教育家 Kurt Hahn 博士经过分析研究惊奇地发现：海难中的生还者并不是那些游泳技术好、体能好、身强体壮的年轻人，而是一些富有经验、年龄较大的老水手，他们具备顽强的意志、坚定的信念、强烈的求生欲望以及丰富的海上求生技能。

针对这种情况，Kurt Hahn 等人在 1934 年创办了高登斯顿学校，利用自然条件和人工设施训练海员的心理素质和船触礁后的生存技巧，明显提高了海员的生存率。因为战争，学校被迫迁移到威尔士的中部，后来又因课程时间跨度较长、赞助资金短缺面临关闭。

这时，当地一位商人 Lawrence Holt 资助了 Kurt Hahn，于 1941 年在英国威尔士的阿伯德威镇成立了一所帮助年轻水手提高生存能力的海上生存训练学校——阿伯德威海上学校。

当战争结束后，阿伯德威海上学校的利用价值大大降低，但是拓展运动以它独特的魅力吸引着越来越多关注的目光。一批有识之士发现了它最有价值的方面，并将管理心理学、组织行为学以及发展心理学等相关学科的理论融入其中，以拓展运动的培训模式为载体，研发出一套适应企业管理规范和团队建设的课程。由于这种运动具有非常新颖的培训形式和良好的培训效果，很快就风靡了整个欧洲的管理教育培训领域，并在其后的半个世纪中发展到全世界。

在国外，关于拓展运动的研究已经有 30 多年的历史，欧美一些发达国家普遍在学校中开展拓展运动，很多国家还把拓展运动列入学校教育的科目中，作为提高学生健康水平、培养人格、增强适应社会能力和竞争力的教育课程，如新西兰、美国、英国、澳大利亚等。新西兰的健康与体育课程标准认为，拓展运动可以使学生通过体验合作、交流、设置目标、做出决定、解决问题、信任、领导、责任感等发展个人和社会活动的能力。

新加坡是亚洲地区最早在学校设立拓展运动课程的国家，拓展运动课程在新加坡已经被规定为在校学生的必修课。此后，我国香港地区及日本等国也引进了这种体验式教育的课程模式。迄今为止，全世界 28 个国家和地区已经成立了 52 所由 Outward Bound 统一命名的拓展运动学校。这些拓展运动学校已经成为一个国际拓展组织，它的总部设在加拿大渥太华。国际拓展组织有一个共同的使命宣言：激发自尊、帮助他人、服务社会、放眼未来。

二十世纪六七十年代拓展运动传入香港，当时被称作“外展训练”。直到 1995 年，拓展运动才走进中国内地。1996 年第一家拓展培训机构“人众人拓展训练培训学校”在北京成立，并以“拓展”作为其注册商标。现在的“拓展”已经成为一种行业名称，成为一种现代人和现代组织全新的学习方式和培训方式。1999 年，清华大学率先将体验式培训引入 MBA、EMBA 的教学体系中，随后北京大学光华管理学院，中欧国际工商学院，中山大学岭南学院，浙江大学、暨南大学等学校的 MBA/EMBA 教育中也纷纷把拓展运动作为指定课程内容。短短几年中，拓展运动不断发展，备受推崇，逐渐被列入国家机关、高校、外企和其他现代化企业的培训课程。现在每年参加培训的人数在不断增加，据统计，全国每年参加的人数超过 30 万。

### （三）拓展运动的意义

拓展运动吸收了国外先进的经验，同时注意适应中国人的心理特征与接受风格，将大部分课程放在户外。精心设置了一系列新颖、刺激的情境，让学员在特定的环境中主动思考、发现、醒悟、解决问题，在参与、体验的过程中，重新认识、重新定位自己、同事、团队，然后通过学员共同讨论总结，分享经验，感悟出种种具有丰富现代人文精神和管理内涵的道理，达到“磨炼意志、陶冶情操、完善人格、熔炼团队”的培训目的。

拓展运动强调学员着重去“感受”，去“体验”和“思考”，本质区别于在课堂上听讲。研究资料表明，传统课堂式学习的吸收程度大约为25%，而要求学员参与实际操作的体验式学习吸收程度高达75%，能更加有效地将资讯传递给学员。拓展运动的训练模式正是一种典型的户外体验式培训模式。

拓展运动这种培训形式既安全又有一定的趣味性，易于被学员接受。但拓展运动的最终目的是让学员将在培训活动中的所得应用到工作中去。如果缺乏专业培训师的指导，则很难达到理想的效果。整合团队，发掘每个人的最大潜力，发扬团队互助协作精神，这就是拓展运动的真正意义。

### （四）拓展运动的特点

(1) 综合活动性。拓展运动的所有项目都以体能活动为引导，引出认知活动、情感活动、意志活动和交往活动，让学员在团队中、在合作中、在矛盾中、在解决问题中提高适应社会的能力，领悟做人的道理，通过亲身体验培养自己的团队精神。

(2)挑战极限。拓展运动的项目都具有一定难度，需要学员克服心理恐惧，突破生理和心理的“极限”。

(3)集体中的个性。拓展运动实行分组活动，强调集体合作，力图使每一名学员竭尽全力为集体争取荣誉，同时从集体中感受巨大的力量和信心，在集体中显示个性。

(4)高峰体验。让受训者在激动中、恐惧中、犹豫中、喜悦中不断提升对生活的感悟、对挑战的向往，通过亲身体验培养自己的体育精神。在克服困难，顺利完成课程要求以后，学员能够体会到发自内心的胜利感和自豪感，获得人生难得的高峰体验。

(5)自我教育。培训师在课前把项目的内容、目的、要求及必要的安全事项向受训者介绍清楚后，一般在活动中不进行讲述，也不参与讨论，充分尊重受训者的主体地位和主观能动性。即使在课后总结中，培训师也只是点到为止，主要让受训者互相交流自己的感受。这样，对活动的操作、体验和总结，都由受训者自己独立完成。通过项目体验，受训者更加了解自己、认识自己，从而正确地评价自己。

通过拓展训练，受训者会在如下方面有显著提高：认识自身潜能，增强自信心，改善自身形象；克服心理惰性，磨炼战胜困难的勇气；启发想象力与创造力，提高解决问题的能力；认识集体的作用，增进对集体的参与意识与责任心；改善人际关系，学会关心他人，更为融洽地与他人合作；学习欣赏、关注和爱护大自然。

### （五）拓展运动的环节

(1)团队热身。在培训开始时，团队热身活动将有助于加深学员之间的相互了解，消除紧张，建立团队，以便轻松愉悦地投入到各项培训活动中去。

(2)个人项目。本着心理挑战最大、体能冒险最小的原则设计，每项活动对受训者的心理承受力都是一个极大的考验。

(3)团队项目。团队项目以改善受训者的合作意识和受训集体的团队精神为目标，通过复杂而艰巨的活动项目，促进学员之间的相互信任、理解和配合。

(4)回顾总结。回顾将帮助学员消化、整理、提升训练中的体验,以便达到活动的具体目的。总结,使学员能将培训的收获迁移到工作中去,以实现整体培训目标。

### (六)拓展运动的主要课程

拓展运动的课程主要由水上课程、野外课程以及场地课程三类课程组成。水上课程包括:游泳、跳水、扎筏、划艇等;野外课程包括:远足露营、登山攀岩、野外定向、伞翼滑翔、户外生存技能等;场地课程是在专门的训练场地上,利用各种训练设施,如高架绳网等,开展各种团队组合课程及攀岩、跳越等心理训练活动。

## 二、定向运动

### (一)定向运动概述

定向运动是参加者借助地图和指北针,以徒步越野赛跑的形式,按顺序到达地图所标示的各个点标,以最短的时间完成规定赛程的运动项目。它既可以在森林、野外和公园进行,也可以在校园和军营内进行。定向运动现如今已成为一项风靡世界的运动项目。

**1.定向运动的起源与发展**

定向运动是由 Orienteering 翻译而来的,目前该项运动在国内有很多译法,如野外定向、定向越野、定向越野比赛、越野识图比赛等。近几年来,随着此项运动在我国的普及与推广,定向运动一词渐渐得到业内人士的一致认可,并最终被中国定向运动协会确定为官方名称。

定向运动起源于北欧的瑞典。地处北欧斯堪的纳维亚半岛的瑞典,国土崎岖不平,覆盖着一望无际的森林,散布着无数的湖泊、城镇和村庄,人们主要利用隐现在林中的小径来往于各地。因而人们必须学会并具备精确辨别方向的能力,否则将会有迷失方向的危险。这样地图和指北针就成为人们行走和生活的必需品。生活在半岛上的居民、军队,便成了定向运动的先驱者。

1961 年 5 月,国际定向运动联合会(以下简称“国际定联”)在丹麦首都哥本哈根成立,并确定了正式的比赛项目,制定了一系列比赛规则与技术规范。国际定联的成立,标志着定向运动进入了崭新的发展时期。现在,每两年举办一次的世界定向锦标赛的影响力越来越大。

目前,定向运动在我国也初具规模,并且呈现出强劲的发展势头。1992 年 7 月,国际定联就批准中国以“中国定向运动委员会”的名义加入该组织,成为正式会员国。1995 年“中国定向运动委员会”正式更名为“中国定向运动协会”(以下简称“中国定协”)。中国定协积极推动定向运动在国内的发展,每年在全国范围内组织“全国定向运动锦标赛”和“全国城市定向运动系列赛”。赛事的组织工作与国际惯例接轨,裁判规则与技术标准完全按照国际定联颁布的规范实施。

**2. 百米定向介绍**

百米定向是由俄罗斯 Maxim Riabkin 最早提出并实现的。所谓的"百米定向"就是在一块 100 米×50 米的场地内进行比赛。在比赛的过程中，观众可以看到运动员比赛的全过程，而且赛场上还伴有音乐。有意思的是，运动员可以在出发区得到一张地图，并且在赛前分析地形，选择路线。起点、终点和比赛区是有严格界限的，因此，以上的这些活动都只能在出发区进行(未出发的运动员是不能够看到别的运动员的比赛过程的)。比赛的地图采用 1∶500 的大比例地图，等高距为 1 米。比赛区域内的每一棵树都被标注在图上。在比赛的线路上一般设置 5 到 30 个点标。

(二)定向运动的工具与装备

**1. 地图**

地图是定向越野最重要的器材。在定向地图上标有定向越野的路线，一条定向越野路线一般包括一个起点，一个终点和一系列检查点。检查点用于检验参与者是否按规定跑完了全程。为此，应设置专门的标志，并在地图上准确地标示出来。定向越野的路线通常按环形设计，其设计是组织定向比赛最重要的环节之一。路线设计的好坏直接影响到比赛目的的实现和任务的完成情况。

**2. 指北针**

指南针是中国古代一项伟大的发明，早在 2000 多年前的战国时期，我们的祖先就用天然磁铁做成了司南——指南针的始祖。指南针与地图结合使用时，因需确定北方，所以也常称指南针为指北针。目前国际上定向越野比赛常使用由透明有机玻璃材料制成的指北针。

**3. 点标旗**

参与者根据定向越野地图所提供的信息，利用指北针快速定向，在实际地形中寻找一幅黄色和白色相间的点标旗，该点标旗的位置准确地放置在地图所标示的地点——圆圈的中心点。

**4. 打卡器**

为证实参与者通过了比赛中的各个检查点，参与者必须在到达每一个检查点(点签器)时，使用打卡器在卡纸上打卡，以此证明其确实到达了此点。现在国内外大型定向比赛都用电子打卡系统打卡，它不仅能证实参与者正确通过了检查点，而且还能记录下参与者通过各检查点的准确时间。

**5. 检查卡片**

为证明参与者的确到访过各个检查点，主办方会在比赛时给每个运动员一张检查卡片。该卡片用厚纸片做成，当运动员找到检查点时，将用点签在相应的检查卡片上所标示的序号作为印痕，以作为验证成绩有效的凭证。

**6. 号码布**

号码布的规格一般不超过 24 厘米×20 厘米，号码数字的高度不超过 12 厘米。参与者要将号码布佩戴于胸前及背后。

**7. 检查点说明符号**

检查点说明符号是国际定联规定的世界通用的统一符号标志。它详细标注了检查点所在的地物、地貌及点标旗与该地物、地貌的位置关系。

**8. 参赛者着装**

服装方面，应以轻便、舒适及易于活动为准，过紧和太厚的衫裤会使参赛者举步难移。可穿旅行靴，保护脚腕，也可穿上比赛用的运动鞋，但要求鞋身防水，鞋底有凸齿，在碎沙地不易滑倒。采用有弹性的面料做成护腿，以便于参赛者在奔跑中不被剐伤或被虫、蛇等咬伤。

**9. 比赛场地**

(1)竞赛区域应选择在地形比较复杂、植被覆盖良好的地区，应能为设计较高难度的竞赛路线提供可能。

(2)竞赛区域选择应不使本地参赛者获益。

(3)竞赛区域一经确定，应被视为禁区。除组织者外，任何人不得以任何理由进入该区域。

(4)举办过全国或大型定向运动比赛的场地，在三年内不得再用于同级别大型比赛。某一地区实际条件不允许而不得不使用以往的场地时，应提前公布最近的旧版彩色定向地图，并提前下发给参赛队伍，保证比赛的公平性。

### (三)定向运动的基本技能

**1. 标定地图**

标定地图是为了使越野图的方位与现地的方向相一致。这是使用越野图最重要的前提。

(1)概略标定

越野图上的方位是：上北、下南、左西、右东。当我们在现地正确地辨别了方向之后，只要将越野图的上方对向现地的北方，地图即已标定。这种方法简便迅速，是定向越野比赛中最常用的方法。

(2)利用磁北线(MN线)标定

先使透明式指北针圆盒内的定向箭头“↑”朝向地图上方，并使箭头两侧的平行线与越野图上的磁北线重合(或平行)，然后转动地图，使磁针北端对正磁北方向，地图即已标定。

(3)利用直长地物标定

利用直长地物(如道路、土垣、沟渠、高压线等)标定地图，首先应在地图上找到这段直长地物，对照两侧地形，使地图与现地各地形点的关系位置概略相符，然后转动地图，使图上的直长地物与现地的直长地物方向一致，地图即已标定。

(4)利用明显地形点标定地图

当位于明显地形点上，并已从地图上找到该地形点的位置(即自己所在的站立点)时，可以利用明显地形点标定地图。方法是：先选择一个地图上与现地都有的远方明显地形点，然后转动地图，使地图上的站立点至目标的连线与现地的站立点至目标的连线相重合，此时地图即已标定。

**2. 对照地形**

对照地形，就是要通过仔细观察，将图上和现地的各种地物、地貌一一“对号入座”，即相互对应。对照地形在定向越野比赛中的作用主要有两个：一是在站立点尚未确定时，只有正确地对照地形，才能在图上找出正确的站立点位置；二是在站立点已经确定，需要变换行进方向时，只有通过对照地形，才能在现地找到已选定的最佳行进路线。对照地形一般应先标定地图，然后根据不同的需要采用不同的对照方法。

(1)在站立点尚未确定前。首先应概略地标定地图，然后迅速地观察一下周围，记清最大或最有特征的地物、地貌的大概方位与距离，并从地图上找到它们，此时站立点的位置即可概略的确定。

(2)在站立点已经确定之后。首先应概略地标定地图，然后从图上查明自己选定的运动路线上近前方两侧的特征物，同时记清它们的大概方位与距离，并将它们在现地辨别出来，然后再前进。如果因为地形太复杂，如山丘重叠、形状相似等，不易进行对照，可以先采用较精确的方法标定地图，然后用带刻度尺的指北针的长边切站立点和特征物，并沿这条直长边向前瞄准，则特征物一定在此方向线上。如果此方法还不能解决问题，应变换对照位置，或者登高观察和对照。在这里需要特别强调的是，无论在什么情况下进行现地对照地形，都必须特别注意观察和对照地形的顺序与步骤问题。现地对照地形的顺序一般是：先对照大而明显的地形，后对照一般地形；由近及远，由左至右；由点及线，由线及面；逐段分片，有规律地进行对照。在步骤方面，首要的也是必不可少的是要保持地图方位与现地方位的一致，然后再根据不同需要进行下面的步骤。

**3. 确定站立点**

熟练地掌握在图上确定站立点的各种方法是学习使用地图的关键。对于这些方法，除了要记住它们各自的步骤、要领，尤其重要的是要学会根据不同情况，对它们进行选择使用和结合使用。

(1)直接确定

当自己所处位置是在明显地形点上时，只要从图上找出该地形点，站立点即可确定。这是一种在行进中，特别是在奔跑中最常用的方法。但是，采用直接确定法的困难在于：在紧张的进程中，怎样才能很快地发现可供利用的明显地形点？当同一种明显的地形点互相靠近的时候，怎样才能够正确地区别它们，防止“张冠李戴”？可以称得上是明显地形点的地物主要有：

①单个的地物；

②现状地物的拐弯点、交叉点(“十”字形)、交汇点(“丁”字形)和端点；

③面状地物的中心或者有特征的边缘。

可以称得上是明显地形点的地貌主要有：

①山地、鞍部、洼地；

②陡崖、冲沟等；

③谷地的拐弯点、交叉点和交汇点；

④山脊、山背线上的转折点、坡度变换点。

(2)利用位置关系确定

当站立点位于明显地形点附近时，可以采用位置关系法。利用位置关系法确定站立点主要依据两个要素，一是站立点至明显点的方向，二是站立点至明显点的距离。在地形起伏明显的地方,还可以结合高差情况进行判定。

(3)利用“交会法”确定

当站立点附近无明显地形点时,可以利用“交会法”确定站立点。按不同情况,它又可以具体分为90°法、截线法、后方交会法和磁方位角交会法。这些方法的优点是:不需要判断或测量距离也能确定较为准确的站立点位置,这对于初学者学习、巩固使用越野图的训练是很有意义的。但是,它们中的一些方法,要么只能在某些特定的条件下运用,要么就是步骤烦琐,费时费力,因此在定向越野比赛中一般较少使用。

①90°法:当待测点位于线状地形(包括道路、沟渠、山背线、谷底线、坡度变换线等)上时,如果在与运动方向相垂直的方向上能够找出一个明显地形点,那么确定站立点就简单得多。线状地形符号与垂直方向线的交点即为站立点。

②截线法:当待测点位于线状地形上,但在其与运动方向相垂直的方向上没有明显地形点时,可以采用此法。其步骤是:标定地图,在线状地形的侧方选择一个地图上与现地都有的明显地形点;利用指北针的直长边缘(也可用三棱尺、铅笔等)切于图上明显地形点的定位点上(为便于操作可插一根细针),然后转动指北针,使其直长边对准该地形点;沿指北针的直长边向后画方向线,该方向线与线状地形符号的交点,就是站立点在图上的位置。

③后方交会法、磁方位角交会法:这两种方法只在待测点上无线状地形时采用,而且地图与现地相应地都有两个以上明显地形点。

后方交会法通常要求地形较开阔,通视良好。其步骤是:在地图上找到选定的方位物之后,标定地图;然后按照截线法的步骤分别向各个方位物瞄准并画方向线,地图上方向线的交点就是站立点。

磁方位角交会法既可以在地形开阔时使用,也可以在丛林中使用。但是,在丛林中需要攀爬到便于向远方观察的树上或其他物体上进行。其步骤是:

a. 选择地图上和现地都有的两个明显地形点,并用指北针分别测出至该两个地形点的磁方位角;

b. 标定地图。将所测磁方位角图解在地图上。图解磁方位角时,要先转动指北针的分度盘,让指针分别对正所测的方位角值,再将指北针的直长边分别切于地图上被对准的两个地形点符号并转动指北针;待磁针与定向箭头重合后,分别沿直长边描画方向线。两条方向线的交点,就是站立点在地图上的位置。

**4. 利用地图行进**

利用地图行进有赖于参与者对前面所述各种专项技能的综合运用。换言之,学习辨别方向,识别定向图以及标定地图,对照地形确定站立点,都是为了能够熟练地利用地图行进。因此,在实践中要根据地形情况、个人特点,选择下述对自己最适合的方法,反复练习,以便在比赛时不降低或少降低运动速度的情况下,始终正确地行进在自己选定的路线上,顺利到达目的地。

(1)记忆法

一般要按行进的顺序,分段地记住路线的方向、距离、经过的地形点、两侧的辅助(参照)物。通过记忆,自己应具备这样一种能力:现地的情境能够不断地与记忆的内容“叠影”、印证,即“人在地上跑,心在图上移”。

(2)拇指辅行法

先明确自己的站立点和将要运动的路线,到达目标,然后转动地图(身体要随之转动),使地图与现地的方向一致,并用拇指压于站立点一侧,再开始行进。行进中要根据自己所到达的位置,不断移动拇指,转动地图,保持位置、方向的连贯性与正确性。

(3)借线法

当检查点位于线状地形或其附近时,可以采用此法。行进时,要先明确站立点,然后将易于辨认的线状地形,如道路、围栏、高压线、山背线、坡度变换线等,作为行进的“引导”,使自己运动时更有信心。由于沿着线状地形前进犹如扶着楼梯的栏杆行走,因此国外称这种方法为“扶手法(Handrail)”。

(4)借点法

当检查点附近有高大、明显的地形点时,可用此法。行进前,要先将目标辨认清楚(亦可用其他物体佐证),然后用最快的速度前往检查点。

(5)导线法

当站立点距离检查点较远,途中地形又很复杂时,可以采用此法。行进过程中,要多次利用各个明显地形点,确保前进方向与路线的正确性。但需注意,切勿将相似的地形点用错。

(6)迷失方向时的解决方法

沿道路行进时:标定地图,对照地形,判明是从哪里开始发生的错误以及偏差有多大,然后根据情况另选迂回的道路前进。如果错的不多,可返回原路再行进。

定向行进时:应尽早停止行进,标定地图后选择最适用的方法确定站立点,然后尽量取捷径插到原来的正确路线上去,不得已时再返回原路。

在山林中行进时:根据错过的基本方向、大概距离,找出最近的那个开始发生偏差的地点,并以此为基础,确定站立点的概略位置。如果错得太远,确定不了站立点,又不能返回原路,就要在图上看一看,迷失地区附近是否有较大型或较突出的明显地形(最好是线状的),如果有,就要果断地放弃原行进方向向它靠拢,并利用它确定站立点。如果没有这个条件,那么就继续按原定方向前进,待途中遇到能够确定站立点的机会时,再迅速取捷径斜插向目的地。在山林中行进,最忌讳在尚未查明差错程度和连正确的行进方向都不清楚的情况下,匆忙而轻易地取“捷径”斜插,这样很可能造成在原地兜圈子。

### (四)基本定向技术

#### 1.地图正置及拇指辅行法

先将地图正置,把拇指放在地图上自己的位置。这样前进的方向便在地图前面,能够清楚观察四周的环境及地理特征。当前进时,拇指随着移动,当改变前进方向时,地图也要随着转移,即保持地图北向正北方。这样可以在任何时候都能立即指出自己在图中的位置。

**2. 利用指北针**

利用指北针,准确地找出目标的方向,每次前往目标前,可先观察目标周围的地势,加深印象,务求快速及准确地到达目的地。

**3. 扶手法**

利用明显地理或人作为特征和引导,使前进时更具信心。如小径、围栅、小溪涧等,皆是有用的扶手。

**4. 搜集途中所遇特征**

辨别前往控制点途中所遇到的地理特征,确保前进方向及路线正确。切勿将相似的特征误认。

**5. 攻击点**

先找出控制点附近特别明显的特征,然后利用指北针,从攻击点准确及迅速地前往控制点。攻击点必须是容易辨认的,如电塔架、小路交点等。

**6. 数步测距**

先在地图上测量两点间的距离,然后利用步幅准确地测量要走的路程。方法:先确定100 米所需步行的步数(假设 120 步),当在地图上发现由 A 点到 B 点的距离是 150 米便可计算出应走 180 步。为了减少数步,可利用“双步数”,只数右脚落地的一步,便可把步数减半。除比赛时经常运用上述基本技术外,赛后也要检讨,找出常犯的错误和原因,加以改善定向技术。初学者应多在基本技术上下功夫,切勿操之过急。

## 第六节 瑜伽运动

瑜伽(Yoga)这个词来自梵语词根 yuj,意为联合、加入、结合和束缚。即把人的注意力集中起来加以引导、运用和实施,也有结合或交融的意思。摩诃迪瓦·德赛(Mahadev Desal)在《甘地谈薄伽梵歌》一书的序言中曾这样写道:“它(瑜伽)意味着对人类的智力、大脑、情感、意志的规范;它还意味着内在宁静,从而使一个人能够均衡地审视生活的所有方面。”同时,瑜伽也被描述为在纷繁事务中所具有的工作智慧和生活艺术,一种和谐相处,适可而止的智慧。

### 一、瑜伽的历史渊源

瑜伽的渊源古老而久远,几乎所有学者都认为诸如《薄伽梵歌》《薄伽瓦谭》等瑜伽的古老文献是从不可追忆的远古时代就以师徒间口耳相传的方式代代传下来的,后被编纂成书罢了。在印度约公元前 2500 年的古代文化遗址出土的文物中就有刻着类似瑜伽姿势图案的制品。古印度吠陀(意为真正的知识),内有四部,既有宗教仪轨之学,以悦自然界诸神;复有养生之学,以调体息;更有奥义书,以讲求智慧,启悟自性。这些经书,决定了印度哲学的方向,日后一切瑜伽经典,也莫能离吠陀之经义。

## 二、瑜伽体位法的来历

我们熟知的瑜伽体位法的产生比较流行的说法是传说中很多雪山上修行的圣哲,在冥想的间隙,参照自然万物生灵的特征所创的静态姿势。大家知道,中国著名的华佗的五禽戏就是这样发明的。在《哈他瑜伽导论》等古梵文版本书中,只出现了 84 个体位,而现在流传的姿势据说多达 840 万个,实则多为后人的演绎。另有一流传甚广的传说,认为瑜伽的创立者是伟大的圣徒和圣人瑞施斯和马哈希斯。他们通过集中精神的力量看到了生命最奥秘的真理,于是他们向大众提供了自身体验的理性理解,使得人们能获得一种实用的、科学的训练方法,让大家沿着真正的生活道路前进,实现最终的目标——天人合一。

19 世纪,“印度的现代瑜伽之父”克须那摩却那为了吸引人们对瑜伽的兴趣,开始表演一些瑜伽杂技,后来其弟子将瑜伽带入西方世界,成为风靡一时的健身运动。此后,又出现了以祛病治痛为目的的艾杨格瑜伽。

今天,瑜伽已经完全融入了人类的生活之中,许多印度瑜伽师为发扬瑜伽思想而漂洋过海,向全世界传播这一古老的东方文化和修持技术,使得瑜伽在世界范围内广泛兴起。

## 三、瑜伽传入中国

追踪溯源,佛学在东汉年间进入中国时,“瑜伽”这个词已经进入中国,只是当时所有佛经将瑜伽意译为“相印”。

瑜伽的体位练习确实可以保健强身,瑜伽的冥想也可以保健心灵,但动作形式和意念要求与现代健身运动有显著区别。瑜伽的目的是梵我合一,追求心灵境界的修炼,而健身和体操、舞蹈的最终目的是强身健体,心灵修持倒在其次。

如今现代社会形形色色的强身保健之法都冠以瑜伽之名,导致我们并不了解真正的瑜伽修持。

## 四、瑜伽的推广

瑜伽给予练习者最基本的身心协调与均衡,是一项理想的预防身体和精神疾病的运动,可以全面保护身体,逐步培养人的自信与自立。珍爱生命,保持耐心,遵循真理以及坚定意志是修习者练习时不可缺少的品质,因此,修行瑜伽需要全身心地投入。

以下坐姿采用印度瑜伽导师艾杨格的体式。

**1. 至善坐**

(1)坐在地面上,双腿向前伸直。

(2)弯曲左膝,用双手抓住左脚,把左脚脚后跟贴近会阴,左脚脚底抵住右大腿。

再弯曲右腿,把右脚放在左踝上,右脚脚后跟抵住趾骨。把右脚放在左大腿和小腿之间。

(3)双臂向前伸,手背放在两膝上使手掌朝上。

(4)尽可能保持这个体式,保持背部、颈部和头部挺直,仿佛在注视着自己的鼻尖。

(5)松开双脚,放松一会儿,然后重复这个体式,保持同样的时间,这次先把右脚脚趾贴近会阴,然后把左脚放在右脚脚踝上。

至善坐的功效:

这个体式使趾骨区域保持健康,如莲花式一样,它是所有体式中最为放松的一种。处于坐姿的身体得到了休息,与此同时交叉的双腿和挺直的后背使大脑保持警醒。这个体式也推荐作为呼吸控制和冥想时的体式。从纯身体的角度来看,这个体式对于治疗踝部和踝关节僵硬很有好处,在这个体式中,血液得以在腰部和腹部循环,从而锻炼了脊部下方区域和腹部器官。

**2. 莲花式**

(1)坐在地面上,两腿伸直。

(2)弯曲右腿,用手抓住右脚使其尽量靠近左大腿的根部,从而使右脚脚跟靠近脐部。

(3)再弯曲左腿,用手抓住左脚放在右大腿上,尽量靠近右大腿根部,脚跟靠近脐部,脚心翻转向上,将右脚脚心也向上,这是最基本的莲花式。

(4)从身体底部到颈部,应该始终保持挺直。

莲花式的功效:

在克服了最初的膝部疼痛之后,就会感觉到莲花式也是比较放松的体式之一。此时身体处于坐姿,在获得休息的同时身体却没有感觉到慵懒。在莲花式中,交叉的双腿和挺直的背部可以使大脑始终保持专注与警醒。因此,它也是练习呼吸控制时的推荐体式之一。

单纯从身体角度来讲,这个体式对于治疗踝部和踝关节僵硬很有好处。由于促进了腰部和腹部区域的血液循环,因此脊柱和腹部器官也得到增强。

**3. 束脚式**

(1)坐在地面上,两腿向前伸直。

(2)弯曲膝盖,使双脚贴近躯干。双脚脚跟、脚掌相合,用手抓住双脚脚趾,脚后跟靠近会阴。大腿分开,膝盖放低,直到膝部接触地面。

(3)手指相扣,牢牢抓住脚趾,脊柱挺直,双眼注视前方或者内视鼻尖,尽可能保持这个体式。

(4)肘部抵住大腿下压。呼气,身体前屈,依次把头、鼻子、下巴放在地面上。保持这个体式 30 秒至 1 分钟,保持正常呼吸。吸气,躯干从地面抬起,回到(3)。然后松开双脚,伸直双腿，放松。

束缚式的功效：

这个体式尤其推荐给小便失调的人练习。它可以使骨盆和腹部以及背部得到充分的血液供给，也可以使肾脏、前列腺和膀胱保持健康。

## 五、瑜伽呼吸法的基本要领

瑜伽的呼吸是瑜伽练习的重要部分，也是瑜伽练习能否收到效果的关键所在。呼吸是练习人生理与精神的纽带，正确的瑜伽练习必须先从呼吸练习开始而不应该先从体位法开始。

**1. 呼吸的要求**

在进行呼吸时，意识必须集中。在进行瑜伽呼吸法之前，必须通过体位法来锻炼肺、横膈膜、肋间肌和膈肌，以便进行有韵律的呼吸。呼吸变得正确而有韵律之前，意识始终同呼吸成为一体。意识的作用就在于把内在的自我同呼吸、身体联结起来。

在吸气过程中，练习者把自己的大脑改变为接受和分配流量的器官。吸气的时候，不要使腹部鼓起，否则，肺部就不能完全扩张。吸气和呼气都不能勉强进行，也不能太快，否则会加重心脏的负担，引发脑部障碍。

所谓呼气（吐气），就是把二氧化碳排出体外。呼气时，有意识地提起上胸部，慢慢地有韵律地排出气体。

**2. 吸气的方法**

（1）以自己最舒服的姿势坐定，把胸、浮肋和肚脐提起，伸直脊骨。尽量向下低头，使颈部变柔软，然后进行下颚收束法。

（2）在吸气过程中，胸向上方和两侧扩张时，切勿向前后和左右倾斜，不能使横膈肌出现紧张。要把空气深深吸入横膈肌底部，可以想象从浮肋下，腰的周围开始吸气，这是深吸气的秘诀。

（3）为了顺利地接受吸入的能量，预先处于一种被动的状态是重要的。特别是要使肺内侧的节律与进入空气的流动同步。在肺部完全发挥机能之前，必须小心翼翼、一点一点地提高肺活量。

（4）在吸气过程中，不能提肩，否则肺部就得不到完全扩张，颈部也会出现紧张。假如仔细观察一下，则会发现，肩被提起后，就要立刻落下。为了不使肩提起，可以预先抬起胸部。松弛喉部，把舌平放在下颚上，但不能抵到牙齿，要闭眼，眼球要朝上转动，耳部、脸部的肌肉、前额的皮肤也要预先松弛。

**3. 呼气的方法**

（1）调整姿势，其方法参照吸气的 4 点，呼气要缓慢地进行。为此，不能让吸气时抬起的肋间肌和浮肋松弛，否则，很难做到呼吸顺畅和缓。

（2）呼气的动作从上胸部开始，因此不要使这部分收回。慢慢地呼气，直到肚脐收缩，气完全呼尽。呼气前,要把脊柱及其左右两侧提起,使全身像扎根于地的树木那样稳固。不能晃动身体,否则会扰乱神经活动。不要收回胸部,要慢慢地、顺畅地呼气。假如气息变得粗而急,那是因为胸部和脊背的回落以及没有注意观察气息的流动。

(3)在吸气过程中,上半身的皮肤趋于紧张。但在呼气过程中,要松弛上半身的皮肤,不过不要使背部的内侧沉落。

# 第十二章

# 国家学生体质健康标准(2014年修订)

## 一、相关规定

国家学生体质健康标准(2014年修订)指2014年7月18日,教育部公布了最新修订的《国家学生体质健康标准》(以下简称《标准》)。学生体测成绩达到或超过良好,才有资格参与评优与评奖。

以往,学生的体测按学段分组,每组除了身高、体重、肺活量必测外,还有一些可选项目,新《标准》取消选测。在分组上,小学、初中、高中按每个年级为一组;大学一、二年级为一组,三、四年级为一组。在各组中,身高、体重、肺活量、50米跑、坐位体前屈都是必测项目。在大学生和中学生中,男生必须测1000米跑和引体向上,女生必须测800米跑和1分钟仰卧起坐。

《标准》还指出,体测的学年总分由标准分与附加分之和构成,满分为120分。标准分由各单项指标得分与权重乘积之和组成,满分为100分;附加分根据实测成绩,对1分钟跳绳、引体向上、仰卧起坐等加分指标进行加分,满分为20分。

各组学生按总分评定等级,90分及以上为优秀,80分至89.9分为良好,60分至79.9分为及格,59.9分及以下为不及格。

每个学生每学年评定一次,学生毕业时的成绩和等级,按毕业当年学年总分的50%与其他学年总分平均得分的50%之和进行评定。学生测试成绩评定达到良好及以上者,方可参加评优与评奖;成绩达到优秀者,方可获体育奖学分。对于测试成绩评定不及格的学生,在本学年度准予补测一次,补测仍不及格,则学年成绩评定为不及格。普通高中、中等职业学校和普通高等学校学生毕业时,《标准》测试的成绩达不到50分者按结业或肄业处理。

## 二、新增规定

2014年新出台的《标准》,取消了选测项目,中学生和大学生必须测长跑,初中以上男生必须测引体向上。《标准》规定,学生毕业时,体育成绩和等级,按照毕业当年学年总分的50%加上其他学年总分平均得分的50%之和进行评定。成绩达不到50分,按结业或肄业处理,也就是说,将拿不到毕业证。

《标准》要求,初中、高中、大学学生的必测项目全部一致:50 米跑、坐位体前屈、立定跳远、引体向上(男)、仰卧起坐(女)、1000 米跑(男)、800 米跑(女)。

另外,各个测试项目都设置了具体的标准,比如,50 米短跑,大一、大二的学生,男生超过 9.1 秒就为不及格,女生超过 10.3 秒为不及格;大三、大四的学生,男生超过 9.0 秒则为不及格,女生超过 10.2 秒为不及格。

如果想评优,体育测试成绩评定必须要达到 80 分以上。学生因病或残疾,可向学校提交暂缓或免予执行《标准》的申请。

# 国家学生体质健康标准(2014 年修订)

## 一、说明

(1)《国家学生体质健康标准》(以下简称《标准》)是国家学校教育工作的基础性指导文件和教育质量基本标准,是评价学生综合素质、评估学校工作和衡量各地教育发展的重要依据,是《国家体育锻炼标准》在学校的具体实施,适用于全日制普通小学、初中、普通高中、中等职业学校、普通高等学校的学生。

(2)本标准的修订坚持健康第一,落实《国家中长期教育改革和发展规划纲要(2010—2020 年)》、《国务院办公厅转发教育部等部门关于进一步加强学校体育工作若干意见的通知》(国办发〔2012〕53 号)和《教育部关于印发〈学生体质健康监测评价办法〉等三个文件的通知》(教体艺〔2014〕3 号)有关要求,着重提高《标准》应用的信度、效度和区分度,着重强化其教育激励、反馈调整和引导锻炼的功能,着重提高其教育监测和绩效评价的支撑能力。

(3)本标准从身体形态、身体机能和身体素质等方面综合评定学生的体质健康水平,是促进学生体质健康发展、激励学生积极进行身体锻炼的教育手段,是国家学生发展核心素养体系和学业质量标准的重要组成部分,是学生体质健康的个体评价标准。

(4)本标准将适用对象划分为以下组别:小学、初中、高中每个年级为一组,其中小学为 6 组、初中为 3 组、高中为 3 组。大学一、二年级为一组,三、四年级为一组。

(5)小学、初中、高中、大学各组别的测试指标均为必测指标。其中,身体形态类中的身高、体重,身体机能类中的肺活量,以及身体素质类中的 50 米跑、坐位体前屈为各年级学生共性指标。

(6)本标准的学年总分由标准分与附加分之和构成,满分为 120 分。标准分由各单项指标得分与权重乘积之和组成,满分为 100 分。附加分根据实测成绩确定,即对成绩超过 100 分的加分指标进行加分,满分为 20 分;小学的加分指标为 1 分钟跳绳,加分幅度为 20 分;初中、高中和大学的加分指标为男生引体向上和 1000 米跑,女生 1 分钟仰卧起坐和 800 米跑,各指标加分幅度均为 10 分。

(7)根据学生学年总分评定等级:90.0 分及以上为优秀,80.0～89.9 分为良好,60.0～79.9 分为及格,59.9 分及以下为不及格。

(8)每个学生每学年评定一次,记入《〈国家学生体质健康标准〉登记卡》(附表1)。特殊学制的学校,在填写登记卡时可以按规定和需求相应地增减栏目。学生毕业时的成绩和等级,按毕业当年学年总分的50%与其他学年总分平均得分的50%之和进行评定。

(9)学生测试成绩评定达到良好及以上者,方可参加评优与评奖;成绩达到优秀者,方可获体育奖学分。测试成绩评定不及格者,在本学年度准予补测一次,补测仍不及格,则学年成绩评定为不及格。普通高中、中等职业学校和普通高等学校学生毕业时,《标准》测试的成绩达不到50分者按结业或肄业处理。

(10)学生因病或残疾可向学校提交暂缓或免予执行《标准》的申请,经医疗单位证明,体育教学部门核准,可暂缓或免予执行《标准》,并填写《免予执行＜国家学生体质健康标准＞申请表》(附表2),存入学生档案。确实丧失运动能力、被免予执行《标准》的残疾学生,仍可参加评优与评奖,毕业时《标准》成绩需注明免测。

(11)各学校每学年开展覆盖本校各年级学生的《标准》测试工作,《标准》测试数据经当地教育行政部门按要求审核后,通过"中国学生体质健康网"上传至"国家学生体质健康标准数据管理系统"。测试和数据上传时间由教育行政部门确定。

(12)本标准由教育部负责解释。

## 二、单项指标与权重(表12-1)

**表12-1　　单项指标与权重**

| 测试对象 | 单项指标 | 权重(%) |
|---|---|---|
| 小学一年级至大学四年级 | 体重指数(BMI) | 15 |
| | 肺活量 | 15 |
| 小学一、二年级 | 50米跑 | 20 |
| | 坐位体前屈 | 30 |
| | 1分钟跳绳 | 20 |
| 小学三、四年级 | 50米跑 | 20 |
| | 坐位体前屈 | 20 |
| | 1分钟跳绳 | 20 |
| | 1分钟仰卧起坐 | 10 |
| 小学五、六年级 | 50米跑 | 20 |
| | 坐位体前屈 | 10 |
| | 1分钟跳绳 | 10 |
| | 1分钟仰卧起坐 | 20 |
| | 50米×8往返跑 | 10 |
| 初中、高中、大学各年级 | 50米跑 | 20 |
| | 坐位体前屈 | 10 |
| | 立定跳远 | 10 |
| | 引体向上(男)/1分钟仰卧起坐(女) | |
| | 1000米跑(男)/800米跑(女) | 20 |

注:体重指数(BMI)=体重(千克)/身高$^2$(米$^2$)。

## 三、评分表

### (一)单项指标评分表(表 12-2～表 12-17)

**表 12-2** 男生体重指数(BMI)单项评分表(单位:千克/米²)

| 等级 | 单项得分 | 一年级 | 二年级 | 三年级 | 四年级 | 五年级 | 六年级 | 初一 | 初二 | 初三 | 高一 | 高二 | 高三 | 大学 |
|---|---|---|---|---|---|---|---|---|---|---|---|---|---|---|
| 正常 | 100 | 13.5～18.1 | 13.7～18.4 | 13.9～19.4 | 14.2～20.1 | 14.4～21.4 | 14.7～21.8 | 15.5～22.1 | 15.7～22.5 | 15.8～22.8 | 16.5～23.2 | 16.8～23.7 | 17.3～23.8 | 17.9～23.9 |
| 低体重 | 80 | ≤13.4 | ≤13.6 | ≤13.8 | ≤14.1 | ≤14.3 | ≤14.6 | ≤15.4 | ≤15.6 | ≤15.7 | ≤16.4 | ≤16.7 | ≤17.2 | ≤17.8 |
| 超重 | | 18.2～20.3 | 18.5～20.4 | 19.5～22.1 | 20.2～22.6 | 21.5～24.1 | 21.9～24.5 | 22.2～24.9 | 22.6～25.2 | 22.9～26.0 | 23.3～26.3 | 23.8～26.5 | 23.9～27.3 | 24.0～27.9 |
| 肥胖 | 60 | ≥20.4 | ≥20.5 | ≥22.2 | ≥22.7 | ≥24.2 | ≥24.6 | ≥25.0 | ≥25.3 | ≥26.1 | ≥26.4 | ≥26.6 | ≥27.4 | ≥28.0 |

**表 12-3** 女生体重指数(BMI)单项评分表(单位:千克/米²)

| 等级 | 单项得分 | 一年级 | 二年级 | 三年级 | 四年级 | 五年级 | 六年级 | 初一 | 初二 | 初三 | 高一 | 高二 | 高三 | 大学 |
|---|---|---|---|---|---|---|---|---|---|---|---|---|---|---|
| 正常 | 100 | 13.3～17.3 | 13.5～17.8 | 13.6～18.6 | 13.7～19.4 | 13.8～20.5 | 14.2～20.8 | 14.8～21.7 | 15.3～22.2 | 16.0～22.6 | 16.5～22.7 | 16.9～23.2 | 17.1～23.3 | 17.2～23.9 |
| 低体重 | 80 | ≤13.2 | ≤13.4 | ≤13.5 | ≤13.6 | ≤13.7 | ≤14.1 | ≤14.7 | ≤15.2 | ≤15.9 | ≤16.4 | ≤16.8 | ≤17.0 | ≤17.1 |
| 超重 | | 17.4～19.2 | 17.9～20.2 | 18.7～21.1 | 19.5～22.0 | 20.6～22.9 | 20.9～23.6 | 21.8～24.4 | 22.3～24.8 | 22.7～25.1 | 22.8～25.2 | 23.3～25.4 | 23.4～25.7 | 24.0～27.9 |
| 肥胖 | 60 | ≥19.3 | ≥20.3 | ≥21.2 | ≥22.1 | ≥23.0 | ≥23.7 | ≥24.5 | ≥24.9 | ≥25.2 | ≥25.3 | ≥25.5 | ≥25.8 | ≥28.0 |

**表 12-4** 男生肺活量单项评分表(单位:毫升)

| 等级 | 单项得分 | 一年级 | 二年级 | 三年级 | 四年级 | 五年级 | 六年级 | 初一 | 初二 | 初三 | 高一 | 高二 | 高三 | 大一大二 | 大三大四 |
|---|---|---|---|---|---|---|---|---|---|---|---|---|---|---|---|
| 优秀 | 100 | 1700 | 2000 | 2300 | 2600 | 2900 | 3200 | 3640 | 3940 | 4240 | 4540 | 4740 | 4940 | 5040 | 5140 |
| | 95 | 1600 | 1900 | 2200 | 2500 | 2800 | 3100 | 3520 | 3820 | 4120 | 4420 | 4620 | 4820 | 4920 | 5020 |
| | 90 | 1500 | 1800 | 2100 | 2400 | 2700 | 3000 | 3400 | 3700 | 4000 | 4300 | 4500 | 4700 | 4800 | 4900 |
| 良好 | 85 | 1400 | 1650 | 1900 | 2150 | 2450 | 2750 | 3150 | 3450 | 3750 | 4050 | 4250 | 4450 | 4550 | 4650 |
| | 80 | 1300 | 1500 | 1700 | 1900 | 2200 | 2500 | 2900 | 3200 | 3500 | 3800 | 4000 | 4200 | 4300 | 4400 |
| 及格 | 78 | 1240 | 1430 | 1620 | 1820 | 2110 | 2400 | 2780 | 3080 | 3380 | 3680 | 3880 | 4080 | 4180 | 4280 |
| | 76 | 1180 | 1360 | 1540 | 1740 | 2020 | 2300 | 2660 | 2960 | 3260 | 3560 | 3760 | 3960 | 4060 | 4160 |
| | 74 | 1120 | 1290 | 1460 | 1660 | 1930 | 2200 | 2540 | 2840 | 3140 | 3440 | 3640 | 3840 | 3940 | 4040 |
| | 72 | 1060 | 1220 | 1380 | 1580 | 1840 | 2100 | 2420 | 2720 | 3020 | 3320 | 3520 | 3720 | 3820 | 3920 |
| | 70 | 1000 | 1150 | 1300 | 1500 | 1750 | 2000 | 2300 | 2600 | 2900 | 3200 | 3400 | 3600 | 3700 | 3800 |
| | 68 | 940 | 1080 | 1220 | 1420 | 1660 | 1900 | 2180 | 2480 | 2780 | 3080 | 3280 | 3480 | 3580 | 3680 |
| | 66 | 880 | 1010 | 1140 | 1340 | 1570 | 1800 | 2060 | 2360 | 2660 | 2960 | 3160 | 3360 | 3460 | 3560 |
| | 64 | 820 | 940 | 1060 | 1260 | 1480 | 1700 | 1940 | 2240 | 2540 | 2840 | 3040 | 3240 | 3340 | 3440 |
| | 62 | 760 | 870 | 980 | 1180 | 1390 | 1600 | 1820 | 2120 | 2420 | 2720 | 2920 | 3120 | 3220 | 3320 |
| | 60 | 700 | 800 | 900 | 1100 | 1300 | 1500 | 1700 | 2000 | 2300 | 2600 | 2800 | 3000 | 3100 | 3200 |

（续表）

| 等级 | 单项得分 | 一年级 | 二年级 | 三年级 | 四年级 | 五年级 | 六年级 | 初一 | 初二 | 初三 | 高一 | 高二 | 高三 | 大一大二 | 大三大四 |
|---|---|---|---|---|---|---|---|---|---|---|---|---|---|---|---|
| 不及格 | 50 | 660 | 750 | 840 | 1030 | 1220 | 1410 | 1600 | 1890 | 2180 | 2470 | 2660 | 2850 | 2940 | 3030 |
| | 40 | 620 | 700 | 780 | 960 | 1140 | 1320 | 1500 | 1780 | 2060 | 2340 | 2520 | 2700 | 2780 | 2860 |
| | 30 | 580 | 650 | 720 | 890 | 1060 | 1230 | 1400 | 1670 | 1940 | 2210 | 2380 | 2550 | 2620 | 2690 |
| | 20 | 540 | 600 | 660 | 820 | 980 | 1140 | 1300 | 1560 | 1820 | 2080 | 2240 | 2400 | 2460 | 2520 |
| | 10 | 500 | 550 | 600 | 750 | 900 | 1050 | 1200 | 1450 | 1700 | 1950 | 2100 | 2250 | 2300 | 2350 |

**表 12-5　女生肺活量单项评分表(单位:毫升)**

| 等级 | 单项得分 | 一年级 | 二年级 | 三年级 | 四年级 | 五年级 | 六年级 | 初一 | 初二 | 初三 | 高一 | 高二 | 高三 | 大一大二 | 大三大四 |
|---|---|---|---|---|---|---|---|---|---|---|---|---|---|---|---|
| 优秀 | 100 | 1400 | 1600 | 1800 | 2000 | 2250 | 2500 | 2750 | 2900 | 3050 | 3150 | 3250 | 3350 | 3400 | 3450 |
| | 95 | 1300 | 1500 | 1700 | 1900 | 2150 | 2400 | 2650 | 2850 | 3000 | 3100 | 3200 | 3300 | 3350 | 3400 |
| | 90 | 1200 | 1400 | 1600 | 1800 | 2050 | 2300 | 2550 | 2800 | 2950 | 3050 | 3150 | 3250 | 3300 | 3350 |
| 良好 | 85 | 1100 | 1300 | 1500 | 1700 | 1950 | 2200 | 2450 | 2650 | 2800 | 2900 | 3000 | 3100 | 3150 | 3200 |
| | 80 | 1000 | 1200 | 1400 | 1600 | 1850 | 2100 | 2350 | 2500 | 2650 | 2750 | 2850 | 2950 | 3000 | 3050 |
| 及格 | 78 | 960 | 1150 | 1340 | 1530 | 1770 | 2010 | 2250 | 2400 | 2550 | 2650 | 2750 | 2850 | 2900 | 2950 |
| | 76 | 920 | 1100 | 1280 | 1460 | 1690 | 1920 | 2150 | 2300 | 2450 | 2550 | 2650 | 2750 | 2800 | 2850 |
| | 74 | 880 | 1050 | 1220 | 1390 | 1610 | 1830 | 2050 | 2200 | 2350 | 2450 | 2550 | 2650 | 2700 | 2750 |
| | 72 | 840 | 1000 | 1160 | 1320 | 1530 | 1740 | 1950 | 2100 | 2250 | 2350 | 2450 | 2550 | 2600 | 2650 |
| | 70 | 800 | 950 | 1100 | 1250 | 1450 | 1650 | 1850 | 2000 | 2150 | 2250 | 2350 | 2450 | 2500 | 2550 |
| | 68 | 760 | 900 | 1040 | 1180 | 1370 | 1560 | 1750 | 1900 | 2050 | 2150 | 2250 | 2350 | 2400 | 2450 |
| | 66 | 720 | 850 | 980 | 1110 | 1290 | 1470 | 1650 | 1800 | 1950 | 2050 | 2150 | 2250 | 2300 | 2350 |
| | 64 | 680 | 800 | 920 | 1040 | 1210 | 1380 | 1550 | 1700 | 1850 | 1950 | 2050 | 2150 | 2200 | 2250 |
| | 62 | 640 | 750 | 860 | 970 | 1130 | 1290 | 1450 | 1600 | 1750 | 1850 | 1950 | 2050 | 2100 | 2150 |
| | 60 | 600 | 700 | 800 | 900 | 1050 | 1200 | 1350 | 1500 | 1650 | 1750 | 1850 | 1950 | 2000 | 2050 |
| 不及格 | 50 | 580 | 680 | 780 | 880 | 1020 | 1170 | 1310 | 1460 | 1610 | 1710 | 1810 | 1910 | 1960 | 2010 |
| | 40 | 560 | 660 | 760 | 860 | 990 | 1140 | 1270 | 1420 | 1570 | 1670 | 1770 | 1870 | 1920 | 1970 |
| | 30 | 540 | 640 | 740 | 840 | 960 | 1110 | 1230 | 1380 | 1530 | 1630 | 1730 | 1830 | 1880 | 1930 |
| | 20 | 520 | 620 | 720 | 820 | 930 | 1080 | 1190 | 1340 | 1490 | 1590 | 1690 | 1790 | 1840 | 1890 |
| | 10 | 500 | 600 | 700 | 800 | 900 | 1050 | 1150 | 1300 | 1450 | 1550 | 1650 | 1750 | 1800 | 1850 |

表 12-6 男生 50 米跑单项评分表(单位:秒)

| 等级 | 单项得分 | 一年级 | 二年级 | 三年级 | 四年级 | 五年级 | 六年级 | 初一 | 初二 | 初三 | 高一 | 高二 | 高三 | 大一 大二 | 大三 大四 |
|---|---|---|---|---|---|---|---|---|---|---|---|---|---|---|---|
| 优秀 | 100 | 10.2 | 9.6 | 9.1 | 8.7 | 8.4 | 8.2 | 7.8 | 7.5 | 7.3 | 7.1 | 7.0 | 6.8 | 6.7 | 6.6 |
| | 95 | 10.3 | 9.7 | 9.2 | 8.8 | 8.5 | 8.3 | 7.9 | 7.6 | 7.4 | 7.2 | 7.1 | 6.9 | 6.8 | 6.7 |
| | 90 | 10.4 | 9.8 | 9.3 | 8.9 | 8.6 | 8.4 | 8.0 | 7.7 | 7.5 | 7.3 | 7.2 | 7.0 | 6.9 | 6.8 |
| 良好 | 85 | 10.5 | 9.9 | 9.4 | 9.0 | 8.7 | 8.5 | 8.1 | 7.8 | 7.6 | 7.4 | 7.3 | 7.1 | 7.0 | 6.9 |
| | 80 | 10.6 | 10.0 | 9.5 | 9.1 | 8.8 | 8.6 | 8.2 | 7.9 | 7.7 | 7.5 | 7.4 | 7.2 | 7.1 | 7.0 |
| 及格 | 78 | 10.8 | 10.2 | 9.7 | 9.3 | 9.0 | 8.8 | 8.4 | 8.1 | 7.9 | 7.7 | 7.6 | 7.4 | 7.3 | 7.2 |
| | 76 | 11.0 | 10.4 | 9.9 | 9.5 | 9.2 | 9.0 | 8.6 | 8.3 | 8.1 | 7.9 | 7.8 | 7.6 | 7.5 | 7.4 |
| | 74 | 11.2 | 10.6 | 10.1 | 9.7 | 9.4 | 9.2 | 8.8 | 8.5 | 8.3 | 8.1 | 8.0 | 7.8 | 7.7 | 7.6 |
| | 72 | 11.4 | 10.8 | 10.3 | 9.9 | 9.6 | 9.4 | 9.0 | 8.7 | 8.5 | 8.3 | 8.2 | 8.0 | 7.9 | 7.8 |
| | 70 | 11.6 | 11.0 | 10.5 | 10.1 | 9.8 | 9.6 | 9.2 | 8.9 | 8.7 | 8.5 | 8.4 | 8.2 | 8.1 | 8.0 |
| | 68 | 11.8 | 11.2 | 10.7 | 10.3 | 10.0 | 9.8 | 9.4 | 9.1 | 8.9 | 8.7 | 8.6 | 8.4 | 8.3 | 8.2 |
| | 66 | 12.0 | 11.4 | 10.9 | 10.5 | 10.2 | 10.0 | 9.6 | 9.3 | 9.1 | 8.9 | 8.8 | 8.6 | 8.5 | 8.4 |
| | 64 | 12.2 | 11.6 | 11.1 | 10.7 | 10.4 | 10.2 | 9.8 | 9.5 | 9.3 | 9.1 | 9.0 | 8.8 | 8.7 | 8.6 |
| | 62 | 12.4 | 11.8 | 11.3 | 10.9 | 10.6 | 10.4 | 10.0 | 9.7 | 9.5 | 9.3 | 9.2 | 9.0 | 8.9 | 8.8 |
| | 60 | 12.6 | 12.0 | 11.5 | 11.1 | 10.8 | 10.6 | 10.2 | 9.9 | 9.7 | 9.5 | 9.4 | 9.2 | 9.1 | 9.0 |
| 不及格 | 50 | 12.8 | 12.2 | 11.7 | 11.3 | 11.0 | 10.8 | 10.4 | 10.1 | 9.9 | 9.7 | 9.6 | 9.4 | 9.3 | 9.2 |
| | 40 | 13.0 | 12.4 | 11.9 | 11.5 | 11.2 | 11.0 | 10.6 | 10.3 | 10.1 | 9.9 | 9.8 | 9.6 | 9.5 | 9.4 |
| | 30 | 13.2 | 12.6 | 12.1 | 11.7 | 11.4 | 11.2 | 10.8 | 10.5 | 10.3 | 10.1 | 10.0 | 9.8 | 9.7 | 9.6 |
| | 20 | 13.4 | 12.8 | 12.3 | 11.9 | 11.6 | 11.4 | 11.0 | 10.7 | 10.5 | 10.3 | 10.2 | 10.0 | 9.9 | 9.8 |
| | 10 | 13.6 | 13.0 | 12.5 | 12.1 | 11.8 | 11.6 | 11.2 | 10.9 | 10.7 | 10.5 | 10.4 | 10.2 | 10.1 | 10.0 |

表 12-7 **女生 50 米跑单项评分表(单位:秒)**

| 等级 | 单项得分 | 一年级 | 二年级 | 三年级 | 四年级 | 五年级 | 六年级 | 初一 | 初二 | 初三 | 高一 | 高二 | 高三 | 大一大二 | 大三大四 |
|---|---|---|---|---|---|---|---|---|---|---|---|---|---|---|---|
| 优秀 | 100 | 11.0 | 10.0 | 9.2 | 8.7 | 8.3 | 8.2 | 8.1 | 8.0 | 7.9 | 7.8 | 7.7 | 7.6 | 7.5 | 7.4 |
| | 95 | 11.1 | 10.1 | 9.3 | 8.8 | 8.4 | 8.3 | 8.2 | 8.1 | 8.0 | 7.9 | 7.8 | 7.7 | 7.6 | 7.5 |
| | 90 | 11.2 | 10.2 | 9.4 | 8.9 | 8.5 | 8.4 | 8.3 | 8.2 | 8.1 | 8.0 | 7.9 | 7.8 | 7.7 | 7.6 |
| 良好 | 85 | 11.5 | 10.5 | 9.7 | 9.2 | 8.8 | 8.7 | 8.6 | 8.5 | 8.4 | 8.3 | 8.2 | 8.1 | 8.0 | 7.9 |
| | 80 | 11.8 | 10.8 | 10.0 | 9.5 | 9.1 | 9.0 | 8.9 | 8.8 | 8.7 | 8.6 | 8.5 | 8.4 | 8.3 | 8.2 |
| 及格 | 78 | 12.0 | 11.0 | 10.2 | 9.7 | 9.3 | 9.2 | 9.1 | 9.0 | 8.9 | 8.8 | 8.7 | 8.6 | 8.5 | 8.4 |
| | 76 | 12.2 | 11.2 | 10.4 | 9.9 | 9.5 | 9.4 | 9.3 | 9.2 | 9.1 | 9.0 | 8.9 | 8.8 | 8.7 | 8.6 |
| | 74 | 12.4 | 11.4 | 10.6 | 10.1 | 9.7 | 9.6 | 9.5 | 9.4 | 9.3 | 9.2 | 9.1 | 9.0 | 8.9 | 8.8 |
| | 72 | 12.6 | 11.6 | 10.8 | 10.3 | 9.9 | 9.8 | 9.7 | 9.6 | 9.5 | 9.4 | 9.3 | 9.2 | 9.1 | 9.0 |
| | 70 | 12.8 | 11.8 | 11.0 | 10.5 | 10.1 | 10.0 | 9.9 | 9.8 | 9.7 | 9.6 | 9.5 | 9.4 | 9.3 | 9.2 |
| | 68 | 13.0 | 12.0 | 11.2 | 10.7 | 10.3 | 10.2 | 10.1 | 10.0 | 9.9 | 9.8 | 9.7 | 9.6 | 9.5 | 9.4 |
| | 66 | 13.2 | 12.2 | 11.4 | 10.9 | 10.5 | 10.4 | 10.3 | 10.2 | 10.1 | 10.0 | 9.9 | 9.8 | 9.7 | 9.6 |
| | 64 | 13.4 | 12.4 | 11.6 | 11.1 | 10.7 | 10.6 | 10.5 | 10.4 | 10.3 | 10.2 | 10.1 | 10.0 | 9.9 | 9.8 |
| | 62 | 13.6 | 12.6 | 11.8 | 11.3 | 10.9 | 10.8 | 10.7 | 10.6 | 10.5 | 10.4 | 10.3 | 10.2 | 10.1 | 10.0 |
| | 60 | 13.8 | 12.8 | 12.0 | 11.5 | 11.1 | 11.0 | 10.9 | 10.8 | 10.7 | 10.6 | 10.5 | 10.4 | 10.3 | 10.2 |
| 不及格 | 50 | 14.0 | 13.0 | 12.2 | 11.7 | 11.3 | 11.2 | 11.1 | 11.0 | 10.9 | 10.8 | 10.7 | 10.6 | 10.5 | 10.4 |
| | 40 | 14.2 | 13.2 | 12.4 | 11.9 | 11.5 | 11.4 | 11.3 | 11.2 | 11.1 | 11.0 | 10.9 | 10.8 | 10.7 | 10.6 |
| | 30 | 14.4 | 13.4 | 12.6 | 12.1 | 11.7 | 11.6 | 11.5 | 11.4 | 11.3 | 11.2 | 11.1 | 11.0 | 10.9 | 10.8 |
| | 20 | 14.6 | 13.6 | 12.8 | 12.3 | 11.9 | 11.8 | 11.7 | 11.6 | 11.5 | 11.4 | 11.3 | 11.2 | 11.1 | 11.0 |
| | 10 | 14.8 | 13.8 | 13.0 | 12.5 | 12.1 | 12.0 | 11.9 | 11.8 | 11.7 | 11.6 | 11.5 | 11.4 | 11.3 | 11.2 |

表 12-8　男生坐位体前屈单项评分表(单位:厘米)

| 等级 | 单项得分 | 一年级 | 二年级 | 三年级 | 四年级 | 五年级 | 六年级 | 初一 | 初二 | 初三 | 高一 | 高二 | 高三 | 大一大二 | 大三大四 |
|---|---|---|---|---|---|---|---|---|---|---|---|---|---|---|---|
| 优秀 | 100 | 16.1 | 16.2 | 16.3 | 16.4 | 16.5 | 16.6 | 17.6 | 19.6 | 21.6 | 23.6 | 24.3 | 24.6 | 24.9 | 25.1 |
| | 95 | 14.6 | 14.7 | 14.9 | 15.0 | 15.2 | 15.3 | 15.9 | 17.7 | 19.7 | 21.5 | 22.4 | 22.8 | 23.1 | 23.3 |
| | 90 | 13.0 | 13.2 | 13.4 | 13.6 | 13.8 | 14.0 | 14.2 | 15.8 | 17.8 | 19.4 | 20.5 | 21.0 | 21.3 | 21.5 |
| 良好 | 85 | 12.0 | 11.9 | 11.8 | 11.7 | 11.6 | 11.5 | 12.3 | 13.7 | 15.8 | 17.2 | 18.3 | 19.1 | 19.5 | 19.9 |
| | 80 | 11.0 | 10.6 | 10.2 | 9.8 | 9.4 | 9.0 | 10.4 | 11.6 | 13.8 | 15.0 | 16.1 | 17.2 | 17.7 | 18.2 |
| 及格 | 78 | 9.9 | 9.5 | 9.1 | 8.6 | 8.2 | 7.7 | 9.1 | 10.3 | 12.4 | 13.6 | 14.7 | 15.8 | 16.3 | 16.8 |
| | 76 | 8.8 | 8.4 | 8.0 | 7.4 | 7.0 | 6.4 | 7.8 | 9.0 | 11.0 | 12.2 | 13.3 | 14.4 | 14.9 | 15.4 |
| | 74 | 7.7 | 7.3 | 6.9 | 6.2 | 5.8 | 5.1 | 6.5 | 7.7 | 9.6 | 10.8 | 11.9 | 13.0 | 13.5 | 14.0 |
| | 72 | 6.6 | 6.2 | 5.8 | 5.0 | 4.6 | 3.8 | 5.2 | 6.4 | 8.2 | 9.4 | 10.5 | 11.6 | 12.1 | 12.6 |
| | 70 | 5.5 | 5.1 | 4.7 | 3.8 | 3.4 | 2.5 | 3.9 | 5.1 | 6.8 | 8.0 | 9.1 | 10.2 | 10.7 | 11.2 |
| | 68 | 4.4 | 4.0 | 3.6 | 2.6 | 2.2 | 1.2 | 2.6 | 3.8 | 5.4 | 6.6 | 7.7 | 8.8 | 9.3 | 9.8 |
| | 66 | 3.3 | 2.9 | 2.5 | 1.4 | 1.0 | −0.1 | 1.3 | 2.5 | 4.0 | 5.2 | 6.3 | 7.4 | 7.9 | 8.4 |
| | 64 | 2.2 | 1.8 | 1.4 | 0.2 | −0.2 | −1.4 | 0.0 | 1.2 | 2.6 | 3.8 | 4.9 | 6.0 | 6.5 | 7.0 |
| | 62 | 1.1 | 0.7 | 0.3 | −1.0 | −1.4 | −2.7 | −1.3 | −0.1 | 1.2 | 2.4 | 3.5 | 4.6 | 5.1 | 5.6 |
| | 60 | 0.0 | −0.4 | −0.8 | −2.2 | −2.6 | −4.0 | −2.6 | −1.4 | −0.2 | 1.0 | 2.1 | 3.2 | 3.7 | 4.2 |
| 不及格 | 50 | −0.8 | −1.2 | −1.6 | −3.2 | −3.6 | −5.0 | −3.8 | −2.6 | −1.4 | 0.0 | 1.1 | 2.2 | 2.7 | 3.2 |
| | 40 | −1.6 | −2.0 | −2.4 | −4.2 | −4.6 | −6.0 | −5.0 | −3.8 | −2.6 | −1.0 | 0.1 | 1.2 | 1.7 | 2.2 |
| | 30 | −2.4 | −2.8 | −3.2 | −5.2 | −5.6 | −7.0 | −6.2 | −5.0 | −3.8 | −2.0 | −0.9 | 0.2 | 0.7 | 1.2 |
| | 20 | −3.2 | −3.6 | −4.0 | −6.2 | −6.6 | −8.0 | −7.4 | −6.2 | −5.0 | −3.0 | −1.9 | −0.8 | −0.3 | 0.2 |
| | 10 | −4.0 | −4.4 | −4.8 | −7.2 | −7.6 | −9.0 | −8.6 | −7.4 | −6.2 | −4.0 | −2.9 | −1.8 | −1.3 | −0.8 |

表 12-9 女生坐位体前屈单项评分表(单位:厘米)

| 等级 | 单项得分 | 一年级 | 二年级 | 三年级 | 四年级 | 五年级 | 六年级 | 初一 | 初二 | 初三 | 高一 | 高二 | 高三 | 大一大二 | 大三大四 |
|---|---|---|---|---|---|---|---|---|---|---|---|---|---|---|---|
| 优秀 | 100 | 18.6 | 18.9 | 19.2 | 19.5 | 19.8 | 19.9 | 21.8 | 22.7 | 23.5 | 24.2 | 24.8 | 25.3 | 25.8 | 26.3 |
| | 95 | 17.3 | 17.6 | 17.9 | 18.1 | 18.5 | 18.7 | 20.1 | 21.0 | 21.8 | 22.5 | 23.1 | 23.6 | 24.0 | 24.4 |
| | 90 | 16.0 | 16.3 | 16.6 | 16.9 | 17.2 | 17.5 | 18.4 | 19.3 | 20.1 | 20.8 | 21.4 | 21.9 | 22.2 | 22.4 |
| 良好 | 85 | 14.7 | 14.8 | 14.9 | 15.0 | 15.1 | 15.2 | 16.7 | 17.6 | 18.4 | 19.1 | 19.7 | 20.2 | 20.6 | 21.0 |
| | 80 | 13.4 | 13.3 | 13.2 | 13.1 | 13.0 | 12.9 | 15.0 | 15.9 | 16.7 | 17.4 | 18.0 | 18.5 | 19.0 | 19.5 |
| 及格 | 78 | 12.3 | 12.2 | 12.1 | 12.0 | 11.9 | 11.8 | 13.7 | 14.6 | 15.4 | 16.1 | 16.7 | 17.2 | 17.7 | 18.2 |
| | 76 | 11.2 | 11.1 | 11.0 | 10.9 | 10.8 | 10.7 | 12.4 | 13.3 | 14.1 | 14.8 | 15.4 | 15.9 | 16.4 | 16.9 |
| | 74 | 10.1 | 10.0 | 9.9 | 9.8 | 9.7 | 9.6 | 11.1 | 12.0 | 12.8 | 13.5 | 14.1 | 14.6 | 15.1 | 15.6 |
| | 72 | 9.0 | 8.9 | 8.8 | 8.7 | 8.6 | 8.5 | 9.8 | 10.7 | 11.5 | 12.2 | 12.8 | 13.3 | 13.8 | 14.3 |
| | 70 | 7.9 | 7.8 | 7.7 | 7.6 | 7.5 | 7.4 | 8.5 | 9.4 | 10.2 | 10.9 | 11.5 | 12.0 | 12.5 | 13.0 |
| | 68 | 6.8 | 6.7 | 6.6 | 6.5 | 6.4 | 6.3 | 7.2 | 8.1 | 8.9 | 9.6 | 10.2 | 10.7 | 11.2 | 11.7 |
| | 66 | 5.7 | 5.6 | 5.5 | 5.4 | 5.3 | 5.2 | 5.9 | 6.8 | 7.6 | 8.3 | 8.9 | 9.4 | 9.9 | 10.4 |
| | 64 | 4.6 | 4.5 | 4.4 | 4.3 | 4.2 | 4.1 | 4.6 | 5.5 | 6.3 | 7.0 | 7.6 | 8.1 | 8.6 | 9.1 |
| | 62 | 3.5 | 3.4 | 3.3 | 3.2 | 3.1 | 3.0 | 3.3 | 4.2 | 5.0 | 5.7 | 6.3 | 6.8 | 7.3 | 7.8 |
| | 60 | 2.4 | 2.3 | 2.2 | 2.1 | 2.0 | 1.9 | 2.0 | 2.9 | 3.7 | 4.4 | 5.0 | 5.5 | 6.0 | 6.5 |
| 不及格 | 50 | 1.6 | 1.5 | 1.4 | 1.3 | 1.2 | 1.1 | 1.2 | 2.1 | 2.9 | 3.6 | 4.2 | 4.7 | 5.2 | 5.7 |
| | 40 | 0.8 | 0.7 | 0.6 | 0.5 | 0.4 | 0.3 | 0.4 | 1.3 | 2.1 | 2.8 | 3.4 | 3.9 | 4.4 | 4.9 |
| | 30 | 0.0 | −0.1 | −0.2 | −0.3 | −0.4 | −0.5 | −0.4 | 0.5 | 1.3 | 2.0 | 2.6 | 3.1 | 3.6 | 4.1 |
| | 20 | −0.8 | −0.9 | −1.0 | −1.1 | −1.2 | −1.3 | −1.2 | −0.3 | 0.5 | 1.2 | 1.8 | 2.3 | 2.8 | 3.3 |
| | 10 | −1.6 | −1.7 | −1.8 | −1.9 | −2.0 | −2.1 | −2.0 | −1.1 | −0.3 | 0.4 | 1.0 | 1.5 | 2.0 | 2.5 |

表 12-10 男生一分钟跳绳单项评分表(单位:次)

| 等级 | 单项得分 | 一年级 | 二年级 | 三年级 | 四年级 | 五年级 | 六年级 |
|---|---|---|---|---|---|---|---|
| 优秀 | 100 | 109 | 117 | 126 | 137 | 148 | 157 |
| | 95 | 104 | 112 | 121 | 132 | 143 | 152 |
| | 90 | 99 | 107 | 116 | 127 | 138 | 147 |
| 良好 | 85 | 93 | 101 | 110 | 121 | 132 | 141 |
| | 80 | 87 | 95 | 104 | 115 | 126 | 135 |
| 及格 | 78 | 80 | 88 | 97 | 108 | 119 | 128 |
| | 76 | 73 | 81 | 90 | 101 | 112 | 121 |
| | 74 | 66 | 74 | 83 | 94 | 105 | 114 |
| | 72 | 59 | 67 | 76 | 87 | 98 | 107 |
| | 70 | 52 | 60 | 69 | 80 | 91 | 100 |
| | 68 | 45 | 53 | 62 | 73 | 84 | 93 |
| | 66 | 38 | 46 | 55 | 66 | 77 | 86 |
| | 64 | 31 | 39 | 48 | 59 | 70 | 79 |
| | 62 | 24 | 32 | 41 | 52 | 63 | 72 |
| | 60 | 17 | 25 | 34 | 45 | 56 | 65 |
| 不及格 | 50 | 14 | 22 | 31 | 42 | 53 | 62 |
| | 40 | 11 | 19 | 28 | 39 | 50 | 59 |
| | 30 | 8 | 16 | 25 | 36 | 47 | 56 |
| | 20 | 5 | 13 | 22 | 33 | 44 | 53 |
| | 10 | 2 | 10 | 19 | 30 | 41 | 50 |

表 12-11　女生一分钟跳绳单项评分表(单位:次)

| 等级 | 单项得分 | 一年级 | 二年级 | 三年级 | 四年级 | 五年级 | 六年级 |
|---|---|---|---|---|---|---|---|
| 优秀 | 100 | 117 | 127 | 139 | 149 | 158 | 166 |
| | 95 | 110 | 120 | 132 | 142 | 151 | 159 |
| | 90 | 103 | 113 | 125 | 135 | 144 | 152 |
| 良好 | 85 | 95 | 105 | 117 | 127 | 136 | 144 |
| | 80 | 87 | 97 | 109 | 119 | 128 | 136 |
| 及格 | 78 | 80 | 90 | 102 | 112 | 121 | 129 |
| | 76 | 73 | 83 | 95 | 105 | 114 | 122 |
| | 74 | 66 | 76 | 88 | 98 | 107 | 115 |
| | 72 | 59 | 69 | 81 | 91 | 100 | 108 |
| | 70 | 52 | 62 | 74 | 84 | 93 | 101 |
| | 68 | 45 | 55 | 67 | 77 | 86 | 94 |
| | 66 | 38 | 48 | 60 | 70 | 79 | 87 |
| | 64 | 31 | 41 | 53 | 63 | 72 | 80 |
| | 62 | 24 | 34 | 46 | 56 | 65 | 73 |
| | 60 | 17 | 27 | 39 | 49 | 58 | 66 |
| 不及格 | 50 | 14 | 24 | 36 | 46 | 55 | 63 |
| | 40 | 11 | 21 | 33 | 43 | 52 | 60 |
| | 30 | 8 | 18 | 30 | 40 | 49 | 57 |
| | 20 | 5 | 15 | 27 | 37 | 46 | 54 |
| | 10 | 2 | 12 | 24 | 34 | 43 | 51 |

表 12-12　男生立定跳远单项评分表(单位:厘米)

| 等级 | 单项得分 | 初一 | 初二 | 初三 | 高一 | 高二 | 高三 | 大一大二 | 大三大四 |
|---|---|---|---|---|---|---|---|---|---|
| 优秀 | 100 | 225 | 240 | 250 | 260 | 265 | 270 | 273 | 275 |
| | 95 | 218 | 233 | 245 | 255 | 260 | 265 | 268 | 270 |
| | 90 | 211 | 226 | 240 | 250 | 255 | 260 | 263 | 265 |
| 良好 | 85 | 203 | 218 | 233 | 243 | 248 | 253 | 256 | 258 |
| | 80 | 195 | 210 | 225 | 235 | 240 | 245 | 248 | 250 |
| 及格 | 78 | 191 | 206 | 221 | 231 | 236 | 241 | 244 | 246 |
| | 76 | 187 | 202 | 217 | 227 | 232 | 237 | 240 | 242 |
| | 74 | 183 | 198 | 213 | 223 | 228 | 233 | 236 | 238 |
| | 72 | 179 | 194 | 209 | 219 | 224 | 229 | 232 | 234 |
| | 70 | 175 | 190 | 205 | 215 | 220 | 225 | 228 | 230 |
| | 68 | 171 | 186 | 201 | 211 | 216 | 221 | 224 | 226 |
| | 66 | 167 | 182 | 197 | 207 | 212 | 217 | 220 | 222 |
| | 64 | 163 | 178 | 193 | 203 | 208 | 213 | 216 | 218 |
| | 62 | 159 | 174 | 189 | 199 | 204 | 209 | 212 | 214 |
| | 60 | 155 | 170 | 185 | 195 | 200 | 205 | 208 | 210 |
| 不及格 | 50 | 150 | 165 | 180 | 190 | 195 | 200 | 203 | 205 |
| | 40 | 145 | 160 | 175 | 185 | 190 | 195 | 198 | 200 |
| | 30 | 140 | 155 | 170 | 180 | 185 | 190 | 193 | 195 |
| | 20 | 135 | 150 | 165 | 175 | 180 | 185 | 188 | 190 |
| | 10 | 130 | 145 | 160 | 170 | 175 | 180 | 183 | 185 |

表 12-13

**女生立定跳远单项评分表(单位:厘米)**

| 等级 | 单项得分 | 初一 | 初二 | 初三 | 高一 | 高二 | 高三 | 大一大二 | 大三大四 |
|---|---|---|---|---|---|---|---|---|---|
| 优秀 | 100 | 196 | 200 | 202 | 204 | 205 | 206 | 207 | 208 |
| | 95 | 190 | 194 | 196 | 198 | 199 | 200 | 201 | 202 |
| | 90 | 184 | 188 | 190 | 192 | 193 | 194 | 195 | 196 |
| 良好 | 85 | 177 | 181 | 183 | 185 | 186 | 187 | 188 | 189 |
| | 80 | 170 | 174 | 176 | 178 | 179 | 180 | 181 | 182 |
| 及格 | 78 | 167 | 171 | 173 | 175 | 176 | 177 | 178 | 179 |
| | 76 | 164 | 168 | 170 | 172 | 173 | 174 | 175 | 176 |
| | 74 | 161 | 165 | 167 | 169 | 170 | 171 | 172 | 173 |
| | 72 | 158 | 162 | 164 | 166 | 167 | 168 | 169 | 170 |
| | 70 | 155 | 159 | 161 | 163 | 164 | 165 | 166 | 167 |
| | 68 | 152 | 156 | 158 | 160 | 161 | 162 | 163 | 164 |
| | 66 | 149 | 153 | 155 | 157 | 158 | 159 | 160 | 161 |
| | 64 | 146 | 150 | 152 | 154 | 155 | 156 | 157 | 158 |
| | 62 | 143 | 147 | 149 | 151 | 152 | 153 | 154 | 155 |
| | 60 | 140 | 144 | 146 | 148 | 149 | 150 | 151 | 152 |
| 不及格 | 50 | 135 | 139 | 141 | 143 | 144 | 145 | 146 | 147 |
| | 40 | 130 | 134 | 136 | 138 | 139 | 140 | 141 | 142 |
| | 30 | 125 | 129 | 131 | 133 | 134 | 135 | 136 | 137 |
| | 20 | 120 | 124 | 126 | 128 | 129 | 130 | 131 | 132 |
| | 10 | 115 | 119 | 121 | 123 | 124 | 125 | 126 | 127 |

表 12-14 男生一分钟仰卧起坐、引体向上单项评分表(单位:次)

| 等级 | 单项得分 | 三年级 | 四年级 | 五年级 | 六年级 | 初一 | 初二 | 初三 | 高一 | 高二 | 高三 | 大一大二 | 大三大四 |
|---|---|---|---|---|---|---|---|---|---|---|---|---|---|
| 优秀 | 100 | 48 | 49 | 50 | 51 | 13 | 14 | 15 | 16 | 17 | 18 | 19 | 20 |
| | 95 | 45 | 46 | 47 | 48 | 12 | 13 | 14 | 15 | 16 | 17 | 18 | 19 |
| | 90 | 42 | 43 | 44 | 45 | 11 | 12 | 13 | 14 | 15 | 16 | 17 | 18 |
| 良好 | 85 | 39 | 40 | 41 | 42 | 10 | 11 | 12 | 13 | 14 | 15 | 16 | 17 |
| | 80 | 36 | 37 | 38 | 39 | 9 | 10 | 11 | 12 | 13 | 14 | 15 | 16 |
| 及格 | 78 | 34 | 35 | 36 | 37 | | | | | | | | |
| | 76 | 32 | 33 | 34 | 35 | 8 | 9 | 10 | 11 | 12 | 13 | 14 | 15 |
| | 74 | 30 | 31 | 32 | 33 | | | | | | | | |
| | 72 | 28 | 29 | 30 | 31 | 7 | 8 | 9 | 10 | 11 | 12 | 13 | 14 |
| | 70 | 26 | 27 | 28 | 29 | | | | | | | | |
| | 68 | 24 | 25 | 26 | 27 | 6 | 7 | 8 | 9 | 10 | 11 | 12 | 13 |
| | 66 | 22 | 23 | 24 | 25 | | | | | | | | |
| | 64 | 20 | 21 | 22 | 23 | 5 | 6 | 7 | 8 | 9 | 10 | 11 | 12 |
| | 62 | 18 | 19 | 20 | 21 | | | | | | | | |
| | 60 | 16 | 17 | 18 | 19 | 4 | 5 | 6 | 7 | 8 | 9 | 10 | 11 |
| 不及格 | 50 | 14 | 15 | 16 | 17 | 3 | 4 | 5 | 6 | 7 | 8 | 9 | 10 |
| | 40 | 12 | 13 | 14 | 15 | 2 | 3 | 4 | 5 | 6 | 7 | 8 | 9 |
| | 30 | 10 | 11 | 12 | 13 | 1 | 2 | 3 | 4 | 5 | 6 | 7 | 8 |
| | 20 | 8 | 9 | 10 | 11 | | 1 | 2 | 3 | 4 | 5 | 6 | 7 |
| | 10 | 6 | 7 | 8 | 9 | | | 1 | 2 | 3 | 4 | 5 | 6 |

注:小学三年级~六年级:一分钟仰卧起坐;初中、高中、大学:引体向上。

表 12-15 女生一分钟仰卧起坐单项评分表(单位:次)

| 等级 | 单项得分 | 三年级 | 四年级 | 五年级 | 六年级 | 初一 | 初二 | 初三 | 高一 | 高二 | 高三 | 大一大二 | 大三大四 |
|---|---|---|---|---|---|---|---|---|---|---|---|---|---|
| 优秀 | 100 | 46 | 47 | 48 | 49 | 50 | 51 | 52 | 53 | 54 | 55 | 56 | 57 |
| | 95 | 44 | 45 | 46 | 47 | 48 | 49 | 50 | 51 | 52 | 53 | 54 | 55 |
| | 90 | 42 | 43 | 44 | 45 | 46 | 47 | 48 | 49 | 50 | 51 | 52 | 53 |
| 良好 | 85 | 39 | 40 | 41 | 42 | 43 | 44 | 45 | 46 | 47 | 48 | 49 | 50 |
| | 80 | 36 | 37 | 38 | 39 | 40 | 41 | 42 | 43 | 44 | 45 | 46 | 47 |
| 及格 | 78 | 34 | 35 | 36 | 37 | 38 | 39 | 40 | 41 | 42 | 43 | 44 | 45 |
| | 76 | 32 | 33 | 34 | 35 | 36 | 37 | 38 | 39 | 40 | 41 | 42 | 43 |
| | 74 | 30 | 31 | 32 | 33 | 34 | 35 | 36 | 37 | 38 | 39 | 40 | 41 |
| | 72 | 28 | 29 | 30 | 31 | 32 | 33 | 34 | 35 | 36 | 37 | 38 | 39 |
| | 70 | 26 | 27 | 28 | 29 | 30 | 31 | 32 | 33 | 34 | 35 | 36 | 37 |
| | 68 | 24 | 25 | 26 | 27 | 28 | 29 | 30 | 31 | 32 | 33 | 34 | 35 |
| | 66 | 22 | 23 | 24 | 25 | 26 | 27 | 28 | 29 | 30 | 31 | 32 | 33 |
| | 64 | 20 | 21 | 22 | 23 | 24 | 25 | 26 | 27 | 28 | 29 | 30 | 31 |
| | 62 | 18 | 19 | 20 | 21 | 22 | 23 | 24 | 25 | 26 | 27 | 28 | 29 |
| | 60 | 16 | 17 | 18 | 19 | 20 | 21 | 22 | 23 | 24 | 25 | 26 | 27 |
| 不及格 | 50 | 14 | 15 | 16 | 17 | 18 | 19 | 20 | 21 | 22 | 23 | 24 | 25 |
| | 40 | 12 | 13 | 14 | 15 | 16 | 17 | 18 | 19 | 20 | 21 | 22 | 23 |
| | 30 | 10 | 11 | 12 | 13 | 14 | 15 | 16 | 17 | 18 | 19 | 20 | 21 |
| | 20 | 8 | 9 | 10 | 11 | 12 | 13 | 14 | 15 | 16 | 17 | 18 | 19 |
| | 10 | 6 | 7 | 8 | 9 | 10 | 11 | 12 | 13 | 14 | 15 | 16 | 17 |

表 12-16　　男生耐力跑单项评分表(单位:分·秒)

| 等级 | 单项得分 | 五年级 | 六年级 | 初一 | 初二 | 初三 | 高一 | 高二 | 高三 | 大一大二 | 大三大四 |
|---|---|---|---|---|---|---|---|---|---|---|---|
| 优秀 | 100 | 1′36″ | 1′30″ | 3′55″ | 3′50″ | 3′40″ | 3′30″ | 3′25″ | 3′20″ | 3′17″ | 3′15″ |
| | 95 | 1′39″ | 1′33″ | 4′05″ | 3′55″ | 3′45″ | 3′35″ | 3′30″ | 3′25″ | 3′22″ | 3′20″ |
| | 90 | 1′42″ | 1′36″ | 4′15″ | 4′00″ | 3′50″ | 3′40″ | 3′35″ | 3′30″ | 3′27″ | 3′25″ |
| 良好 | 85 | 1′45″ | 1′39″ | 4′22″ | 4′07″ | 3′57″ | 3′47″ | 3′42″ | 3′37″ | 3′34″ | 3′32″ |
| | 80 | 1′48″ | 1′42″ | 4′30″ | 4′15″ | 4′05″ | 3′55″ | 3′50″ | 3′45″ | 3′42″ | 3′40″ |
| 及格 | 78 | 1′51″ | 1′45″ | 4′35″ | 4′20″ | 4′10″ | 4′00″ | 3′55″ | 3′50″ | 3′47″ | 3′45″ |
| | 76 | 1′54″ | 1′48″ | 4′40″ | 4′25″ | 4′15″ | 4′05″ | 4′00″ | 3′55″ | 3′52″ | 3′50″ |
| | 74 | 1′57″ | 1′51″ | 4′45″ | 4′30″ | 4′20″ | 4′10″ | 4′05″ | 4′00″ | 3′57″ | 3′55″ |
| | 72 | 2′00″ | 1′54″ | 4′50″ | 4′35″ | 4′25″ | 4′15″ | 4′10″ | 4′05″ | 4′02″ | 4′00″ |
| | 70 | 2′03″ | 1′57″ | 4′55″ | 4′40″ | 4′30″ | 4′20″ | 4′15″ | 4′10″ | 4′07″ | 4′05″ |
| | 68 | 2′06″ | 2′00″ | 5′00″ | 4′45″ | 4′35″ | 4′25″ | 4′20″ | 4′15″ | 4′12″ | 4′10″ |
| | 66 | 2′09″ | 2′03″ | 5′05″ | 4′50″ | 4′40″ | 4′30″ | 4′25″ | 4′20″ | 4′17″ | 4′15″ |
| | 64 | 2′12″ | 2′06″ | 5′10″ | 4′55″ | 4′45″ | 4′35″ | 4′30″ | 4′25″ | 4′22″ | 4′20″ |
| | 62 | 2′15″ | 2′09″ | 5′15″ | 5′00″ | 4′50″ | 4′40″ | 4′35″ | 4′30″ | 4′27″ | 4′25″ |
| | 60 | 2′18″ | 2′12″ | 5′20″ | 5′05″ | 4′55″ | 4′45″ | 4′40″ | 4′35″ | 4′32″ | 4′30″ |
| 不及格 | 50 | 2′22″ | 2′16″ | 5′40″ | 5′25″ | 5′15″ | 5′05″ | 5′00″ | 4′55″ | 4′52″ | 4′50″ |
| | 40 | 2′26″ | 2′20″ | 6′00″ | 5′45″ | 5′35″ | 5′25″ | 5′20″ | 5′15″ | 5′12″ | 5′10″ |
| | 30 | 2′30″ | 2′24″ | 6′20″ | 6′05″ | 5′55″ | 5′45″ | 5′40″ | 5′35″ | 5′32″ | 5′30″ |
| | 20 | 2′34″ | 2′28″ | 6′40″ | 6′25″ | 6′15″ | 6′05″ | 6′00″ | 5′55″ | 5′52″ | 5′50″ |
| | 10 | 2′38″ | 2′32″ | 7′00″ | 6′45″ | 6′35″ | 6′25″ | 6′20″ | 6′15″ | 6′12″ | 6′10″ |

注:小学五年级～六年级:50 米×8 往返跑;初中、高中、大学:1000 米跑。

表 12-17　　女生耐力跑单项评分表(单位:分・秒)

| 等级 | 单项得分 | 五年级 | 六年级 | 初一 | 初二 | 初三 | 高一 | 高二 | 高三 | 大一大二 | 大三大四 |
|---|---|---|---|---|---|---|---|---|---|---|---|
| 优秀 | 100 | 1′41″ | 1′37″ | 3′35″ | 3′30″ | 3′25″ | 3′24″ | 3′22″ | 3′20″ | 3′18″ | 3′16″ |
| | 95 | 1′44″ | 1′40″ | 3′42″ | 3′37″ | 3′32″ | 3′30″ | 3′28″ | 3′26″ | 3′24″ | 3′22″ |
| | 90 | 1′47″ | 1′43″ | 3′49″ | 3′44″ | 3′39″ | 3′36″ | 3′34″ | 3′32″ | 3′30″ | 3′28″ |
| 良好 | 85 | 1′50″ | 1′46″ | 3′57″ | 3′52″ | 3′47″ | 3′43″ | 3′41″ | 3′39″ | 3′37″ | 3′35″ |
| | 80 | 1′53″ | 1′49″ | 4′05″ | 4′00″ | 3′55″ | 3′50″ | 3′48″ | 3′46″ | 3′44″ | 3′42″ |
| 及格 | 78 | 1′56″ | 1′52″ | 4′10″ | 4′05″ | 4′00″ | 3′55″ | 3′53″ | 3′51″ | 3′49″ | 3′47″ |
| | 76 | 1′59″ | 1′55″ | 4′15″ | 4′10″ | 4′05″ | 4′00″ | 3′58″ | 3′56″ | 3′54″ | 3′52″ |
| | 74 | 2′02″ | 1′58″ | 4′20″ | 4′15″ | 4′10″ | 4′05″ | 4′03″ | 4′01″ | 3′59″ | 3′57″ |
| | 72 | 2′05″ | 2′01″ | 4′25″ | 4′20″ | 4′15″ | 4′10″ | 4′08″ | 4′06″ | 4′04″ | 4′02″ |
| | 70 | 2′08″ | 2′04″ | 4′30″ | 4′25″ | 4′20″ | 4′15″ | 4′13″ | 4′11″ | 4′09″ | 4′07″ |
| | 68 | 2′11″ | 2′07″ | 4′35″ | 4′30″ | 4′25″ | 4′20″ | 4′18″ | 4′16″ | 4′14″ | 4′12″ |
| | 66 | 2′14″ | 2′10″ | 4′40″ | 4′35″ | 4′30″ | 4′25″ | 4′23″ | 4′21″ | 4′19″ | 4′17″ |
| | 64 | 2′17″ | 2′13″ | 4′45″ | 4′40″ | 4′35″ | 4′30″ | 4′28″ | 4′26″ | 4′24″ | 4′22″ |
| | 62 | 2′20″ | 2′16″ | 4′50″ | 4′45″ | 4′40″ | 4′35″ | 4′33″ | 4′31″ | 4′29″ | 4′27″ |
| | 60 | 2′23″ | 2′19″ | 4′55″ | 4′50″ | 4′45″ | 4′40″ | 4′38″ | 4′36″ | 4′34″ | 4′32″ |
| 不及格 | 50 | 2′27″ | 2′23″ | 5′05″ | 5′00″ | 4′55″ | 4′50″ | 4′48″ | 4′46″ | 4′44″ | 4′42″ |
| | 40 | 2′31″ | 2′27″ | 5′15″ | 5′10″ | 5′05″ | 5′00″ | 4′58″ | 4′56″ | 4′54″ | 4′52″ |
| | 30 | 2′35″ | 2′31″ | 5′25″ | 5′20″ | 5′15″ | 5′10″ | 5′08″ | 5′06″ | 5′04″ | 5′02″ |
| | 20 | 2′39″ | 2′35″ | 5′35″ | 5′30″ | 5′25″ | 5′20″ | 5′18″ | 5′16″ | 5′14″ | 5′12″ |
| | 10 | 2′43″ | 2′39″ | 5′45″ | 5′40″ | 5′35″ | 5′30″ | 5′28″ | 5′26″ | 5′24″ | 5′22″ |

注:小学五年级～六年级:50米×8往返跑;初中、高中、大学:800米跑。

### （二）加分指标评分表（表 12-18～表 12-23）

**表 12-18　男生一分钟跳绳评分表（单位:次）**

| 加分 | 一年级 | 二年级 | 三年级 | 四年级 | 五年级 | 六年级 |
|---|---|---|---|---|---|---|
| 20 | 40 | 40 | 40 | 40 | 40 | 40 |
| 19 | 38 | 38 | 38 | 38 | 38 | 38 |
| 18 | 36 | 36 | 36 | 36 | 36 | 36 |
| 17 | 34 | 34 | 34 | 34 | 34 | 34 |
| 16 | 32 | 32 | 32 | 32 | 32 | 32 |
| 15 | 30 | 30 | 30 | 30 | 30 | 30 |
| 14 | 28 | 28 | 28 | 28 | 28 | 28 |
| 13 | 26 | 26 | 26 | 26 | 26 | 26 |
| 12 | 24 | 24 | 24 | 24 | 24 | 24 |
| 11 | 22 | 22 | 22 | 22 | 22 | 22 |
| 10 | 20 | 20 | 20 | 20 | 20 | 20 |
| 9 | 18 | 18 | 18 | 18 | 18 | 18 |
| 8 | 16 | 16 | 16 | 16 | 16 | 16 |
| 7 | 14 | 14 | 14 | 14 | 14 | 14 |
| 6 | 12 | 12 | 12 | 12 | 12 | 12 |
| 5 | 10 | 10 | 10 | 10 | 10 | 10 |
| 4 | 8 | 8 | 8 | 8 | 8 | 8 |
| 3 | 6 | 6 | 6 | 6 | 6 | 6 |
| 2 | 4 | 4 | 4 | 4 | 4 | 4 |
| 1 | 2 | 2 | 2 | 2 | 2 | 2 |

注：一分钟跳绳为高优指标，学生成绩超过单项评分 100 分后，以超过的次数所对应的分数进行加分。

表 12-19 女生一分钟跳绳评分表(单位:次)

| 加分 | 一年级 | 二年级 | 三年级 | 四年级 | 五年级 | 六年级 |
|---|---|---|---|---|---|---|
| 20 | 40 | 40 | 40 | 40 | 40 | 40 |
| 19 | 38 | 38 | 38 | 38 | 38 | 38 |
| 18 | 36 | 36 | 36 | 36 | 36 | 36 |
| 17 | 34 | 34 | 34 | 34 | 34 | 34 |
| 16 | 32 | 32 | 32 | 32 | 32 | 32 |
| 15 | 30 | 30 | 30 | 30 | 30 | 30 |
| 14 | 28 | 28 | 28 | 28 | 28 | 28 |
| 13 | 26 | 26 | 26 | 26 | 26 | 26 |
| 12 | 24 | 24 | 24 | 24 | 24 | 24 |
| 11 | 22 | 22 | 22 | 22 | 22 | 22 |
| 10 | 20 | 20 | 20 | 20 | 20 | 20 |
| 9 | 18 | 18 | 18 | 18 | 18 | 18 |
| 8 | 16 | 16 | 16 | 16 | 16 | 16 |
| 7 | 14 | 14 | 14 | 14 | 14 | 14 |
| 6 | 12 | 12 | 12 | 12 | 12 | 12 |
| 5 | 10 | 10 | 10 | 10 | 10 | 10 |
| 4 | 8 | 8 | 8 | 8 | 8 | 8 |
| 3 | 6 | 6 | 6 | 6 | 6 | 6 |
| 2 | 4 | 4 | 4 | 4 | 4 | 4 |
| 1 | 2 | 2 | 2 | 2 | 2 | 2 |

注:一分钟跳绳为高优指标,学生成绩超过单项评分 100 分后,以超过的次数所对应的分数进行加分。

表 12-20 男生引体向上评分表(单位:次)

| 加分 | 初一 | 初二 | 初三 | 高一 | 高二 | 高三 | 大一大二 | 大三大四 |
|---|---|---|---|---|---|---|---|---|
| 10 | 10 | 10 | 10 | 10 | 10 | 10 | 10 | 10 |
| 9 | 9 | 9 | 9 | 9 | 9 | 9 | 9 | 9 |
| 8 | 8 | 8 | 8 | 8 | 8 | 8 | 8 | 8 |
| 7 | 7 | 7 | 7 | 7 | 7 | 7 | 7 | 7 |
| 6 | 6 | 6 | 6 | 6 | 6 | 6 | 6 | 6 |
| 5 | 5 | 5 | 5 | 5 | 5 | 5 | 5 | 5 |
| 4 | 4 | 4 | 4 | 4 | 4 | 4 | 4 | 4 |
| 3 | 3 | 3 | 3 | 3 | 3 | 3 | 3 | 3 |
| 2 | 2 | 2 | 2 | 2 | 2 | 2 | 2 | 2 |
| 1 | 1 | 1 | 1 | 1 | 1 | 1 | 1 | 1 |

表 12-21 女生一分钟仰卧起坐评分表(单位:次)

| 加分 | 初一 | 初二 | 初三 | 高一 | 高二 | 高三 | 大一大二 | 大三大四 |
|---|---|---|---|---|---|---|---|---|
| 10 | 13 | 13 | 13 | 13 | 13 | 13 | 13 | 13 |
| 9 | 12 | 12 | 12 | 12 | 12 | 12 | 12 | 12 |
| 8 | 11 | 11 | 11 | 11 | 11 | 11 | 11 | 11 |
| 7 | 10 | 10 | 10 | 10 | 10 | 10 | 10 | 10 |
| 6 | 9 | 9 | 9 | 9 | 9 | 9 | 9 | 9 |
| 5 | 8 | 8 | 8 | 8 | 8 | 8 | 8 | 8 |
| 4 | 7 | 7 | 7 | 7 | 7 | 7 | 7 | 7 |
| 3 | 6 | 6 | 6 | 6 | 6 | 6 | 6 | 6 |
| 2 | 4 | 4 | 4 | 4 | 4 | 4 | 4 | 4 |
| 1 | 2 | 2 | 2 | 2 | 2 | 2 | 2 | 2 |

注:引体向上、一分钟仰卧起坐均为高优指标,学生成绩超过单项评分 100 分后,以超过的次数所对应的分数进行加分。

表 12-22 男生 1000 米跑评分表(单位:分·秒)

| 加分 | 初一 | 初二 | 初三 | 高一 | 高二 | 高三 | 大一大二 | 大三大四 |
|---|---|---|---|---|---|---|---|---|
| 10 | −35″ | −35″ | −35″ | −35″ | −35″ | −35″ | −35″ | −35″ |
| 9 | −32″ | −32″ | −32″ | −32″ | −32″ | −32″ | −32″ | −32″ |
| 8 | −29″ | −29″ | −29″ | −29″ | −29″ | −29″ | −29″ | −29″ |
| 7 | −26″ | −26″ | −26″ | −26″ | −26″ | −26″ | −26″ | −26″ |
| 6 | −23″ | −23″ | −23″ | −23″ | −23″ | −23″ | −23″ | −23″ |
| 5 | −20″ | −20″ | −20″ | −20″ | −20″ | −20″ | −20″ | −20″ |
| 4 | −16″ | −16″ | −16″ | −16″ | −16″ | −16″ | −16″ | −16″ |
| 3 | −12″ | −12″ | −12″ | −12″ | −12″ | −12″ | −12″ | −12″ |
| 2 | −8″ | −8″ | −8″ | −8″ | −8″ | −8″ | −8″ | −8″ |
| 1 | −4″ | −4″ | −4″ | −4″ | −4″ | −4″ | −4″ | −4″ |

表 12-23 女生 800 米跑评分表(单位:分·秒)

| 加分 | 初一 | 初二 | 初三 | 高一 | 高二 | 高三 | 大一大二 | 大三大四 |
|---|---|---|---|---|---|---|---|---|
| 10 | −50″ | −50″ | −50″ | −50″ | −50″ | −50″ | −50″ | −50″ |
| 9 | −45″ | −45″ | −45″ | −45″ | −45″ | −45″ | −45″ | −45″ |
| 8 | −40″ | −40″ | −40″ | −40″ | −40″ | −40″ | −40″ | −40″ |
| 7 | −35″ | −35″ | −35″ | −35″ | −35″ | −35″ | −35″ | −35″ |
| 6 | −30″ | −30″ | −30″ | −30″ | −30″ | −30″ | −30″ | −30″ |
| 5 | −25″ | −25″ | −25″ | −25″ | −25″ | −25″ | −25″ | −25″ |
| 4 | −20″ | −20″ | −20″ | −20″ | −20″ | −20″ | −20″ | −20″ |
| 3 | −15″ | −15″ | −15″ | −15″ | −15″ | −15″ | −15″ | −15″ |
| 2 | −10″ | −10″ | −10″ | −10″ | −10″ | −10″ | −10″ | −10″ |
| 1 | −5″ | −5″ | −5″ | −5″ | −5″ | −5″ | −5″ | −5″ |

注:1000 米跑、800 米跑均为低优指标,学生成绩低于单项评分 100 分后,以减少的秒数所对应的分数进行加分。

# 附 表

1.《国家学生体质健康标准》登记卡(大学样表)

2. 免予执行《国家学生体质健康标准》申请表(样表)

**附表 1** **《国家学生体质健康标准》登记卡(大学样表)**

| | | | | 学校 | |
|---|---|---|---|---|---|
| 姓名 | | 性别 | | 学号 | |
| 院(系) | | 民族 | | 出生日期 | |

| 单项指标 | 大一 | | | 大二 | | | 大三 | | | 大四 | | | 毕业成绩 | |
|---|---|---|---|---|---|---|---|---|---|---|---|---|---|---|
| | 成绩 | 得分 | 等级 | 成绩 | 得分 | 等级 | 成绩 | 得分 | 等级 | 成绩 | 得分 | 等级 | 得分 | 等级 |
| 体重指数(BMI)(千克/米$^2$) | | | | | | | | | | | | | | |
| 肺活量(毫升) | | | | | | | | | | | | | | |
| 50 米跑(秒) | | | | | | | | | | | | | | |
| 坐位体前屈(厘米) | | | | | | | | | | | | | | |
| 立定跳远(厘米) | | | | | | | | | | | | | | |
| 引体向上(男)/1 分钟仰卧起坐(女)(次) | | | | | | | | | | | | | | |
| 1000 米跑(男)/800 米跑(女)(分·秒) | | | | | | | | | | | | | | |
| 标准分 | | | | | | | | | | | | | | |
| 加分指标 | 成绩 | 附加分 | | 成绩 | 附加分 | | 成绩 | 附加分 | | 成绩 | 附加分 | | | |
| 引体向上(男)/1 分钟仰卧起坐(女)(次) | | | | | | | | | | | | | | |
| 1000 米跑(男)/800 米跑(女)(分·秒) | | | | | | | | | | | | | | |
| 学年总分 | | | | | | | | | | | | | | |
| 等级评定 | | | | | | | | | | | | | | |
| 体育教师签字 | | | | | | | | | | | | | | |
| 辅导员签字 | | | | | | | | | | | | | | |

注:高等职业学校、高等专科学校参照本样表执行。

学校签章: 年 月 日

**附表 2　　　　免予执行《国家学生体质健康标准》申请表(样表)**

<table>
<tr><td>姓　名</td><td></td><td>性　别</td><td></td><td>学　号</td><td></td></tr>
<tr><td>班　级<br>/院(系)</td><td></td><td>民　族</td><td></td><td>出生日期</td><td></td></tr>
<tr><td>原因</td><td colspan="5">申请人:<br>年　　月　　日</td></tr>
<tr><td colspan="2">体育教师签字</td><td colspan="2"></td><td>家长签字</td><td></td></tr>
<tr><td>学校体育部门意见</td><td colspan="5">学校签章:<br>年　　月　　日</td></tr>
</table>

注:中等职业学校及普通高等学校的学生,“家长签字”由学生本人签字。

# 参考文献


[1] 冯建军.生命与教育[M].北京:教育科学出版社,2004.

[2] 李金梅.体育理论教程[M].北京:高等教育出版社,2003.

[3] 卢元镇.体育人文社会科学概论高级教程[M].北京:高等教育出版社,2005.

[4] 邹继豪,孙麒麟.体育与健康教程[M].沈阳:辽宁大学出版社,2004.

[5] 李重申.面向新世纪健康教育读本[M].北京:中华书局 1999.

[6] 刘兆杰.中国体育养生学[M].北京:中国古籍出版社,2004.

[7] 郑振坤.中国古代体育思想史纲要[M] .北京:人民体育出版社,1989.

[8] 仓养卿.中国养生文化[M].上海:上海古籍出版社,2001.

[9] 路志峻,田桂菊.中国传统养生学[M].兰州:兰州大学出版社,2008.

[10] 张文新.儿童社会性发展[M].北京:北京师范大学出版社,1999.

[11] 颜世富.心理健康与成功人生[M].上海:上海人民出版社,1997.

[12] 王祖爵.奥林匹克文化[M].北京:中国水利水电出版社,2005.

[13] 郭怡.奥林匹克演绎的教育文化[M].杭州:浙江大学出版社,2006.

[14] 孙孔懿.素质教育概论[M].北京:人民教育出版社,2001.

[15] 刘振中,等.身体素质教育论[M].广州:广东教育出版社,2002.

[16] 李重申.体育实践教程[M].北京:高等教育出版社,2002.

[17] 沈剑威,阮伯仁.体适能基础理论[M].北京:人民体育出版社,2008.

[18] 刘俊庭,吴纪饶.大学生健康教育[M].北京:高等教育出版社,1999.

[19] 曲宗湖.现代社会与学校体育[M].北京:人民体育出版社,1999.

[20] 麻雪田,王崇喜.现代足球运动高级教程[M].北京:高等教育出版社,2002.

[21] 杨国庆,殷恒婵,等.大学体育[M].北京:中国社会科学出版社,2002.

[22] 徐致一.吴式太极拳[M].北京:人民体育出版社,1958.

[23] 王希升,王严宁.网球打法与战术[M].北京:人民体育出版社,2001.

[24] 李凌沙,文良安.走近网球[M].长沙:湖南科学技术出版社,2001.

[25] 汪俊.网球全程点拨[M].北京:人民体育出版社,2001.

[26] 郎荣奎,等.大学体育[M].杭州:浙江大学出版社,2009.

[27] 贾焕亮.体育与健康教程[M].武汉:武汉大学出版社,2009.

[28] 叶国雄,陈树华.篮球运动研究必读[M].北京:人民体育出版社,1999.

[29] 马振洪.篮球[M].北京:北京体育大学出版社,1998.

[30] 中国篮球协会.篮球竞赛规则[M].北京:光明日报出版社,2001.

[31] 黄汉生.球类运动——排球[M].北京:高等教育出版社,2001.

[32] 俞继英.奥林匹克排球[M].北京:人民体育出版社,2001.

[33] 杨有为,梁进.观赛指南[M].北京:人民体育出版社,1998.

[34] 侯文达.高等学校乒乓球教材[M].北京:北京大学出版社,1994.

[35] 郁鸿骏,戴金彪.羽毛球竞赛裁判手册[M].北京:人民体育出版社,1999.

[36] 中国羽毛球协会.羽毛球俱乐部[M].北京:中国铁道出版社,2000.

[37] 张清漱,等.体育舞蹈[M].北京:北京体育大学出版社,1997.

[38] 韩巧云,张旭,等.国际体育舞蹈与流行交谊舞[M].西安:西北大学出版社,1997.

[39] 刘卫军.跆拳道[M].北京:北京体育大学出版社,1999.

[40] 杨贵仁.21世纪学校体育工作全书[M].北京:兵器工业出版社,2001.

[41] 苟定邦.大学体育[M].西安:西北大学出版社,1999.

[42] 刘景刚.民族民间体育[M].大连:大连理工大学出版社,2010.